地域研究の境界

キーワードで読み解く現在地

田浪亜央江　斎藤祥平　金栄鎬 編

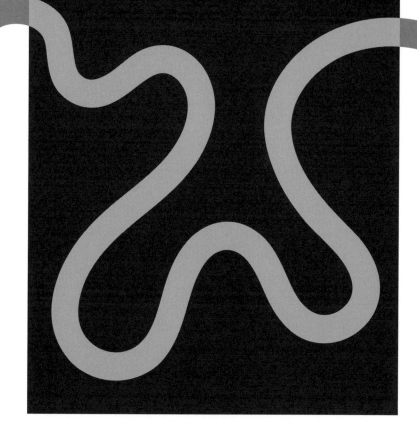

人文書院

目次

序章　地域研究への招待と本書の読み方

田浪亜央江／斎藤祥平／金栄鎬

一　地域研究の出自

大学に入学後、初めて「地域研究」という言葉を聞いてやや戸惑った、という学生の声を耳にしたことがある。確かに日本語で「地域」という言葉の指す範囲は、文脈や他の言葉との結びつきによって、振幅が大きく変わる。「地域社会」や「地域課題」といった使われ方をする場合は、地方自治体や「地元」など比較的狭い範囲を指す場合が多いだろうし、「地域秩序」や「地域紛争」と言われれば比較的広域の、複数の民族や国家にまたがったり、あるいはそうした線引き自体を揺るがすような事象について使われることが多い。ちなみに前者の「地域」は英語ではローカル（local）、後者はリージョナル（regional）の語で表せるが、「地域研究」はエリア・スタディーズ（area studies）と呼ばれている。「地域研究」は従来からある学問分野に比べ、比較的新しい分野だが、いまや世界中に広がっている。その起源として、ここでは大きく二つの流れを挙げておこう。一つは一九世紀後半以降、西欧列強などによる「未開地域」の植民地化の過程で、現地での探索や地図作成、情報収集を通じて発展した植民地研究だ。考古学や人類学、地理学、聖書学、言語学などの知見が動員されただけでなく、研究者らの共同研究のようなかたちも生まれた。戦前・戦時期の日本のアジア研究やイスラーム(回教)研究も、この潮流に含められるだろう。支配・被支配という圧倒的に非対称的な関係のなかではあったが、まれに現地出身の人間がインフォーマント(情報提供者)としてだけなく、地元の研究者として活躍する例もあった。

もう一つは第二次世界大戦後の米国で誕生した学問としての「地域研究」である。その主潮流は「冷戦」や開発という時代状況を強く反映し、政策決定に資する研究として行われたものだ。一九四七年にニューヨークで開催された「世界諸地域研究のための全国大会」の序文は、この時期の事情の記録として興味深い。「……戦争によってまた、訓練を受けた専門職員をほとんどの海外諸地域に派遣することも必要となった。(中略)それらの陸軍特殊訓練計画や民政官訓練学校にかかわるなかで、多くの教授たちは初めて、ディシプリン(学問分野)ではなくエリアによって編成された教育課程を経験することとなった[1]」。その後の地域研究とディシプリンとの関係については、後述する。

他方、戦後の日本では、アジア経済研究所が地域研究を行う組織としていちばん早く立ち上げられた(一九五八年設立、一九六〇年に通産省を所轄として特殊法人化)。これに象徴されているように、地域研究は周辺地域への経済進出という脈絡と不可分に結びついていた。敗戦後の日本が国連加盟をして名実ともに国際復帰を果たすのは一九五六年であり、五〇年代いっぱいをかけて東南アジア諸国との賠償協定を結び、こうした環境を整えたといえる。これに続き、大学組織として一九六四年に東京外国語大学アジア・アフリカ言語文化研究所、翌一九六五年に京都大学東南アジア研究センターが設立されている。

冷戦が終わると、地域専門家を養成することへの関心が失われ、アメリカでは連邦政府や財団などから得ていた助成金は、大幅に削減されたという。その一方で、冷戦崩壊によって新たな国々が誕生し、世界は多極化を迎える。助成金出資を通じて地域研究の動向に大きな影響力を与えたフォード財団の一九九九年の小冊子の記述は、こうした変化の中で地域研究への認識がどのように変わったか、分かりやすく示している[2]。

「近年における展開のなかで、地域研究そのものの前提のいくつかにたいして、異議が提出されて来た。たとえば、地域間の移動によりいっそう注意が払われるようになるにつれて、世界は知覚可能で自己充足的ないくつかの「地域」に区分しうるとする考えは疑問視されるにいたった。人口の変動、ディアスポラ（離散）、労働者の移住（中略）によって、地域の自己同一性とその成り立ちについてのいっそう繊細で注意深い読み方が求められるようになった」。

二　ディシプリンと地域

しかし日本で地域研究に関わっている研究者全員が、前節で述べたような地域研究の起源や展開について強く意識しているわけでもない。そもそも日本の大学で「地域研究」がその名を冠して教えられ、「地域研究」の名称を付けた大学院が設置されるようになったのは九〇年代のことだ。したがって地域研究をメインの専門として名乗る研究者が増えて来たのは、比較的最近のことになる。

むしろ地域研究を成り立たせてきたのは、特定の地域にコミットしながら政治学や文化人類学、歴史学など他のディシプリンに足場をおいている研究者の貢献だ。インドネシア研究をベースにネーションの構築を論じた**『想像の共同体』**〔→巻末用語解説〕で知られるベネディクト・アンダーソンによれば、地域研究で一般的だと見られている共同研究は、むしろ日本の地域研究の特徴と言えるようだ。[3]では「地域研究」とは、特定の地域についてさまざまな専門分野からの知見を寄せ集めたものということになるのだろうか。

日本のさまざまな大学などに散らばっている地域研究機関をつなぐ目的で、二〇〇四年に「地域研究コンソーシアム」という研究ネットワークが発足した。以後、学術雑誌『地域研究』を舞台に一時期活発に行われた議論の一つが、地域研究の方法論や、研究者のアイデンティティといったテーマだった。それぞれの地域事情の変化とも向き合ってきた研究者の個々の声は多様だとしか言いようがないが、そこに見られる共通了解は、既存のディシプリンだけでは対象地域の現実に対応できない、あるいはそれだけでは自分の関心は表現できない、ということだ。ある人は、既存の学問分野を内側から改良する試みとして地域研究をとらえている。

だとすると地域研究は、独立した学問分野とまでは言えないのだろうか。言い方を変えれば、特定の地域名を冠した「〇〇地域研究」が、あくまで「〇〇地域」の政治や社会や文化を理解しようとする研究なのか、それとも特定の地域を冠さない「地域研究」というパラダイム（捉え方）があるのか、ということだろう。

社会人類学者の大塚和夫は、「地域研究」パラダイムを生み出す試みとして、長年日本の中東地域研究を牽引してきた板垣雄三が提唱した**「n地域論」**〔→巻末用語解説〕と、東南アジア地域研究に長年携わった立本成文が地域研究の方法論として提唱する**「社会文化生態力学」**〔→巻末用語解説〕を挙げている(4)。大塚はそれぞれに向けて強い批判と留保を示してはいるのだが、その一方で、地域研究を一つの自立した学問分野として主張するためにこうした仕事は「避けては通ることのできない理論・方法論的な課題」を提示している、と述べている。

「地域研究」をめぐる議論は、「地域」という境界をめぐる議論とも不可分だ。一般に「地域」とは、地図上に落とし込める一定の範囲を指すだろうが、一見明らかな地理的領域であっても、それぞれの研究者の関心や括り方が示す概念上の、または想像上の「地図」は多様である。グローバルに見れば、上述のとおりすでに二〇世紀末には、地域研究の前提となって来た「地域」区分についての疑問が出されるようになっている。

あらためて確認しておくと、今日一般的に使われている地域区分のいくつかは、これに先立つ大戦中の米英の軍事戦略のなかで、空間を新たにイメージし直す作業とともに形成されたものだ。連合軍が北アフリカやイランを管制下に置く「中東」司令部をカイロに設置したことや、英国海軍のルイス・マウントバッテン卿が日本軍占領下の「南方」に「東南アジア」司令部を設置したことは、これら地域の用法の地政学的位置づけの転機となった。

こうした概念上の構築物である「地域」について、日本近代史研究者のテッサ・モーリス＝スズキは、「東アジア」を例にその利点と問題点を指摘する(5)。例えば中国で生まれた書記システムの伝播と進化をたどるには、「東アジア」のカテゴリーは理にかなったものだ。だがそれを、今日の中国、モンゴル、日本、韓国・北朝鮮、台湾といった国々から成る地域の歴史や現状全体を理解する、「最も重要な空間的枠組み」として用いてしまうのは、「相当に問題である」。個々の国々における差異が消去され、現代のグローバル・システムを理解するために重要な、人々の経験が見えなくなってしまうからだ、とスズキは言う。このように「一つの地域」をめぐる多様な見え方・捉え方を交差させてゆくことを通じて、複数の学問的手法を用いる「学際研究」としての地域研究は鍛えられてゆくのかもしれない。

三　本書の読み方・使い方

以上の「準備体操」をふまえて本書の内容についてふれ、その読みの可能性を示唆しておきたい。一見して分かるとおり、本書は特定の地域についてさまざまな専門分野からのアプローチを試みたり、百科全書的な知識を提供しようとするものではない。各章それぞれの担当者がベースとする地域はあるが、それを「担当地域」のように明示的に割りふったものではない。研究者が関心や問題意識の中ですくい取った「地域」は、たまたま現状の国家枠組みや地理上の区分に一致するとしてもその自明性を前提としているわけではなく、つねにその「起源」が想起されるべき存在だ。

ありていに言えば、各章は地域研究に関わる研究者がこれまでの研究の知見をふまえ、書くべきと見定めたテーマについて自由に論じた内容からなる。また、それぞれの章のキーワードを目印として配置しているが、キーワードの解説が目的ではなく、それぞれの章のテーマをキーワードに落とし込んでいる。あらゆる学問がそうであるように、地域研究もアスペクト（状況・様相）をどのようにつかむのかという点が重要であり、その表現がそれぞれのキーワードである。地域自体が自明なものではないだけでなく、キーワードと地域とのつながりも決して自明なものではない。だから読者の皆さんには、他地域でこのワードを切り口にする場合にはどのような論じ方が出来るだろうか、そもそもそれは成立するのか、などと想像しながら、新たな線を自分でどんどん引いていくことを勧めたい。

地域をどのような位相で括るにせよ、その地域で用いられている言語の習得とその使用方法に関する深い理解は、多くの地域研究者が大切にしている資源である。その地域理解と密接にかかわる文学作品の翻訳作業自体が地域研究の実践だともいえるが、じっさいに自身の翻訳作品をもつ研究者はごく一部に限られている。本書第九章に登場する、セルビア語文学の翻訳に多くの業績を残した在野の研究者・田中一生の足跡は、語学を基盤とした地域研究における立ち位置のようなものが方法論として存在することを確信させるとともに、その得難さも示しているだろう。また、「周辺」であるバルカン（ユーゴスラヴィア）とは一見対照的に、アメリカ合衆国を留学先に選んだ亀井俊介（田中とほぼ同世代である）の出自もまた、言語を慎重に、洗練された手法で取り扱うことに長けた文学研究者であったことは、偶然であれ興味深い（第七章）。

文学作品の読み方とはまったく性格を異にするが、手堅い語学（スペイン語）力を不可欠とする研究の成果である第五章を開いてみよう。一八世紀後半のマドリードで刊行され、スペイン帝国領アメリカにも影響を与えた公証人向けのマニュアルというテキストの詳細な分析だ。植民地支配を支える壮大な文書ネットワークと文書実務家たちの日常という、次元の異なる空間イメージが地域研究のなかで生まれたことで、歴史の見え方も変わって来るだろう。

対象地域で中心的な言語を学んでも、その地域の状況の変化や対象とする集団や個人の移動によって、使われる言語が変わることもある。ロシア革命後の亡命ロシア人バイカロフ（第八章）は祖国ロシアの将来構想に関して母語ではない英語で論考を発表し、パレスチナ人作家ガッサーン・カナファーニー（第六章）は自分たちを難民化したイスラエル建国の思想を知るため、自身の母語ではない英語による文学作品と格闘した。対象地域と使用言語の関係の非自明性は研究者にとって困難な状況を生むが、そのこと自体が探求すべきテーマだともいえる。そうであれば、華南や台湾に住む客家《はっか》（第三章）のアイデンティティと使用言語の重なりとズレとのあいだに分け入ることで、多様な視点が掘り出せるだろう。

フィールドワークもまた地域研究には不可欠であり、すべての章はその蓄積の上に成り立っている。本書でフィールドワークのなかでの息遣いをとりわけ感じさせるのは、エチオピアのボラナ社会での調査をベースとした第四章だろう。またバイカロフ（第八章）に再び言及するなら、彼の壮大なビジョンが、シベリアの河川と北極海沿岸地域の探検をベースにしていることにも注意したい。探検はまさにフィールドワークであり、地域研究は学問という制度を使ったその成果表現の一つのかたちだ。

国家間関係に注目する国際関係学と、「地域」をベースにしたり、時にはその構築からスタートする地域研究は、同じ空間を扱いながらまるで視点が異なる場合があり、重要なのはその距離認識だ。朝鮮半島の「地政学」（第一章）がまさに「地政学認識」であることの吟味のなかに、二つの学問分野の視点を用いた学際研究の意味を味わいたい。一国家の政治体制に注目する政治学と地域研究との関係も同様であり、独立以降一度も政権交代を経験してないシンガポールの長期政権に見られる権力の融合（第二章）は、脱植民地化のプロセスやその後の政治体制類型という視点によって、ふたたび他の地域を読み直すことを促すかもしれない。

世界の多様さに比べて、一冊の本の提示する世界はあまりにも小さい。だからこそ読者の皆さんには、まずはキーワードを入り口に複数の地域と出会い、みずから地域間を移動して欲しい。それは地域の境界をなくすことではなく、境界にテーマ性を与えることでそれを引き直し、地域研究の新たな地図を作ることだ。

用語

想像の共同体　n地域論　社会文化生態力学

註

（1）スピヴァク（二〇〇四）、一一頁。
（2）スピヴァク（二〇〇四）、五頁。
（3）アンダーソン（二〇一二）、二三七頁。
（4）「人類学とイスラーム地域研究」、佐藤次高（二〇〇三）所収（七七―一〇〇頁）。
（5）「反地域研究――アメリカ的アプローチへの批判」、『地域研究』vol.7 no.1 所収（六九―八九頁）。

参考文献

板垣雄三（一九九二）『歴史の現在と地域学』岩波書店。

京都大学地域研究総合情報センター（二〇〇五）『地域研究』vol.7 no.1。

――――（二〇一二）『地域研究』vol.12 no.2。

佐藤次高（二〇〇三）『イスラーム地域研究の可能性』、東京大学出版会。

スピヴァク、G．C．（二〇〇四）『ある学問の死――惑星志向の比較文学へ（*Death of a Discipline*）』（上村忠雄、鈴木聡訳）みすず書房。

立本成文（一九九六）『地域研究の問題と方法――社会文化生態力学の試み』京都大学学術出版会。

アンダーソン、ベネディクト（二〇二三）『越境を生きる　ベネディクト・アンダーソン回想録（*A Life Beyond Boundaries: A Memoir*）』（加藤剛訳）、岩波書店。

【地政学】

第一章　朝鮮半島の国際政治——大陸と海洋の狭間、兄弟と友人の狭間で

金　栄　鎬

一　朝鮮半島の近現代を貫く視点

朝鮮半島は近現代史において大陸勢力（Land Power）である中国・ロシアと海洋勢力（Sea Power）である米国・日本の狭間で介入、侵略、戦争、分割などの著しい影響を受けてきた[1]。自然地理は歴史を通して不変であるが、政治地理は各パワーの国力や対外政策の変化、パワー間の関係によって可変的であり、イデオロギーや政治体制を超えて作用する。本稿は、「地政学」をキーワードに朝鮮半島をめぐる国際関係の近現代史の見取り図を描いてみる。

まず、戦前戦後にまたがって朝鮮半島とその周辺を主戦場に行われた三つの戦争——日清戦争、日露戦争、朝鮮戦争——で展開された大陸勢力と海洋勢力の角逐と朝鮮内部からのリアクションを素描する（第二節）。いわば「三つの朝鮮戦争」は、大陸勢力と海洋勢力の間の対称的なヨコの戦争であっただけではない。大陸と海洋の両パワーの浸透・介入に対する朝鮮半島の内部からの順応や抵抗とい

う非対称的なタテの戦争という側面があった。朝鮮半島のアクターは大陸と海洋のパワーにやがて封殺され、植民地化や国家分断や内戦・戦争に帰結する。このようにヨコの視点とタテの視点の双方から朝鮮半島の近現代を貫く戦争について考察する。

次に、国家分断と戦争後の朝鮮半島をめぐる国際関係において、イデオロギーや体制を超えて作用した地政学について考察する（第三節）。一九七〇年代の米中和解や九〇年代の冷戦後のソ（ロ）韓・中韓国交とこれに対する南北朝鮮の対応である。デタントと冷戦終結は、それぞれ南北の対話と接近だけでなく、韓国と北朝鮮の核兵器開発を生じさせた。**北朝鮮の核・ミサイル開発**（→巻末用語解説）はその後も未解決だが、八〇年代末の民主化と九〇年代末の政権交代を経た後の韓国は「和解協力」政策を進め、米韓および日韓の間でしばしば摩擦が生じた。その背景には「兄弟」（＝北朝鮮）と「友人」（＝米国・日本）の狭間という韓国の地政学認識の転換がみられる。[2]

二　大陸と海洋の狭間で――近現代の「三つの朝鮮戦争」のヨコとタテ

歴史家の姜萬吉《カン・マンギル》は、朝鮮半島の植民地化と国家分断の原因を、「海洋勢力」と「大陸勢力」による「外勢の作用」とこれを克服できなかった「民族的力量」の不足に求めた。[3] また、和田春樹は、一六世紀の豊臣秀吉の朝鮮侵略を「第一次朝鮮戦争」と呼び、近代以降の日清・日露・朝鮮戦争もまた「朝鮮戦争」であったと指摘した。[4] 近現代に限れば、朝鮮半島は大陸のパワーと海洋のパワーの狭間で「三つの朝鮮戦争」を経験したと言ってよい。

ただし、戦争は大陸勢力と海洋勢力の角逐という「ヨコの視点」からだけでなく、「タテの視点」からの考察が求められる。タテの視点とは、国家や権力や外国軍に対する市民・住民の視点である。近現代における「三つの朝鮮戦争」にみられた大陸・海洋の諸パワーの角逐に対して、朝鮮半島の内からの順応や従属、あるいは下からの抵抗や挑戦があった。

1　日清戦争と甲午農民戦争

日清戦争は一八九四年―九五年に戦われた明治日本という台頭する海のパワーと清朝中国という衰退する陸のパワーの間の「ヨコの戦争」であり、明治日本が琉球処分と北海道開拓に続いて初めて海外公式植民地として台湾を領有した戦争である。

日清戦争では周知のとおり大本営が広島に設置された。帝国議会も広島に移設され、総理大臣の伊藤博文や第一軍司令官の山縣有朋らをはじめ当時の要人の多くも広島に居を移した。日本軍は広島の呉から出兵し仁川に上陸した。また、宇品では戦争物資の輸送船が頻繁に行き来し、兵士や高官が往来した。(5) 後の被爆地・広島と朝鮮半島との残念な因縁である。

朝鮮の農民反乱を理由に日清両国が出兵した後に、反乱がいったん収まり朝鮮政府が日清の撤兵を要請、清国も日本に同時撤兵を提案した。しかし、日本軍はこれに応じず、当時の首都・漢城の朝鮮王宮を占拠して清国と開戦した。戦争は一八九四年七月から翌年四月まで行われ、五月に下関で講和条約が結ばれた。

下関講和条約後のロシア・ドイツ・フランスの三国干渉は、ロシアの南下と朝鮮における日露の角逐をもたらし、後の日露戦争への序曲となった。清朝が後退した後にロシアが浸透してきたことを受けて、朝鮮政府内でも政争が激化した。一部の青年官僚などを中心に日本と協調する開化派に対して、王妃一族の閔氏を中心にロシアと協調する守旧派が台頭した。

一八九五年一〇月、予備役陸軍中将でもあった日本公使・三浦梧楼を筆頭に日本公使館員、日本軍守備隊、日本人顧問官、大陸浪人らが、ロシアを引き入れて日本をけん制しようとする閔氏一族を排除するため、朝鮮王妃である閔妃を殺害した。この事件は欧米の公館員やジャーナリストに目撃されたために日本政府は犯人らを召喚し、広島で裁判と軍法会議にかけたが、全員を無罪とした。三浦はその後も政府・宮中の要職を歴任した。これもまた、朝鮮半島と後の被爆地・広島との残念な因縁である。

日清戦争後の朝鮮半島と中国東北部をめぐり、小村＝ウェーバー協定（一八九六年五月）、山縣＝ロバノフ協定（九六年六月）、西＝ローゼン協定（九八年四月）などによって、日露間では朝鮮駐屯と内政介入が取り決められ、「具体的に三八度線とか三九度線によるものではなかったにせよ、半島を真ん中で二分する線に沿って朝鮮を分割する案がほぼまとまりそうになった」(6)。朝鮮半島の側から見れば、海洋勢力である明治日本と大陸勢力である帝政ロシアの狭間で引き裂かれた歴史ということになろう。

朝鮮半島をめぐる明治日本、清朝中国、帝政ロシアの角逐とそれらに狙われる朝鮮に関する有名な風刺画『魚釣り遊び』（ジョルジュ・ビゴー作）がある。注目すべきは、この風刺画が描かれたのが、日清戦争より七年も前の一八八七年二月であり、それだけ朝鮮半島をめぐる陸と海のパワーの介入と角逐の歴史が根深く、その当時から広く知られていたことであろう。

ところで、ヨコの戦争である日清戦争は、タテの視点からみれば、全羅道の農民反乱から始まり、それが全国化し、首都・漢城を目指した甲午農民反乱を鎮圧した戦争であった。

日本の砲艦外交である一八七六年の江華島事件で開国した朝鮮で、農民の反乱が勢いを増していた。それが朝鮮の土着宗教である「東学」と結びつき、やがて封建王朝の改革を求める全国的な農民反乱に発展した。全琫準《チョン・ボンジュン》を総大将とする農民軍は、両班による抑圧の停止、奴婢文書の焼却、身分制の廃止、土地の再分配などの一二か条の要求を掲げた。また、中央から派遣された政府の鎮圧部隊を破り、九四年五月に朝鮮半島の穀倉地帯の中心地である全州城に入城した（第一次蜂起）。

農民軍の勢いに驚いた政府は反乱鎮定のために清朝中国に出兵を求めたところ、日本も朝鮮への出兵を決めた。これを受けて農民軍は政府と「全州和約」を結んで撤退した。この和約では、各地に「執綱所」という自治機関を設置し、官吏の汚職防止や身分差別の解消などの改革を進めた。

朝鮮政府は農民軍との和約を受けて日清両国に撤退を求めたが、日本は撤退に応じず、朝鮮の「内政改革」を理由に駐屯を続けた。日本軍は漢城・仁川を軍事占領し、これに力を得た親日派の開化派官僚は政府の実権を握り、近代化のための内政改革を相次いで実施した。日本海軍は清の北洋艦隊を攻撃し、先にみた日清戦争の戦端を開いたのである。

農民軍は全羅道、忠清道、慶尚道、江原道、京畿道、黄海道、平安道などの全土で、外国軍の駆逐と開化派政権の打倒を目指して再び蜂起した（第二次蜂起）。しかし、一八九四年一二月には全羅道の農民軍は政府と日本の連合鎮圧軍に敗れ、他の道の農民蜂起も九五年四月には鎮圧された。全琫準ら

日清戦争後、後退した清朝に代わってロシアが朝鮮に浸透すると、朝鮮政府の中の親日派と親露派

の政争が激化し、先述した閔妃暗殺事件後に国王がロシア公使館に逃亡すると（露館播遷）、親露派が政権を握った。国王が王宮に戻ったのちの一八九七年一〇月以降、国号は「大韓帝国」に改められ、国王は清からの独立を象徴する「皇帝」に即位した。一方、民間では開化派の「独立協会」などがロシアの浸透に反対する運動を展開した。

日清戦争と日露対立の「外患」と朝鮮政府内の「政争」は、後の日露戦争へとつながってゆく。このように朝鮮半島の外患と政争は連動している。ただし、外来のパワーによる現地の政治勢力の「分割統治」＝タテの支配は、植民地主義に一般的にみられる。日清戦争と後の日露戦争もまた、朝鮮半島の政治勢力を分断し、下からの農民反乱と封建制度の改革の動きを封殺したタテの戦争であった。

2　日露戦争と抗日義兵闘争

日露の争いは、ビゴーの風刺画に予告され三国干渉により顕在化していたが、日本では日露開戦派と日露協商派の競合があった。日露協商派は、ロシアの満州支配と日本の朝鮮（大韓帝国）支配を認め合う「満韓交換論」を唱え、一九〇三年八月に提案したが、ロシアはこれを拒否し、続いて九月にロシアが朝鮮半島の南北を両国が勢力圏とする提案を行ったが、日本が拒否したとされる(7)。

一九〇四年二月に日本が旅順港でロシア艦隊を奇襲し日露戦争が勃発した。これに先立つ〇二年、ロシアの南下をけん制すべく英国は日本と同盟を結んだ。戦争勃発直前の〇三年一一月と〇四年一月に大韓帝国は「中立宣言」を発したが、日本政府はこれを無視し、漢城を軍事占領したうえで二月に日本軍の自由行動を認めさせる「日韓議定書」を締結させ、続いて八月に「第一次日韓協約」を締結させた。

朝鮮半島の軍事占領と警察行動を強めつつ対露戦争を遂行した日本は、一九〇五年二月に竹島（韓国名は独島）を島根県に編入した。その際、日本外務省は日露戦争という「時局なればこそ領土編入を急務とするなり」と認識していた(8)。同年五月の日本海海戦は、まさに竹島周辺で行われ、ロシアのバルチック艦隊を日本が撃破した。

竹島編入の閣議決定は、他国がこれを占領した形跡がなく、今より（「自今」）島根県所属隠岐島司の所管とするとしている。こんにち日本外務省は、一九〇五年二月の竹島編入を自国領であることを「再確認」したものと説明しているが、当時の竹島編入の閣議決定文には「再確認」などとは記されていない(9)。後の時代の改ざんといえる。

話を戻せば、日本政府は一九〇五年四月に「韓国保護権確立」を閣議決定し、同年一一月に日本軍が漢城を占領するなかで実質的な植民地条約である「乙巳《いっし》保護条約」（「第二次日韓協約」）を締結させた。帝国主義・植民地主義の「保護」が、略奪・殺害・併合等の別名に他ならないことは、日本の植民地主義に限らない。なお、明治日本のアイヌ民族関係法である「北海道旧土人保護法」は、日清戦争と日露戦争の間の一八九九年に制定され、約一〇〇年後の一九九七年まで存置された。

この間の一九〇五年七月には日米間で桂＝タフト協定が結ばれ、アメリカのフィリピン支配と日本の朝鮮支配を相互に認めた。同年八月には第二次日英同盟が結ばれ、英国のインド支配と日本の朝鮮支配を相互に承認した。その延長上に同年九月のポーツマス講和条約があり、日本による朝鮮半島の排他的支配が固まった。

このように、日清戦争と日露戦争の前後を振り返ると、朝鮮半島や中国東北部をめぐって、清朝中国・明治日本・帝政ロシア・米国などの大陸勢力と海洋勢力が出兵や分割や交換などを交渉してきた長い経緯があるのを見ることができる。

ところで、「韓国保護条約」の二年後の一九〇七年、大韓帝国皇帝の高宗はオランダで開かれる第二回バンコク平和会議に密使を送り、保護条約の無効を訴えようとした。しかし、米・露・英諸国はすでに日本の朝鮮支配を認めていた。韓国統監の伊藤博文は報復として高宗を退位させ、〇七年七月に「第三次日韓協約」を結ばせ、韓国軍隊を解散させた。

欧米や日本などの外国勢力の浸透を排撃する「衛正斥邪」派の儒生や、山間部の虎狩り猟師たち、解散させられた朝鮮軍兵士たちは、武装抗日運動である義兵闘争を展開した。義兵たちは日本の憲兵警察署や地方政府機関を襲撃したり、鉄道や電信線を破壊したりするなどの活動を行った。一九〇九年一二月には抗日義兵の連合部隊が漢城への進撃を企てた。

武力などの装備で大きく勝る日本軍は義兵運動を掃蕩するために町や村を焼き払うなどの過酷な鎮圧を行った。「日本軍と一緒にいた」カナダ人ジャーナリストは、義兵闘争と日本軍の鎮圧が起きた地を訪れて調査し、多くの町や村が焼き払われ、廃墟と化し、婦女子や子どもたちが殺され、村人が山間部に避難したのを確認した[10]。

義兵による交戦回数は、一九〇八年には一四〇〇回を超え、交戦人数は同年に約七万人に達した。〇九年には交戦回数は一〇〇〇回を下回り、交戦人数は二万五千人余りとなった。〇七年から一一年の間に抗日義兵運動に参加したのは一四万人以上になる。〇九年九―一〇月に日本軍が実施した「南韓大討伐作戦」により義兵運動は大きな打撃を受けた。

一九〇九年一〇月、義兵闘争に加わっていた安重根がハルピンで韓国統監・伊藤博文を殺害すると、日本は翌年一〇年に「韓国併合条約」を結ばせ、朝鮮半島は形式的にも日本の植民地となった。

朝鮮からすれば抗日義兵運動は植民地化への抵抗運動であったが、日本軍から見た場合は「暴徒」とされ、日本側の一部資料でも「暴徒」の死者数は一万五千人以上とされている。保護国化（＝植民地化）に抵抗する義兵闘争で死者が万単位で出ているということは、実質的に戦争であったといってよい。明治日本と帝政ロシアのヨコの戦争に続いて、明治日本と朝鮮義兵のタテの戦争があり、その過酷な鎮圧の末に一九一〇年の韓国併合がなされた。

3　南北分断と済州四・三事件

実質的にはもちろん形式的にも朝鮮半島が日本の植民地となった韓国併合から三五年間の植民地支配は、一九四五年八月に終わった。日本で終戦記念とされる日は、朝鮮半島や台湾では光復（解放）記念日である。しかし、朝鮮半島でも台湾でも、四五年八月に戦争は終わらなかった。東北アジアに限らず、東南アジアや南アジア、西アジアでも、四五年で戦争や内戦や強権統治が終わったわけではなかった。

朝鮮半島では、一九四五年八月一三日に米国が三八度線分割占領案をソ連に提起し、これをソ連が受諾した。同年九月二日の連合国最高司令官一般命令第一号は、三八度線以北の日本軍はソ連に、以南の日本軍は米国に降伏するよう指示した。しかし、九月八日に南朝鮮に進駐した米軍は翌日九日、同地域での軍政の実施を布告した。

米ソに分割占領された朝鮮半島の独立は、一九四五年一二月に設置が決められた米ソ共同委員会による「後見」にゆだねられた。しかし、欧州よりいち早く朝鮮半島では米ソ対立が出現し、米ソ共同委員会は決裂した。ブルース・カミングスは、朝鮮における米国の行動は「封じ込め」を「さきがけて開始」したものであり、「冷戦は、朝鮮には、一九四五年末の数か月にやって来た」と指摘した。[11]

米国は一九四七年九月に朝鮮問題を国連に付託し、国連総会は一一月に国連監視下の朝鮮総選挙を決議した。しかし、ソ連と北朝鮮は国連上程が米ソ共同委員会違反であることを理由に国連の選挙監視団の入境を拒否し、これを受けて国連は南朝鮮のみの単独選挙の実施を決議した。四八年八月に大韓民国政府が樹立され、翌九月に朝鮮民主主義人民共和国が成立した。

日本軍の降伏受け入れを分担する分割占領線であったはずの北緯三八度線は、こうして南北朝鮮の国家分断線となった。植民地から解放された後の朝鮮半島の多くの人々は、解放が占領となり、国家分断に至ることなど想像もしなかったであろう。多くの人々が望まなかった国家分断ゆえに、それは約二年後にはさらに大きな悲劇である戦争へとつながる。

ところで、南北国家分断過程では、国家間の武力行使としての戦争ではないが、いわば実質的な内戦が起きた。数万人単位の死者を出した国家や軍隊による大規模な人権侵害「済州四・三事件」である。

先述のように米ソ共同委員会が決裂し、米国は朝鮮の戦後処理を国連に上程して国連の選挙監視による南朝鮮のみの単独選挙が実施されることになった。すると南朝鮮では単独選挙に反対する運動が起きた。特に、朝鮮半島の南端の島である済州島で単独選挙反対運動が起きたが、軍・警・民兵などがこれを過酷に鎮圧し、島民人口の一〇％に当たる約三万人の死者を出した。また、大韓民国成立後の一九四八年一〇月、済州島の単独選挙反対運動の鎮圧命令を拒否した軍部隊の反乱「麗水・順天事件」が起きると、同年一二月に韓国政府は北朝鮮を「敵」とし政府批判を「スパイ」として取り締まる「国家保安法」を制定した(12)。

済州四・三事件は、分断後の韓国で長いあいだ「共産暴動」との烙印を押された。その後、韓国の民主化後・政権交代後の二〇〇〇年代に取り組まれた「過去清算」の一環として、軍・警・民兵による虐殺であったとする事実を認定し、金大中《キム・デジュン》大統領と盧武鉉《ノ・ムヒョン》大統領が政府として謝罪し、被害者の名誉回復がようやく図られることになる。

4　朝鮮戦争と老斤里事件

中国の国共内戦で蔣介石を指導者とする国民党が破れて台湾に敗走し、一九四九年一〇月、中国大陸では毛沢東を指導者とする社会主義の中華人民共和国が成立した。五〇年一月、米国のアチソン国務長官は戦後のアメリカのアジア政策について演説し、同地域の不後退防衛線について「この防衛線は、アリューシャン列島に沿って日本、そして沖縄に到るものである。アメリカは、この沖縄に重要な軍事基地を維持しており、将来にわたって維持してゆくつもりである……この防衛線は沖縄からさらにフィリピンに伸びている」と述べた。この「アチソン・ライン」には韓国と台湾は明示的には含まれていなかった。

北朝鮮はこれをもって米国が介入しないと判断し、中国・ソ連の同意を取り付け、一九五〇年六月二五日、朝鮮人民軍が奇襲をかけて韓国に軍事侵攻し、瞬く間に韓国の大半を占領した。同日、草創期の国連安全保障理事会は、常任理事国のソ連が欠席するなか、北朝鮮の武力侵攻が「平和の破壊」を構成するものであり、三八度線まで直ちに撤退することを要請した。米国は二七日、米陸海空軍の参戦を決定するとともに、台湾海峡への第七艦隊の派遣、インドシナのフランス軍への援助を宣言した。

なお、国連安保理決議の勧告による「朝鮮国連軍」は国連憲章の規定や特別取り決めを欠いた「有志連合軍」であり、その九割は米軍と韓国軍であったため、ここでは米軍・韓国軍と称し、「国連軍」については次節で述べる。

同年九月には米軍が仁川上陸作戦を敢行して朝鮮人民軍を押し返した。しかし、米軍・韓国軍は朝鮮人民軍を三八度線以北に押し戻すだけではなく、一〇月にはさらに三八度線を越えて北上した。北朝鮮の韓国に対する「第一次侵略」によって火ぶたが切られた朝鮮戦争は、米軍・韓国軍の北朝鮮への「第二次侵略」によって、その性格を変えたのである。

米軍・韓国軍が北上し中朝国境に迫ると、国共内戦の終了から間もないにもかかわらず中国から人民志願軍が参戦した。国家分断に起源をもち、北朝鮮の武力侵攻で火ぶたが切られた朝鮮戦争は、世界最大のパワーであり海洋勢力である米国と革命後の大陸勢力である中国の参戦により、米中戦争へとエスカレートしたのである。

一方、日本では吉田茂首相が昭和天皇に「(朝鮮戦争は)日本にとってむしろよい影響があります」

と述べていた[13]。米国の対日占領政策は国共内戦の戦局推移と中国革命および朝鮮戦争により大きく変化し、サンフランシスコ平和条約の草案も大きく変化した。日本の民主化から逆コースへ、反共の防波堤かつ極東の工場へ、戦争賠償の放棄へ、全面講和ではなく片面講和へ、大きく転換した。

一九五三年七月に朝鮮戦争は休戦協定が結ばれた。韓国の李承晩《イ・スンマン》政権は開戦直後に韓国軍の作戦統制権をマッカーサー司令官に委譲しており、また、「北進統一」を主張して休戦に反対したため署名国には加わらず、休戦協定は国連軍司令部総司令官、朝鮮人民軍最高司令官、中国人民志願軍司令の三者間で署名された。

それから七一年を超えるこんにちに至っても平和協定は結ばれていない。日本の戦争が一九五二年四月発効のサンフランシスコ平和条約で終わり、米中戦争が七二年の米中和解と七九年の米中国交により区切りが付き、ベトナム戦争が七三年のパリ和平協定で終わったのに対して、朝鮮戦争は終わっていない。このことについては次節で再論する。

朝鮮戦争後、「アチソン・ライン」は韓国の南側から南北境界線の三八度線へ、そして台湾の東側から台湾海峡の真中へ、前進した。この「台湾海峡と朝鮮半島三八度線まで前進した米国の防衛ライン」は、冷戦と冷戦後を通して東アジアの分断・対立線となってこんにちに至る[14]。それだけでなく、二〇一〇年代の米中対立の深まりと米国の「インド太平洋戦略」により、この「前進したアチソン・ライン」はさらに西南方向の海に拡大・伸長している。

ところで、朝鮮戦争では、直接戦闘による軍人・民間人の死傷者だけでなく、また、朝鮮人民軍による占領地での過酷行為だけでなく、韓国軍による韓国住民の虐殺事件である「居昌虐殺事件」や米軍による韓国民間人の虐殺事件である「老斤里事件《ノグンニ》」が起きた。老斤里事件は、一九五〇年七月、米軍が忠清北道の老斤里の京釜線鉄橋付近で戦闘地域を移動する民間人を敵とみなして発砲せよとする命令を下し、韓国民間人数百人を殺害した事件である(15)。

老斤里事件は済州四・三事件などと同様に冷戦と権威主義体制の韓国で史実と被害が長く隠蔽されたが、民主化後の一九九〇年代に各種の証言や資料が公になり、特に九九年にAP通信が大きく報道したことで米韓の外交問題に発展した。韓国の金大中大統領は米国に事件の真相調査などを求め、クリントン米大統領が「遺憾」を表明し、被害者遺族への奨学金提供などを申し出たが、責任の究明はあいまいにされた。

国家分断過程で起きた済州四・三事件、朝鮮戦争の渦中に起きた老斤里事件は、国家や外国軍などによる大規模な人権侵害が戦後・民主化後に真相が究明され、責任が追及され、被害者の名誉回復がなされ、記念・教育がなされる「過去清算」あるいは「歴史問題」=「移行期正義(transitional justice)」の事例であることは、次の節でも言及する。

南北朝鮮の戦争、米国と北朝鮮との戦争、米国と中国との戦争が複合した朝鮮戦争は、南北と米中のヨコの視点からだけでなく、済州四・三事件や老斤里事件に象徴される市民・住民・民間人に対する国家・外国軍の大規模な殺傷・人権侵害というタテの視点から省みる必要がある。

三　兄弟と友人の狭間で——冷戦・民主化・脱冷戦における地政学

朝鮮戦争により戦後東アジアの冷戦と同盟体制が形成され、朝鮮半島では南北分断と軍事対立とイデオロギー対立が恒常化した。米軍は核兵器を韓国に配備したことで、朝鮮半島の核対立を作り出した。朝鮮戦争の「国連軍」とその「後方基地」は、冷戦後にその役割を高めていく。

一方、冷戦の変容とともにブロック対立・イデオロギー対立・政治体制対立を越えて地政学が作用する。一九七〇年代デタントと八〇年代末の冷戦終結により朝鮮半島では様々な異なる可能性が交差し、南北対話・合意、韓国の核開発、北朝鮮の核開発、南北朝鮮と米・中・ソ（ロ）・日の関係変化が試みられた。

しかし、一九九〇年代半ばから二〇二〇年代のこんにちにかけて三回の朝鮮半島核危機が起きる。同時期に韓国では保守系と進歩系の間で交互に政権が交代し、進歩系政権の下で地政学認識の転換と「過去清算」が進み、冷戦期には見られなかった「和解協力」政策が出現することになる。

1　朝鮮戦争と核兵器と「国連軍」

朝鮮戦争時に米国は核兵器の使用を複数回にわたり検討していた。一九五〇年一一月にトルーマン大統領が記者会見で核使用に言及したことは当時からよく知られており、一二月にはマッカーサー最高司令官が二六か所の標的への核爆弾使用の権限を求めていた。特に、五一年四月には核爆弾の部品が沖縄の嘉手納基地に持ち込まれて組み立て準備がなされていた。米統合参謀本部は中朝軍の結集や米軍への攻撃があった場合に核兵器を使用する命令を下した。トルーマン大統領は核兵器使用の命令書を承認した。

休戦後の一九五八年一月以降、米国は韓国に数百発といわれる戦術核兵器を配備した。七五年にシュレジンジャー米国防長官が韓国への核配備の事実を公言し、翌年七六年以降、西側最大の軍事演習と言われた米韓合同軍事演習「チームスピリット」が毎年実施された。朝鮮半島の核問題の起源は、朝鮮戦争における米国の核使用の検討と韓国への核配備にさかのぼる[16]。

先述したように国連安保理事会は北朝鮮の武力攻撃を「平和の破壊」であるとし、戦闘の即時停止と三八度線までの北朝鮮の部隊の撤退を決議した（国連安保理決議八二、一九五〇年六月二五日）。国連安保理は続いて二七日、「緊急な軍事措置が必要である」として韓国への必要な援助を提供することを「勧告」した（国連安保理決議八三、五〇年六月二七日）。国連安保理はさらに、「すべての加盟国が、これらの兵力その他の援助をアメリカ合衆国の下にある統一司令部に提供する」ことを「勧告」し、その「統一司令部」に「国際連合旗」を使用することを許可した（国連安保理決議八四、五〇年七月七日）。

国連憲章第七章の「平和に対する脅威」「平和の破壊」「侵略」への軍事的強制措置として国連安保理事会が加盟国と特別協定を結ぶよう「要請」することで作られるのが、本来の「国連軍」である。しかし、米軍の「統一司令部」の下に国連加盟国が兵力を提供することを「勧告」し国連旗の使用を許可した「朝鮮国連軍」は、国連憲章と特別取り決めに基づく正規の国連軍ではなかった。それは、安保理常任理事国のソ連が欠席する中で「即席で編制」され、「国連軍」の「看板を掛けた」米軍が指揮する「有志連合軍」であった[17]。

「国連軍」司令部は戦争中には米軍の出撃基地である占領中の日本・東京に設置された。サンフランシスコ平和条約の調印（一九五一年九月八日）と同時に、日米安保条約（旧安保）と「吉田・アチソン交換公文」が調印された。日米安保条約が在日米軍の駐留と基地使用の自由権限を定めたものであるのに加えて、「吉田・アチソン交換公文」はサンフランシスコ平和条約の発効後も朝鮮戦争の「国連軍」参戦国の極東における行動に対して日本が基地と兵站支援を提供することを定めた[18]。

一九五七年七月、「国連軍司令部」はソウルに移設され、「国連軍後方司令部」が日本に置かれることになった。その後、朝鮮「国連軍」は次項でみるように七〇年代半ばに国連で解体が提起されたものの存続し、こんにちに至るまでの数十年間にわたり「極東」＝朝鮮半島・日本・台湾海峡・東アジアにおける米軍の駐屯・基地使用・出撃の根拠とされ、日米・米韓安保をつなぐ役割を維持している。特に、九〇年代半ば以降の北朝鮮の核開発や台湾海峡危機および二〇一〇年代半ば以降の米中対立の深まりと日米韓の「インド太平洋戦略」によりその位相をむしろ高めている。「帽子」や「看板」にたとえられてきた「国連軍」は、極東有事に米軍が国連安保理や日本との事前協議をバイパスし、また、多国間の安全保障協力を起動するスキームとなっている[19]。

以上のように、核兵器配備と「国連軍」という朝鮮戦争の長い影は、戦争の終結と平和協定を抑制し、東アジアの軍事対立が持続する仕掛けとなっている。

2 デタントにおける南北対話と韓国の核開発

東アジアの冷戦は、一九五〇年代前半までのサンフランシスコ平和条約、日米安保条約、米韓相互防衛条約、米華相互防衛条約（一九七九年に失効、同年に米国は「台湾関係法」を制定）によりその骨格が作られた。一方の北朝鮮はこれにやや遅れて六一年にソ連および中国との間で相互防衛援助条約を締結した。日本と韓国の間では五二年に締結された日華（台）平和条約（七二年に失効）に大きく遅れて六五年に日韓基本条約が結ばれ国交が正常化した。

朝鮮半島をめぐる冷戦と軍事対立は、「韓・米・日」vs.「朝・中・ソ」のそれぞれの三角ブロック間の対立として描かれることもあるが、日米安保や米韓安保に対して、北朝鮮の中ソとの関係はより脆弱であった。一九五〇年代末より潜在化し六〇年代には顕在化した中ソ対立ゆえに、その狭間にある北朝鮮は中ソの間を「綱渡り」するバランス外交を余儀なくされたからである。北朝鮮の「自主」とは中ソに対するバランス政策であった。

朝鮮半島と同じく戦後に南北に分断されたベトナムには、旧宗主国のフランスの撤退後に米国が介入した。米国は一九六〇年代半ばに本格な軍事介入に踏み切ったが、ベトナム解放勢力の抵抗と国際的な反戦世論に逢着した。六九年一月よりパリ和平会談が始まり、同年七月にニクソン米大統領は「グアム・ドクトリン」で在外米軍の削減を表明した。こうして冷戦は六〇年代末から七〇年代にかけて変容する。

米国は中ソ対立への介入とベトナムからの「名誉ある撤退」を図るべく、一九七二年二月にニクソンが訪中し米中和解へと舵を切った。その前年の七一年一二月には、国連総会で中国代表権および安保理常任理事国ポストが台湾の中華民国から大陸の中華人民共和国にスイッチした。同じころ在外米軍の縮小の一環として米国は在韓米地上軍の削減を進めた。

朝鮮半島では一九六八年一月に北朝鮮の武装ゲリラが韓国大統領官邸の青瓦台を襲撃する事件が起きた。また、同じ一月、米情報鑑「プエブロ号」が元山沖で偵察中に北朝鮮に拿捕された。北朝鮮のゲリラ攻勢に直面したうえに、米国のアジアからの後退と在韓米地上軍の削減により勢力均衡の劣勢の危機感を抱いた朴正熙《パク・チョンヒ》政権は、七一年頃から秘密裏に核開発を始めたとされる。在韓米地上軍第七師団の撤退を受けて、独自の核兵器開発と国産ロケットの開発を試みた。七四年にはインドが核実験を行ったこともあり、米国は韓国の核開発を阻止し、韓国は七五年四月にＮＰＴに加盟した。

朴正熙政権はまた、北朝鮮の軍事的浸透と米軍削減および米中和解におされて南北対話に着手する。北朝鮮もまたベトナム和平の機運に乗り「平和攻勢」を強める。こうして、一九七二年七月四日、南北の指導者である朴正熙大統領と金日成《キム・イルソン》首相の秘密特使の相互訪問を経て、韓国と北朝鮮は「南北共同声明」を発表した。

自主的解決・平和的統一・体制を超越した民族大団結の三原則をうたった同声明はその後も南北統一の基本文書であり続けたが、南北両政府の狙いは同床異夢であった。韓国では声明発表後の一〇月に朴正熙大統領が戒厳令を敷き憲法を停止し新たに「維新憲法」を発布した。北朝鮮では首相制から主席制への変更とともに、金日成主義による「唯一指導体制」と「首領神話」を強めた。

一九七三年一月にパリ和平協定が結ばれ、米軍はじめベトナム参戦国軍は撤退した。北朝鮮はベトナム和平の翌年の七四年三月より米朝二国間の平和協定の締結を提案するようになる。韓国政府はこれをベトナム方式の「偽装平和攻勢」、つまり在韓米軍の撤退と韓国の「赤化統一」（北朝鮮による共産主義統一）を狙ったものだとして強く反対した。七五年から七六年にかけて社会主義の北ベトナムが南ベトナムを併合し統一された。

　南北分断と冷戦のなかで韓国は米国との同盟と日本との国交を結び、北朝鮮は中国・ソ連と国交および相互援助条約を結んだが、韓国と中国・ソ連の関係は断絶し、同様に、北朝鮮と米国・日本の関係も断絶していた。そこでデタントにおける朝鮮半島の危機管理として米国はいわゆる「クロス承認」を提案した。米・日が北朝鮮を、中・ソが韓国を承認し、南北が国連に同時加盟するというもので、一九七四年九月および翌年九月のキッシンジャーの国連総会演説などに示されている。

　韓国の朴正熙政権は一九七三年の「六・二三宣言」で南北の国連加盟に反対しないと表明していた。しかし、北朝鮮は「クロス承認」を「二つの朝鮮」策動であるとして拒否した。このころの戦後世界の分断国家の動向をみると、七二年一二月に東西ドイツは基本関係条約を結び、翌年に国連に同時加盟した。中台関係では先述の通り大陸中国が国連及び安保理常任理事国議席を獲得した。南北ベトナムは先述の通り北ベトナムが南ベトナムを併合し七七年に国連に加盟した。朝鮮半島の「クロス承認」は、中国方式とベトナム方式を退け東西ドイツ方式を援用したものといえようか。

　米中和解、南北対話、クロス承認提案などがなされる中で、国連において朝鮮問題の戦後処理があらためて持ち上がった。国連が絡んだ朝鮮問題の戦後処理の焦点としては、朝鮮戦争時の「国連軍」と、「国連朝鮮統一復興委員会」があった。

後者は、南北分断政府樹立に至る単独選挙に関与した「国連臨時朝鮮委員会」、分断政府成立後に改編された「国連朝鮮委員会」、朝鮮戦争中に改編された「国連朝鮮統一復興委員会」(UNCURK)であり、これは南北共同声明を受けて一九七三年一月に解散した。

前者の「国連軍」が複雑な問題であった。それまで南北朝鮮は国連でそれぞれが唯一のポストを獲得するために加盟国の支持を集めて決議案を提出して争ってきた。一九七四年と七五年の国連総会に韓国支持決議案と北朝鮮支持決議案が上程された。この時の決議案では「国連軍」の解体が焦点となったが、韓国支持決議案は休戦協定の維持を前提としており、北朝鮮支持決議案は平和協定の締結と一対であった。七五年の国連総会では、二つの異なる決議案が同時に採択される事態となり、結局、「国連軍」の解体問題は宙に浮き、維持されることになった。

「国連軍」の解体危機に臨んで韓国では米韓連合軍司令部が新たに設置されたが、「国連軍」も存続することになり、駐韓米軍司令官は駐韓米軍・国連軍・米韓連合軍の三つの軍司令官を兼務することになった。一方、日本では「国連軍」とその「後方司令部」が解体されれば、朝鮮有事・極東有事において日本政府との「事前協議」を必要としない在日米軍の行動に支障をもたらし、また、在日米軍以外の軍の日本の基地使用の根拠がなくなるために、日米ともに存続を追求した[20]。

3 「非対称な脱冷戦」と北朝鮮の核開発

一九七九年末のソ連のアフガニスタン侵攻と八一年に発足したレーガン米政権の限定核戦争戦略などにより核戦争の危機が高まった新冷戦は、ソ連のゴルバチョフ政権の登場を経て緩和され、八〇年代末にグローバル冷戦は終息した。すると、前項で見た七〇年代前半の勢力均衡における韓国の劣勢とは攻守ところ変わって、北朝鮮が同盟関係や経済力および国際的地位などで深刻な劣勢に陥る。

一九八八年七月七日、韓国の盧泰愚《ノ・テウ》大統領が「民族自尊と統一繁栄のための特別宣言」（七・七宣言）でソ連・中国などの社会主義諸国と関係正常化を進め、韓国の友好国が北朝鮮と関係改善するのを容認すると宣言した。前年六月の韓国民主化からほぼ一年後であり、また、同年八月のソウルオリンピックを直前にした宣言であった。

一九九〇年六月に韓国とソ連は首脳会談で国交正常化に合意した。これに北朝鮮は「背信（裏切り）」だと激しく反発し、独自の核開発を示唆する。ソ連は北朝鮮に対して貿易の国際通貨決済も求めたため、北朝鮮の経済はこれ以降、大きく落ち込むことになる。さらに前後するが九二年八月には中国も韓国と国交を結んだ。

一方、一九九二年一月、北朝鮮の金容淳《キム・ヨンスン》労働党書記が訪米し、アーノルド・カンター国務次官との高官会談で、駐韓米軍を容認し対米関係を改善する意思を表明した[21]。この時の北朝鮮の駐韓米軍容認と対米関係正常化の意思表明については、後の二〇〇〇年六月の**南北首脳会談**〔→巻末用語解説〕で金《キム・》正日《ジョンイル》委員長が改めて確認し、金正日自身が駐韓米軍の容認意思を明らかにしている[22]。

同じころの一九九一年九月には南北朝鮮が国連に加盟した。北朝鮮は南北の同時加盟（「分離加盟」）を「二つの朝鮮」策動と断じて反対してきたが、ロシアに続いて中国も韓国の国連加盟に反対しないことを通知すると、北朝鮮は国連加盟に方針転換した。

これに先立つ一九九〇年九月には自民党・社会党の合同訪朝団と朝鮮労働党の間で国交正常化を含

む「三党共同宣言」が発表される。以降、九二年一一月に拉致問題で決裂するまでに八回の国交正常化交渉が行われた。

在韓米軍の容認、対米関係正常化の模索、日朝国交正常化交渉、南北国連同時加盟などは、北朝鮮が年来の主張を大きく転換したことを意味する。北朝鮮が必ずしもイデオロギーのみではなく地政学からその生存と利益をはかろうとしたことを表している。これは一九七〇年代初めのデタントで中国が在日米軍や在韓米軍を容認して米中改善と日中国交を推進したことに類似する地政学の作用といえようか。

南北の首相レベルで行われていた会談でも「南北の和解と不可侵および交流協力のための合意書」(南北基本合意書)と「朝鮮半島の非核化共同宣言」が一九九一年末までに合意された。また、九一年九月、ブッシュ米大統領がロシアの核解体と北朝鮮の査察受け入れに弾みをつけるべく、隠匿性の高い海中発射核やステルス搭載核に比べて脆弱な地上発射戦術核と海洋配備戦術核の全廃を宣言した。さらに、同時期に米韓は翌年度の米韓合同軍事演習「チームスピリット」を中止すると発表した。すると、北朝鮮はIAEAの査察を受け入れると発表した。北朝鮮は九二年四月にIAEAとの保障措置(査察)協定を批准し、九三年一月までに計六回の特定査察を受けた。IAEAも北朝鮮は査察に協力的だとして満足を表明した。

しかし、一九九二年末が近づくと、南北合意、米朝交渉、IAEA査察、日朝交渉はいずれもとん挫してしまった。IAEAの査察では核物質の「不一致」と未申告施設の疑惑が持ち上がった。同年秋には米韓が翌年のチームスピリットを再開すると発表した。九三年一月までに非核化共同宣言に基づく南北の核問題協議も決裂した。九三年二月にＩＡＥＡが北朝鮮に未申告の二施設への「特別査察」を求めると、北朝鮮はＮＰＴからの脱退を表明した。

一九九三年六月には米朝交渉により北朝鮮のＮＰＴ脱退は一時留保されるが、九四年春に米朝協議は行き詰まり、北朝鮮がＩＡＥＡの監視なしに原子炉から燃料棒を抜き取ると、米国は北朝鮮の核施設への武力行使を検討した。第一次朝鮮半島核危機である。その渦中にカーター元米大統領が訪朝し、金日成主席との間で核活動の凍結に合意すると、再び米朝交渉が動き出し、九四年一〇月に米朝ジュネーブ枠組合意に至る。

核危機は二〇〇〇年代にも第二次、第三次と続き未解決だが、そのことは次項でみることにし、ここでは冷戦後の朝鮮半島の戦争処理と国交問題についてみてみよう。

一九五〇年に米中は朝鮮戦争を戦ったが、七二年の米中和解と七九年の米中国交により米中の戦争は締めくくられた。ベトナム戦争は七三年にパリ和平協定が結ばれ、七五年のベトナム統一を経て、九五年に米越国交が実現した。キューバは五九年の革命後に米国との国交が断絶していたが、二〇一五年に国交を回復し、翌年、オバマ大統領がキューバを訪問した。しかし、戦後アジアにおける米国の大きな戦争の中で唯一、朝鮮戦争は終わっていない。また、韓国はロシア・中国と国交を結んだが、北朝鮮と米国はこんにちも国交がない。李制勲《イ・ジェフン》はこれを「非対称な脱冷戦」と呼んだ(23)。

朝鮮半島の「非対称な脱冷戦」の要因がイデオロギー、政治体制、人権問題などではないことは、中国とベトナムおよびキューバが冷戦後も一党支配の社会主義体制を維持していることからも言えるだろう。では、核開発とＮＰＴ非加盟が要因であろうか。しかし、中国は一九六四年に核を保有し七一年に国連安保理常任理事国となった。北朝鮮と同様にNPTには加盟せずに核兵器やミサイルを保有するインド、パキスタン、イスラエルはいずれも米国および日本と国交を持つ。インドは米・日と原子力協力協定を結んでいる。イスラエルは中東紛争で一貫して米国の庇護を受けている。パキスタンはインドとともに九八年の核実験後に国連制裁を受けたが、二〇〇一年九・一一テロ以降の米国の「テロとの戦争」への協力により米国との関係が改善した。

このように、①ソ（ロ）韓・中韓の国交に対して米朝・日朝の国交はなく、②米中戦争やベトナム戦争、キューバ干渉などとは異なり、朝鮮戦争は休戦から七一年が過ぎても平和協定は締結されず、③国連安保理常任理事国の他に実質的に核兵器を開発・保有するNPT非加盟の国家のうち、北朝鮮のみが米国と国交をもたず国連安保理の制裁を受けている。このようないわば三重の変則ゆえに、朝鮮半島の核危機では、非核化と平和協定と国交正常化が争点であり続ける。

4　核危機における韓国の「和解協力」政策

一九九三—九四年の第一次朝鮮半島核危機は九四年一〇月の米朝ジュネーブ枠組合意における軽水炉の提供と北朝鮮の核放棄の取引で妥結し、南北対立やミサイル問題などがありながらも、非核化・関係正常化・平和体制が模索された。この間の九四年七月に北朝鮮の金日成が死去し、金正日が後を継ぐ。一方、韓国の金大中政権は北朝鮮との「和解協力政策」（別名「太陽政策」）を進め、二〇〇〇年六月に史上初の南北首脳会談が実現した。また、同年一〇月には米朝高官の相互訪問も実現し「米朝共同コミュニケ」が発表され、クリントン米大統領の訪朝が計画された。しかし、任期末のクリントン訪朝は実現しなかった。

二〇〇一年九・一一テロ後の〇二年一月、米国のブッシュjr.政権は年頭教書で北朝鮮、イランなどを「悪の枢軸」と述べ、〇二年九月、国家安全保障戦略で「先制攻撃」ドクトリンを打ち出した。また、〇二年一〇月、北朝鮮のウラン濃縮疑惑を理由に米国がジュネーブ合意の重油提供を中断し、北朝鮮がNPTを再脱退したことで、第二次朝鮮半島核危機が起きた。この時点で北朝鮮が「高濃縮ウラン（HEU）」による爆弾開発を行っていたとする根拠はその後も明らかになってはおらず、むしろジュネーブ合意を破棄するための米国による政治的な決定であったとする外交官や研究者の見解がある。(24) 韓国の盧武鉉政権は、前政権の和解協力政策を継承する「平和繁栄政策」を進め、圧力・制裁を進める米国と対立した。その後、中国を議長とする六者協議が開かれ、米国の金融制裁に反発した北朝鮮が〇六年一〇月に第一回核実験を強行するも、〇五年六者協議九・一九合意の実行計画が〇七年二月と一〇月に署名され、また、〇七年一〇月に第二回南北首脳会談が開かれた。

しかし、二〇〇八年一二月を最後に六者協議は中断し、北朝鮮は〇九年四月に人工衛星発射実験を、続いて五月に第二回核実験を強行した。韓国の李明博《イ・ミョンバク》政権は二回の南北首脳会談の合意を継承せず米韓同盟の強化を強調し、一〇年三月の韓国哨戒艦爆破事件を機に南北対話は閉ざされる。また、米国のオバマ政権は、一二年二月の北朝鮮との「閏日合意」が破綻した後は、対話・交渉に消極的な「戦略的忍耐」で臨んだ。金正日死去後に権力を継承した金正恩《キム・ジョンウン》政権は、一三年二月に第三回核実験を強行し、三月には「経済建設と核武力建設の並進路線」を打ち出した。韓国の朴槿恵《パク・クネ》政権は当初、圧力と協力の折衷的な北朝鮮政策を掲げるが、一五年末頃からは圧力と制裁を重点とする政策に転じた。

二〇一六年から一七年にかけて、北朝鮮は第四回から第六回まで計三回の核実験を強行した。一七年にトランプ米政権と金正恩政権が激しく対立し、武力紛争の危険が高まるなど第三次朝鮮半島核危機が生じた。一方、韓国の文在寅《ムン・ジェイン》政権は「朝鮮半島平和プロセス」を進め、平和的な解決を強調した。一八年二月の平昌五輪への北朝鮮の参加を契機に対話・交渉へと局面が変わり、一八年四月・五月・九月の**三回の南北首脳会談**（↓巻末用語解説）と一八年六月の史上初めての米朝首脳会談（シンガポール）が行われた。しかし、一九年二月の第二回米朝首脳会談（ハノイ）はノー・ディールに終わった。ハノイの決裂の原因には、同時期の米議会のトランプ弾劾聴聞会の影響や、米国の元高官・研究者がアドバイスし国務省が進めようとした段階的な合意を米大統領安保担当補佐官などの強硬派が阻んだとする指摘が有力である[25]。また、北朝鮮の核開発の心臓部である寧辺核施設の解体提案を米国側が過小評価し、トランプが交渉の席を立ったのは、重要な機会の喪失であったという米専門家の見方がある[26]。

以上にみた朝鮮半島の三次にわたる核危機の過程では、韓国の北朝鮮政策が保守系と進歩系の間の政権交代にともなって、圧力・制裁と対話・交渉の間を大きく揺れてきた。保守系は金泳三《キム・ヨンサム》、李明博、朴槿恵、尹錫悦《ユン・ソンニョル》の政権であり、その北朝鮮政策は冷戦と権威主義体制の時代を踏襲した「圧力と封じ込め」であり、そのために米韓同盟の強化を志向する。一方、進歩系は金大中、盧武鉉、文在寅の政権であり、その北朝鮮政策は冷戦の時期には見られなかった「和解協力」であり、しばしば米韓同盟の摩擦を伴った。以下では、金大中・盧武鉉・文在寅の三期の進歩系政権の北朝鮮政策を「和解協力」政策と総称し、①安全保障動向の要因、②国内政治の変化という背景、③米韓関係・日韓関係への含意について考える。

第一に、「和解協力」政策では「大陸勢力vs.海洋勢力」の狭間から「兄弟（北朝鮮）vs.友人（米国）」の狭間へ地政学認識が変化したことが見てとれる[27]。その変化にはいくつかの要因が挙げられる。

まず、韓国の民主化と冷戦終結およびソ（ロ）韓・中韓の国交後に起きた勢力均衡における韓国の優勢と北朝鮮の劣勢や、韓国の経済成長とOECD加盟に対する北朝鮮の経済停滞・危機が挙げられる。「太陽政策」のプランナーであった林東源《イム・ドンウォン》の認識にみるように、北朝鮮は劣勢と危機のなかで体制生存のために核開発に舵を切ったと考え、朝鮮半島の軍事対立・核対立の構造である米朝対立を解消し、南北の共存・協力・和解を進めようとする選好が生じたのである[28]。韓国が北朝鮮から受ける脅威だけでなく、韓国（米韓同盟）が北朝鮮に与える脅威を認識し、これらを解消しようとする選好である。この「受ける脅威」と「与える脅威」、すなわち、脅威の相互性の認識に基づく政策選考は、「敵」に対する「封じ込めの安全保障」から、「敵」とともにつくる「共通の安全保障」への転換ということができる[29]。

次に、一九九四年のクリントン米政権による北朝鮮への武力行使の危機と、二〇〇二年のブッシュjr.米政権の「先制攻撃」ドクトリンによる武力行使の可能性、および一七年のトランプ - 金正恩の対立時の武力行使の危険の浮上が、「兄弟vs.友人」という地政学認識を触発したといえる。北朝鮮の核・ミサイル開発は韓国の安全保障の脅威であるが、これに対する米国の武力攻撃により韓国もまた戦場になるという脅威認識の変化である。これは同盟への貢献がむしろ安全を阻害する「逆説」であり、安全保障理論でいう「同盟のジレンマ」の「巻き込まれる懸念」といえる[30]。金大中が、平和的解決のためには「和解協力」は「最善の選択」ではなく「唯一の選択」だと強調し、盧武鉉と文在寅が、第二次・第三次核危機のさなかで米国との摩擦がありながらも平和的解決を強調し続けたのは、イデオロギー的な解釈ではなく、同盟のジレンマにおける「巻き込まれる懸念」という安全保障論による解釈が可能である。

第二に、「和解協力」政策が展開された時期には、国内世論における北朝鮮認識の変化と内政における「過去清算」(=歴史問題、移行期正義)への取り組みがあった。

統一部傘下の統一研究院の世論・意識調査(一九九四年より)やソウル大統一平和研究院の「統一意識調査」(二〇〇七年より)では、北朝鮮を「協力対象」とみる回答が「敵対対象」や「警戒対象」とする回答よりも上回っている[31]。北朝鮮の核実験や南北首脳会談の開催などにより増減するが、「協力対象」という回答は特に二〇〇〇年代には常に最も多い。もちろん、脅威認識を問う設問では北朝鮮を脅威とする回答が常に八〇%前後に上る。つまり、北朝鮮は脅威ではあるが同時に協力対象だとする見方である。ここで重要なことは、北朝鮮の脅威にもかかわらず協力対象だとみているのではなく、北朝鮮の脅威ゆえにその解消のために協力が必要だとみていることであろう。こうした世論の傾向は「共通の安全保障」の考え方とも整合的である。

また、一九九〇年代後半より進められた「過去清算」が北朝鮮認識およびそれと表裏の関係にある米韓同盟認識の変化に影響したとみることができる。韓国の「過去清算」とは、九五年に制定された「光州特別法」により、八〇年五月光州事件における軍のクーデターと市民への発砲および反軍政デモの鎮圧の真相究明・責任者処罰・被害者の名誉回復がなされたのを先駆けとする。これにより全斗煥《チョン・ドゥファン》・

盧泰愚の元・前大統領らが裁判にかけられ重罪判決が下された。権威主義体制下の国家による大規模な人権侵害が、民主体制への移行後にその真相究明と責任処罰と名誉回復および記念・教育がなされる「移行期正義」である。金大中政権期には前節でみた国家分断過程の「済州四・三事件」や朝鮮戦争時の「老斤里事件」が取り扱われ、盧武鉉政権期には対象事件が朴正煕政権下の人権侵害の究明に及び、さらに、「日帝強占期」(日本の植民地支配の時期)を含む被害究明へと遡及・拡大し、「過去事基本法」の制定と**「真実和解委員会」**(→巻末用語解説)の設置に至る。[32] 植民地支配・国家分断・戦争・抑圧体制下における大規模な人権侵害の記憶が、「タテの視点」=市民・住民から想起されたのである。

韓国の「歴史問題」とは、こうした経緯と特徴をもつ。

第三に、韓国の「和解協力」政策は、特に二一世紀に入ると北朝鮮政策や安全保障政策をめぐる米韓摩擦や日韓対立を惹起した。同盟国間の摩擦、友好国間の摩擦をどうみればよいだろうか。

東アジアの冷戦と同盟体制は、サンフランシスコ平和条約、日米安保条約、米韓相互防衛条約、米華相互防衛条約の軍事同盟によって「共産主義」を封じ込める体制であると同時に、一九五二年の日華平和条約、六五年の日韓基本条約、七二年の日中共同声明によって、侵略戦争や植民地支配の清算=「脱植民地化」や「歴史問題」を棚上げする体制であった。つまり、共産主義と歴史問題の「二重の封じ込め」の体制である。[33] それはまた、ヨコの封じ込め(脅威・対立国の封じ込め)とタテの封じ込め(人権・名誉回復の封じ込め)ということができるかもしれない。

冷戦時代の反共主義・権威主義体制の韓国は北朝鮮の脅威に米韓同盟と日韓協力で対峙し、国内政治では民主主義と人権を厳しく制限し「歴史問題」を抑圧した。しかし、民主化後・政権交代後の

「和解協力」政策と「過去清算」は、共産主義と歴史問題の「二重の封じ込め」を揺るがした。日韓関係では、植民地支配の過去を棚上げし米国の東アジア同盟体制の「弱い環」をつないだ一九六五年の日韓条約体制の揺らぎとして表れた。第三次朝鮮半島核危機と二〇一八―一九年の南北・米朝首脳会談の頃に北朝鮮政策をめぐって日韓が対立するただなかで、日本軍「慰安婦」問題や労務動員問題(強制労働・徴用工問題)などの「歴史問題」が改めて争点化し、日本政府が韓国への輸出規制を実施したのに対して韓国で不買運動が起きるなどの日韓対立が深まったのも、こうした構造的背景がある(34)。

以上のように、韓国における「和解協力」と「過去清算」は、「親北」や「反米」や「反日」などのようなイデオロギーと感情の視点(=ヨコの視点)からの解釈よりも、戦後の東アジア冷戦と米国の同盟体制における「二重の封じ込め」の揺らぎとして共通の安全保障と人権の視点(=タテの視点)から解釈することが可能と考えられる。

四　分断と対立を超える試み

日清戦争、日露戦争、戦後の朝鮮戦争は、陸のパワーと海のパワーの介入・対立・提携などにより、朝鮮半島が翻弄され、占領され、分断された歴史であった。それは陸と海のパワー間のヨコの対立・戦争や、南北朝鮮のヨコの分断・戦争だけでなく、朝鮮半島の内部の諸アクターの順応や抵抗を外来のパワーや国家権力が封殺したタテの戦争・抑圧の歴史でもあった。

朝鮮半島の国家分断と軍事対立、東アジアの冷戦と同盟体制は、一九七〇年代デタントと九〇年代冷戦後に変容を遂げ、様々な変化の可能性が交差するなかでも、こんにちまで持続した。そして、「前進したアチソン・ライン」である東アジアの分断と対立のもとで、北朝鮮の核・ミサイル開発にともない武力行使の危険を含む三回の朝鮮半島核危機に見舞われてきた。

二一世紀に入っても東アジアの分断と対立の線が維持され、朝鮮半島の核危機と台湾海峡の緊張が高まる一方、韓国における「和解協力」政策は、東アジアの冷戦と同盟体制による「二重の封じ込め」を揺るがし、「非対称な脱冷戦」である分断と対立を交流と協力に転換する試みとして現れている。

用語
北朝鮮の核・ミサイル開発　南北首脳会談（第一回・第二回）　南北首脳会談（第三回・第四回・第五回）
真実・和解のための過去事整理委員会

註

（1）姜（一九八五）。
（2）Kim (2005).
（3）姜（一九八五）、二九―四六頁、二三一―二六四頁。
（4）和田（二〇一〇）、一〇六頁。
（5）堀川（二〇二四）。
（6）カミングス（二〇〇三）、一八九―一九〇頁。
（7）姜（一九八五）、二四九―二五〇頁。

（8）和田（二〇一二）、一九七―一九九頁。引用ではカタカナをひらがなに変えてある。
（9）池内（二〇一六）、一八二―一八三頁。
（10）マッケンジー（一九七二）、一六六―一九五頁。
（11）カミングス（二〇〇三）、三〇九―三一〇頁。
（12）Jeffery and Kim（2015）pp.232-234, pp.240-242.
（13）ＮＨＫ（掲載年月日なし）。
（14）若林（二〇一三）、一二頁。
（15）Jeffery and Kim（2015）pp.242-245、および김동춘（2013）、九五―一〇二頁。
（16）梅林（二〇二一）、一八―一九頁、四四―四六頁。
（17）川名（二〇一四）、二七―三五頁。
（18）川名（二〇一四）、五三―五七頁。
（19）川名（二〇一四）、二八三―二九一頁。
（20）川名（二〇一四）、一五五―一八七頁。
（21）金（二〇〇三）、一五七頁。
（22）김대중（2000）、および林（二〇〇八）、六三―六四頁。
（23）李制勲（二〇二四）。
（24）Hecker（2023）pp.354-355.
（25）문재인（2024）、三一九頁、およびBolton（2020）pp.319-362；Hecker（2023）pp.319-320、および梅林（二〇二一）、一五九―一六五頁。
（26）Hecker（2023）pp.325-350, pp.359-361.
（27）Kim（2005）、および金（二〇〇六）、一三―一七頁。

(28) 林（二〇〇八）。
(29) 金（二〇〇七）、三〇—三一頁。
(30) 金（二〇一八）、六—一二頁。
(31) 金（二〇一七）、一一頁。
(32) 김동춘（2013）、一八一—三八九頁、および Jeffery and Kim（2015）pp.229-257.
(33) 金（二〇一八）、二—三頁。
(34) 문재인（2024）、三三九—三四五頁、および安倍（二〇二三）、二九三—二九五頁、三二五頁。

参考文献

【日本語】

NHK（掲載年月日なし）『昭和天皇「拝謁記」——戦争への悔恨』、「吉田茂首相から詳しい国政の報告明らかに」、https://www3.nhk.or.jp/news/special/emperor-showa/articles/diary-person-05.html。

安倍晋三（二〇二三）『安倍晋三回顧録』中央公論新社。

李制勲（イ・ジェフン）（二〇二四）『非対称な脱冷戦　1990〜2020（비대칭 탈냉전 1990-2020）』（市村繁和訳）緑風出版。

池内敏（二〇一六）『竹島——もうひとつの日韓関係史』中公新書。

林東源（イム・ドンウォン）（二〇〇八）『南北首脳会談への道——林東源回顧録（*Peace Maker*）』（波佐場清訳）岩波書店。

梅林宏道（二〇二一）『北朝鮮の核兵器——世界を映す鏡』高文研。

カミングス、ブルース（二〇〇三）『現代朝鮮の歴史——世界のなかの朝鮮（*Korea's Place in the Sun: A Modern History*）』（横田安司・小林知子訳）明石書店。

川名普史（二〇二四）『在日米軍基地：米軍と国連軍、「二つの顔」の八〇年史』中公新書。

姜萬吉（カン・マンギル）（一九八五）『韓国民族運動史論』（水野直樹訳）御茶の水書房。

金栄鎬（二〇〇三）「冷戦後の北朝鮮の対韓国政策――協調と対立の条件に関する考察」『国際政治』（一三二号）、一五三―一七五頁。

――（二〇〇六）「一九九八年与野党政権交代後の韓国の対外政策の変化」『広島国際研究』（第一二巻）、三―三一頁。

――（二〇〇七）「東北アジアのトライアングルにおける日韓の対外政策」『広島国際研究』（第一三巻）、二五―三八頁。

――（二〇一七）「韓国における北朝鮮認識、台湾における中国認識――内政対立と分断・分裂体認識の対応の比較」『広島国際研究』（第二三巻）、一―二二頁。

――（二〇一八）「日韓関係における安全保障と歴史問題――同盟のジレンマと移行期正義の視点から」『広島国際研究』（第二四巻）、一―二四頁。

堀川惠子（二〇二四）『暁の宇品』講談社文庫。

マッケンジー、F・A（一九七二）『朝鮮の悲劇』（渡部学訳）平凡社。

若林正丈（二〇二三）『台湾の半世紀――民主化と台湾化の現場』筑摩書房。

和田春樹（二〇一〇）『日本と朝鮮の一〇〇年史』平凡社新書。

――（二〇一二）『領土問題をどう解決するか』平凡社新書。


【英語】

Bolton, John（2020）*The Room Where It Happened: A White House Memoir*, N. Y., Simon & Schuster.
Hecker, Siegfried S., with Serbin, Eliot A.（2023）*Hinge Points: An Inside Look at North Korea's Nuclear Program*, Stanford, California: Stanford University Press.

Jeffery, Renee and Kim, Hun Joon eds.（2015）*Transnational Justice in the Asia-Pacific*, N.Y.: Cambridge University Press.

Kim, Sung-han（2005）"Brother versus Friends: Inter-Korean Reconciliation and Emerging Anti-Americanism in South Korea", in Steinberg, David I ed., *Korean Attitudes Toward the United States: Changing Dynamics*, Armonk, N. Y.: M. E. Sharpe, pp.180–195.

【韓国語】

김대중（2020）「6・25 제50주년 기념사―통한의 6월、희망의 6월」、대통령비서실（2001）『김대중 대통령 연설문집 제3권』pp.335-341（金大中（二〇〇〇）「六・二五第五〇周年記念辞――痛恨の六月、希望の六月」、大統領秘書室（二〇〇一）『金大中大統領演説文集　第三巻』三三五―三四一頁）。

김동춘（2013）『이것은 기억과의 전쟁이다：한국전쟁과 학살 그 진실을 찾아서』사계절（金東椿（二〇一三）『これは記憶との戦争だ――韓国戦争と虐殺、その真実を求めて』サゲジョル）。

문재인（2024）『변방에서 중심으로：문재인 회고록 외교안보 편』김영사（文在寅（二〇二四）『辺境から中心へ――文在寅回顧録：外交安保編』キムヨンサ）。

【権力の融合】

第二章　シンガポール人民行動党政権の強靱性

――執政制度と政党の一体性から考える

板谷　大世

一　人民行動党政権はなぜ強い？

東南アジア諸国で政権交代を経験していない国はシンガポール共和国（以下、シンガポールと略）だけである[(1)]。英国の植民地であったシンガポールでは、一九五九年に外交と国防を除く内政自治権が付与されたのに伴って実施された総選挙で、人民行動党（People's Action Party、以下ＰＡＰと略）が政権を獲得した。その後シンガポールは一九六三年にマレーシアが結成された際にはシンガポール州として英国の支配から完全に離脱した。一九六五年にはマレーシアから分離独立したが、ＰＡＰは一九五九年以降マレーシア時代に行われた州議会総選挙においても、独立後の総選挙においても、今日まで全ての総選挙で勝利してきた。しかも、一九八一年の補欠選挙にて一名の野党議員が当選するまで、分離独立後は全議席を独占していた。野党議員は一九八一年以降の総選挙や補欠選挙において当選者を出し続けているもののその数は限られており、ＰＡＰは一貫してほぼ九割の議席占有率を維持している。

ＰＡＰが六〇年以上にわたる**開発政治体制**〔↓巻末用語解説〕とも呼ばれる長期支配を維持できた要因については多くの研究者の関心を集めてきた。それらの研究ではＰＡＰが長期にわたって継続した要因は、政権与党による政治的操作に求められることが多い。第一に、マスメディアの統制を強化し、自由な言論空間を規制してきた。第二に、選挙の前後で野党に不利な状況をつくりだした。たとえば、野党にとって不利とされる選挙制度の導入や、野党議員を選出した選挙区の行政サービスは低下すると明言したこと(2)などが典型的な事例である。

こうした研究は、ＰＡＰが一九五九年に政権を獲得した後の強権的な政策に焦点を当てたものであった。そのため、これらの論考は政権を獲得した後のＰＡＰの政治基盤固めの展開を知る上で有益な研究である。しかしながらこれらの研究では、強権的な政府であることが前提条件となっており、なぜ一九五九年に政権獲得したばかりのＰＡＰが強権的な政策をとることができたのかについて答えていない。

かつて藤原帰一は、東南アジア諸国において政治体制の著しい連続性がある理由を、「政府党」および「政府党体制」という概念から説明した。政府党体制下では、行政機構と一体化した政党が政府党として排他的に行政機構のリソースを利用し、与野党間の政治的影響力の不均衡が甚だしいものとなる。この政治体制においては、三権分立が十分に機能せず、行政府の権限が強く立法府の発言力が制限された結果、行政府、そしてそれと一体化した政権政党が強い影響力を持っている点を指摘している。藤原はシンガポールの政治体制も政府党体制であると指摘し、主にPAPが政権を獲得した後に注目してその構造を説明している。そして大統領制と比較して、政府党体制の成立と議院内閣制との間に偶然以上のつながりがあるとして、大統領制と議院内閣制との比較から議院内閣制においては政府党体制が安定しやすいと結論づけている。(3)

藤原も指摘していることだが、そもそも議院内閣制においては立法府と行政府は緊密な関係にあるとされ、その関係は「ほぼ完全な融合（nearly complete fusion）」(4)であるとも表現されてきた。そして、この議会と内閣が結びついた状況は「権力の融合（fusion of powers）」と呼ばれることもある。また、後述するように、この融合は政権与党によってもたらされている。政権与党が立法府と行政府を結びつけている状態は、正に「政府党体制」の概念と一致する。

しかしながら、本稿で考察するように、議院内閣制において議会と内閣が密接な関係になるのは、特定の条件が与党に備わった場合に限られる。ところがシンガポールの政治史を振り返ると不思議な事実がみえてくる。というのも、結党当時のPAPは与党ではなく、権力の融合が発生するための特定の条件が全く備わっていなかった。それにもかかわらず、PAPはその後、権力の融合のために必要な与党の条件を次第に備えるようになっていった。なぜそのようなことが可能になったのか。この問いに迫るために本章で着目するのは、植民地支配から自治権を獲得する移行期である。本章の議論を先取りすると次のようになる。いわゆる権力の移行期、英国は**執政制度**〔→巻末用語解説〕改革と選挙制度改革を実施し、シンガポールでは議院内閣制と小選挙区制が成立した。そしてこの時期の政治改革を効率的に進めるために導入された治安維持条例が、結果的にPAPによる政府党体制の確立につながったのである。

本章の構成は以下の通りである。次節からは、議院内閣制において、行政府と立法府が事実上一体化し、権力の融合が成立する際には与党内の一体性を保つことが必要なことを確認する。その上で、PAPは結党当時も政権獲得時も一体性は確立していなかったが、英国がシンガポールにおいて実施した治安維持活動が政府党体制の成立を後押ししたことを確認する。以上の考察を踏まえて、シンガポールにおいてPAP支配の連続の背景には、既存の研究が指摘するようにPAPが与党の立場を利用して野党を操作・弾圧しただけでなく、PAP政権はその誕生時より強い政治基盤が整っていたことを指摘する。本論考は、選挙的（あるいは）競争的権威主義体制論[5]において、議院内閣制における権力の融合が与党を制度的に強化し、その政治体制の継続に寄与していることを理解するためにも重要である。

なお本章では、三権分立制を構成する国権の執行機関として、「執政府」、「立法府」、そして「司法府」という用語を用いる。つまり、「執政府」と「内閣」は同義である。次に、「行政府」についてであるが、こちらは広義と狭義で概念が若干異なる。広義では、執政府を頂点とし、その指揮下で国民に対する政策の実施、規制の執行、そしてサービスの提供を行う組織全体を指す。一方、狭義では、執政府の指揮の下、国民に対するサービスを実施する行政機関を指す[6]。特に断りがない限り、本章では「行政府」を広義の意味で用いる。

二　議院内閣制と権力の融合

ここでは、議院内閣制における立法府と執政府の一体化、すなわち権力の融合について考察する。具体的には、議院内閣制においては立法府の権力と執政府の権力が融合しやすいことを確認する。しかし、議院内閣制においては無条件で両権力が融合するのではなく、与党の議会での地位と、党組織に一定の性格が揃った場合にのみ融合が起きやすいことを確認する。その際、政党組織に影響を与える要因として選挙制度に注目する。

1　議院内閣制と権力の融合

非共産主義国家における執政制度を大別すれば、英国で伝統的に実践されてきた議院内閣制とアメリカ合衆国憲法で採用された大統領制となる。(7) いずれの制度も、個人や一部の団体に国家権力が集中し国民の権利が侵害されてきた歴史を踏まえて、こうした専制政治を繰り返さないために政治権力を分割する制度としてデザインされたものである。政治権力の分割方法としては、執政、立法、そして司法の三権に分割し、それらの権力を抑制均衡（checks and balances）させることを目指している。

このように議院内閣制と大統領制は、いずれも国家権力の分割の実現を目指しているものである。しかし、執政府がどのように構成されているか、そしてそれが議会とどのような関係を持つかという観点からは、両者の間に大きな違いがある。まず、それぞれの執政制度の純粋形についてまとめる。(8)

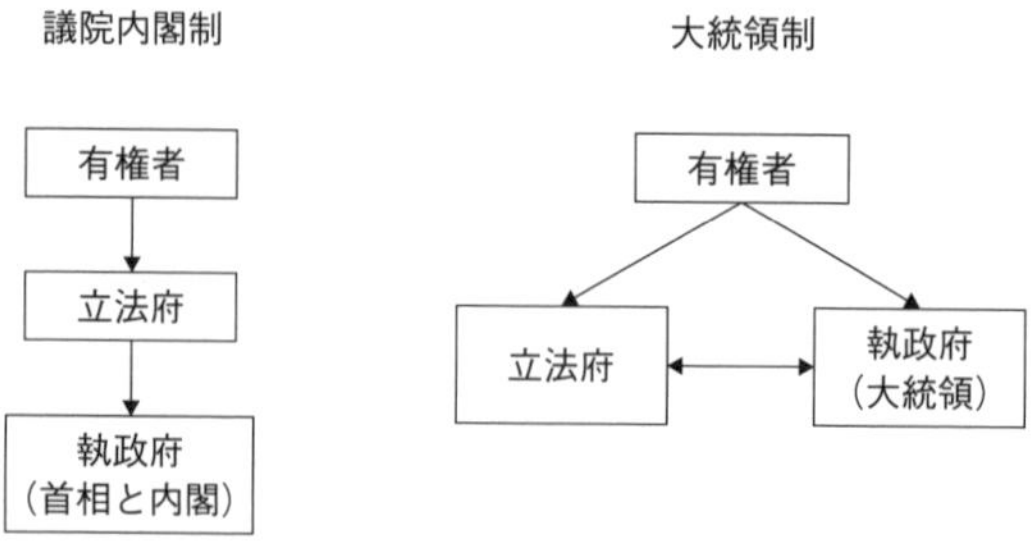

図 1　階層的および取引的な執政府と立法府の関係（出典：Shugart（2008）p.347）

議院内閣制

一、執政権は議会から選ばれた首相と閣僚に属す。

二、執政府は常に議会の過半数による「不信任決議」によって解任される可能性がある。

大統領制

一、執政府は、国民によって選出された大統領が執政長官として統括する。

二、大統領と議員の任期は固定されており、相互の信任に左右されない。

三、大統領は閣僚を指名、指揮する権限を持ち、憲法上認められた限定的な立法権を有している。

このように、大統領制においては執政府と立法府の分離が厳格に追求されているのに対して、議院内閣制においてはそうではない。この違いは、執政府の最高責任者（執政長官）である首相や大統領と、立法府を構成する議員がそれぞれどのように選出されているかの違いから来ている。

大統領制においては、執政長官となる大統領と議員はそれぞれ有権者が選挙によって直接選出し、大統領が執政府のメンバーを議員以外から任命するのに対して、議院内閣制においては執政長官となる首相の選出に有権者は直接的には関係しない。首相を含む執政府のメンバーは議会の総選挙の後に、議会の信任に基づいて構成される。このように、大統領制において有権者は執政長官と議員の選出に直接関わることができる一方で、議院内閣制において有権者が関わることができるのは議員の選出のみである（図1参照）。

このように、議院内閣制においては立法府の議員が執政府の閣僚（首相を含む）を兼職することとなり、立法府と執政府の関係が密になりやすく、両府が厳密に分立することは難しいと言われている。これらの二つの権力が密接に結びつくことを「権力の融合」と呼び、議院内閣制の特徴の一つとなっている。[9]しかし注意すべきは、議院内閣制においては本質的に立法府と執政府の権力の分立が成立せず、両者の間で権力の抑制均衡が働かなくなるというわけではないという点である。それではどのような場合に権力の融合が起こりやすいと説明されているのだろうか。

権力の融合が発生する可能性が高まるのは、一定の条件が揃った場合である。[10]その条件として少なくとも以下の二点が重要な点として挙げられる。第一に、与党が議会において単独過半数を維持していること、第二に政権与党が一体化（united）していることである。

なぜ上記の二点が揃うと権力の融合が起こりやすくなるのか。換言すれば、なぜ内閣と議会の間で抑制均衡が機能しにくくなるのか。議会において与党が単独過半数を獲得しているということは、議会における決定権と、内閣の決定権を一つの政党が独占していることを意味し、与党を介して立法権と執政権が結びつく。この状況をデュベルジェは「議会と政府は同じモーター、つまり党によって動かされる二つの機械のようなものである」[11]と表現している。次に、二点目の政権与党の一体化についてである。これについては逆の事例を考えてみると良い。議会で与党が単独過半数を持っていても、その党が一体として行動を取ることができない場合、すなわち与党議員が党執行部の指示に従って内閣を信任しない場合、両者の間に緊張関係が生じることになる。つまり、与党内で党員が党執行部の意向に従うという一体性が確立されていれば、与党は一致して内閣を信任することが可能になる。

2 選挙制度と党内規律

先述したように議院内閣制において権力の融合が起きるためには、議会において与党が単独で過半数を有し、かつ政党が一体として行動をとることができる一体性を備えていることが必要条件である。それでは、一体性はどのように確保されるのか、次にこの点について考察しよう(12)。そもそも、政治家が個人ではなく団体(政党)を結成して活動するのは、個人で活動するよりも団体として活動した方がより大きな政治力を発揮できると期待しているからである。しかし、この効果を実現するためには、団体が一体として機能し、連携して活動する必要がある。このように団体としての活動は、メンバー間で意見を集約し、統一された方針のもとで一体として行動することで初めて効果を発揮する。

一方、思想・表現・団結などの数々の自由が保障されている社会においては、共通の政治的目標を持つ同じ政党のメンバー間でさえ、目的達成の方法や手段について意見の相違が生じることがある。つまり、どのような政党においても、構成員間の一体性を損なう要素が存在する可能性がある。

それでは政党はいかにして一体性を確立するのだろう。政党が組織としての一体性を保つためには二つの要素が指摘されている。それらは一般的に「規律」と「凝集性」で説明される。規律とは、バラバラになりかねないものを強制的（他律的）に一つにまとめることである。一方、凝集性とはバラバラなものが自発的（自律的）に一つにまとまろうとする作用のことである[13]。そして、政党組織における規律と凝集性に影響を与える政治制度として選挙制度があることは指摘されている[14]。

選挙は現代の民主制を維持するために重要で基本的な活動となっている。そのため、選挙制度は選挙にまつわる様々な活動を規定する多くの要素を内在している。その要素とは、選挙の頻度、選挙の種類、候補者の資格、供託金の額、選挙活動の期間、投票所の設置場所、または投票用紙への記入方法など多数挙げられる。本章との関係では、次の要素を規定する制度が重要である。それは、一つの選挙区から当選できる候補者数に関する制度である。この要素に関する選挙制度は二つに大別できる、それらは、一つの選挙区の定数が一人であるのか、それとも複数人であるかの違いである。前者は小選挙区制、後者は大選挙区制と呼ばれる。そして、この選挙制度の違いは政党の一体性を確立する規律や凝集性と深く関わっている[15]。

結論から言えば、小選挙区制が採用された場合は政党の規律が高まり、大選挙区制が採用されると凝集性が高まる[16]。その因果関係を簡単に説明すると、小選挙区制が実施されている国では二大政党制に近づくことは「法則」として広く受け入れられており[17]、小選挙区制の下で候補者が当選の確率を上げるためには、二大政党の何れのかの政党の公認候補にならなければ当選の可能性は低くなる。また、当選後は次の選挙でも党の公認を得るために、議会での発言や議決に関しては執行部の方針に従わざるを得ない。このようにして、小選挙区制の下では、バックベンチャーと呼ばれるヒラの議員は自身の政治信条よりも、所属政党が定める政策、政綱や、綱領を優先せざるを得なくなる。結果として、

表1　選挙制度の特徴と政党組織

	小選挙区制	大選挙区制
無所属出馬・当選	困難	容易
凝集性	低くなりやすい（雑居的）	高い（同志的）
規律	最も強い	最も弱い
一体性確保の方法	規律	凝集性

（出典：待鳥（2015）159頁から筆者作成）

凝集性は低まり政党の性格は雑居的になり、党の一体性を保つために規律が強化される。このようにして、小選挙区制の下では、二大政党の執行部が所属議員の規律を高い次元で維持し、党の統一性を確保することが可能となる。

一方で大選挙区制の下では一つの選挙区から複数人の当選が可能となるので、当選に必要な得票数は小選挙区制と比べて低くなる。そのため小政党や無所属の候補者でも当選の可能性は相対的に高まる。その結果、既存の大政党から公認を獲得する必要性は低くなり、政治信条を同じくする同志が新党を結成し、そこから当選を目指すことも可能となる。こうして政党の凝集性は高まり、同志的な性格が強まる。このようにして、大選挙区制の下では新党を結成して議席獲得に挑戦することが可能になる。また新党や小政党でも選挙に挑戦することが可能になるので、既存の党を離れることによって党の分裂なども起きやすい。こうした選挙制度が政党に与える影響を待鳥は表1のようにまとめている。

このように選挙制度は政党の性格に影響を与える。小選挙区制が採用されている国では政党の性格は雑居的になりやすく、凝集性が低い状態が生まれることが一般的である。そうした状況の中、政党は規律を強化し、党の一体性を確保しようとする。与党内で執行部による規律が確立すると、議会においても与党は一枚岩となり、執行部を中心に内閣を構成している場合には、執行部批判や内閣不信任といった行動は起こりにくくなる。こうして、内閣と議会との間には相互抑止力が薄れ、両者は一体的に活動するようになる。それに対して、大選挙区制が採用された場合は、多党制が生まれやすくなり単独で過半数を制する政党は生まれにくくなり、単独政党によって立法府と行政府が結びつけられる可能性は低くなる。

以上、議院内閣制の国において権力の融合が起こり易いことと、それが成立するためには与党に一定の性格が備わった場合であることを確認した。

三　執政制度改革と議院内閣制の成立

ここでは、現在のシンガポールの執政制度である議院内閣制と、選挙制度である小選挙区制がどのような経緯で導入されたのかを考察する。植民地時代の執政制度は、植民地宗主国の国王の代理人である総督に執政権と立法権が集中していた。それに対して権力移行期、英国は漸進的に総督が独占していた統治権力を、植民地時代には行われていなかった住民が参加する選挙での当選者、つまり、住民の代表に移譲する方法を採用した。この結果、今日にいたるシンガポールにおける執政制度が確立したのである。

1　植民地時代の執政制度(18)

シンガポール植民地を含む海峡植民地の執政制度の大枠は、一九四二年から四五年までの日本軍の占領期を除けば、英国王が発した一九一一年二月一七日付けの勅許状（Letters Patent）と一九二四年八月一八日付けの指令書（Instructions）によって定められていた[19]。これらによると、総督は国王の代理人として同地の統治に関して国王に対して責任を負う最高の官吏であるとされていた。総督は行政権を行使する際は、同植民地に設置された行政審議会（Executive Council）に諮問することを求められていたが、その決定に拘束されることはなかった。立法権の行使に関しても、総督は立法評議会（Legislative Council）の補佐により行使すると規定されていたが、同評議会を通過した法案は、総督がその裁量に基づいて、ただし国王または国務大臣の指示がある場合にはそれに従って承認（Assent）しなければ、効力を生じなかった[20]。また、立法評議会を通過した後に総督が承認し、官報で公布された条例（Ordinance）に対して、国王は拒否権を留保していた[21]。

植民地期の一九四二年に成立した立法評議会の構成は、総督が議長で会議を主宰し、議長を除く評議会の構成員は、植民地官僚が一三人、民間人が一三人であったが、一三人の民間人うち一一人は総督の任命によるものであり、残りの二人は植民地政府との関係が深い商業会議所から選出された二人であった。このように植民地官僚と総督が過半数を占めていた。同じく同年の行政評議会の構成も、総督が議長を務め、議長を除く構成員一一人の内訳は植民地官僚が八人で民間人は総督が指名した三人となっていた[22]。

このように、両評議会は植民地官僚と総督で過半数を占めていたため、民間人の意見を取り込む機能は果たしていたけれども、民間人が英国植民地政府の決定を否定することは不可能であった。植民地時代のシンガポールにおける執政制度は英国国王を頂点として、植民地における総督が統治権を国王に代行して執行しており、国家権力の集中を防ぐ三権分立の考え方は存在していなかった。

アジア太平洋戦争が始まるとシンガポールは一九四二年に日本軍の占領下に置かれるが四五年に英国は統治権を取り戻し、四六年からは民政が再開された。その際、戦前の英領マラヤの植民地統治の形態は大きく変化した。海峡植民地は解散され、ペナン島とマラッカはシンガポールから切り離され新たに発足したマラヤ連合に編入され、シンガポールは英国の直轄植民地として存続することになった。シンガポールの統治制度の大枠は海峡植民地時代と比して大きな変化は無かった。つまり、戦後のシンガポールは海峡植民地時代と同じ執政制度を持って再出発したが、後述するように英国政府は戦時中に植民地に自治権を付与することを表明していた(23)ため、この執政制度を土台として、漸進的に民主的な執政制度へと転換させてゆくことを計画していた。

2 脱植民地期の執政制度改革

戦後の執政制度は植民地時代の執政制度を引き継ぐ形であったが、一九五九年には現在の形の議院内閣制がほぼ確立する。この間の変化を立法府と行政府の改革から振り返っておく。

一九四六年に民政が回復されると立法評議会と行政評議会の改革が始まった(24)。その内容は、それまでの両評議会は植民地官僚と総督が任命した民間人を主に構成されていたのに対し、徐々に住民の選挙によって選出された民選議員に入れ替えてゆくという内容であった。以下、両評議会の改革を振り返る。

まず、立法評議会についてである。民選議員の登用は一九四八年三月総選挙から始まり、同年四月一日に成立した立法議会の構成は、議長として総督、植民地官僚が九人、民間人は一三人、合計二三人であった。民間人一三人の内訳は、民選議員が六人、民間団体から推薦された議員が三人、総督の任命議員が四人であり、形式的には民間人が過半数を占めることになった[25]。実際には民選議員は六人にすぎず、改革は慎重を期して始められたことが分かる。次に行政評議会についてである。一九四八年には行政評議会の構成は、議長（総督）、植民地官僚六人、総督が任命した民間人四人、総勢一一人として活動を再開した[26]。なお、民間人の任命に当たっては、立法評議会議員から三名が任命されていたが、残りの一名は同評議会の議員ではなかった[27]。

一九五一年になると今日の議院内閣制に繋がる変化が起きた。まず、議会において民選議員の数は三人増員され九人となった（その他の議員の構成と人数は一九四八年時と同様であった）。また、副議長職が設けられ、民選議員が務めることになった。行政評議会については、これまでも民間人の枠内で立法評議会の議員が総督に任命されて参加することがあったが、同年の総選挙後には、立法評議会の議員から互選で選出された二人が行政評議会に参加することが法的に定められた[28]。ここに、議院内閣制の特徴である、立法府の信任を得た議員の行政府における兼職の開始を確認することができる。また、議長は別にして、植民地官僚と民選議員を含む民間人の数が六人ずつの同数となった。

両評議会において、民選議員が登用される流れは一九五五年には大きく加速した[29]。まず立法評議会は立法議会（Legislative Assembly）と改められ、三二人の定数の内、植民地官僚は三人のみとなり、その他の議員は民選議員二五人と、総督が指名した民間人四人で構成されることになった。また、総督は議会から退き、議長は総督が指名した民間人が務めることとなった。ただし、総督は議会から退いたものの、最終的な立法権は総督が握っていた。また、選挙人名簿への登録は、これまでは自発的登録制であったが、自動登録制へと変更された。

行政評議会においても大きな改革が行われた。執政権は引き続き総督が留保していたものの、行政評議会は廃止され、閣僚評議会（Council of Ministers）が設置された。この評議会は十人で構成され、議長は総督、植民地官僚が三人[30]、残りの六人は立法議会から選出された大臣であった。まず、総督は立法議会の多数の支持を得た人物を首席大臣に任命し、残りの五人の大臣は総督と首席大臣が協議して立法議会の中から指名することとなった[31]。

立法権と執政権の最終決定権は依然として総督が留保していたが、議院内閣制の発展において注目すべき点が二つある。一つ目は、閣僚評議会が集団的に議会に対して責任を負うこと[32]、そして首席大臣は議会の多数の支持を必要としていた点である。二つ目は、植民地官僚三人を除けば行政府の構成員がほぼ全員が民選議員であり、議会との兼職をするようになったことである[33]。このように、シンガポールの議院内閣制の基礎的な形は一九五五年に整っていたと言える。

その後、一九五五年に誕生した首席大臣を中心にして、英国との独立交渉が開始された。交渉の結果、一九五八年には、外交と国防を除く内政自治権を認める憲法が認められ[34]、翌年にはすべて民選議員となる議会が誕生した。内政自治権を認められたことで、立法権や執政権を引き受けていた総督制は廃止され、それに伴い英国の代表者としては新たに英国弁務官（Commissioner）が駐在することになった。また、それまで総督が果たしていた、英国女王の象徴的・儀礼的代表者の役職は、英国政府とシンガポール政府との協議の上で、マラヤ生まれの民間人を、女王が国家元首（Yang di-Pertuan

Negara）として指名することになった[35]。

立法議会の定数は五一人となり、すべてが民選議員によって占められた。この選挙から選挙人名簿への自動登録制に加え、義務投票制が導入された。また、執政府として集団的に議会に責任を持つ内閣（Cabinet）が設置され、国家元首は議会の多数派の信任を受けた人物を首相（Prime Minister）に指名することとされた。閣僚は、首相の推薦に基づき国家元首が民選議員の中から指名することになった[36]。

ところが、一九五九年に内政自治権が認められた時点では国家元首も首相も空位であったため、政府は国家元首を女王に推薦することができず、国家元首も首相を任命できないという状況にあった。このため、この移行期の半年間に限って英国弁務官が国家元首の役割を担った[37]。以上のように、外交や国防に関する主権は英国政府に残されていたが、内政自治に責任を持つ主権国家としてシンガポール国（State of Singapore）が誕生した。以上の経緯で、シンガポールにおいて議院内閣制に基づく自治政府が成立した。

3　小選挙区制の導入

次に政党の性格に影響を与える選挙制度を確認する。内政自治権を獲得した時点での選挙制度は小選挙区制であった。しかし、一九四八年に初めて選挙が実施された時は異なった選挙制度であった。ではなぜ小選挙区制が導入されるにいたったのか。ここでは小選挙区制が導入された経緯を簡単に振り返る。

一九四八年に実施された立法評議会選挙の定数は六人であり、四つの選挙区から選出された。四つの選挙区は「地方区東（Rural Board East）」、「地方区西（Rural Board West）」、「市区北東（Municipal Area North-east）」、それから「市区南西（Municipal Area South-west）」であった[38]。各選挙区の定数は地方区がそれぞれ一人、市区がそれぞれ二人であった。つまり、地方区は小選挙区制であり、市区は大選挙区制であった。また、興味深いことに、定数が二人の市区の有権者には一人二票が与えられ、それぞれの投票用紙で同じ候補者を選択することも、異なった選択をすることもできた[39]。

この選挙制度は、有権者の一票の価値が不平等であるなどの問題点が指摘され、一九四八年末には、全ての選挙区が小選挙区制とされ、一人一票、一つの選挙区の定数は一人（小選挙区制）へと改正された[40]。その結果、シンガポールにおける二度目の総選挙である一九五一年総選挙から一九八四年総選挙までの全ての議員は小選挙区から選出されてきた[41]。

ちなみに、今日（二〇二四年八月現在）のシンガポールの議会は一〇四人で構成されている。その内訳は次の通り。①小選挙区選出の一四人、②非選挙区議員（Non-Constituency Member of Parliament, NCMP）制（一九八四年導入）選出の二人、③集団代表選挙区（Group Representation Constituency, GRC）制（一九八八年導入）選出の七九人、そして最後に、④任命議員（Nominated Member of Parliament, NMP）制（一九九〇年導入）で選出された九人である。議員は多様な方法で選出されているが、憲法改正案や内閣不信任案などの重要な議案に対する議決権を持つ議員はＮＭＰ以外の九五人に限られ、彼らは小選挙区と、ＧＲＣから選出されている。つまり、シンガポールの内閣を支えているのは小選挙区選出とＧＲＣ選出議員となる。

ＧＲＣ制についてここでは詳述しないが、この選挙制度は小選挙区制と同じ影響を、政党の性格および政党制に与えることを指摘しておく。ＧＲＣ制では、一つの選挙区から同じ政党の四人または五人の候補者がグループとして立候補し、有権者は一人一票で候補者ではなく政党を選択する。そして、最多得票のグループが全員当選する。つまり、一つの選挙区の議席を一つの政党が総取りすることになる。このように、この選挙方式は、一つの選挙区から複数人が選出される制度ではあるが、一つの政党が一つの選挙区における議席を総取りする点において、小選挙区制と同様の性格をもつ。このことから、ＧＲＣ制は二大政党制の成立に繋がりやすく、大政党に有利な選挙制度となりうる。つまり、一九八八年の総選挙以降、ＧＲＣ制が導入されたが、同国の選挙制度は基本的に小選挙区制の特徴を引き継いでいるのである。

以上見てきたように、戦後のシンガポールの執政制度は、英国政府が事実上シンガポールの植民地の国家権力を独占していた状態から、段階を経て立法府と行政府の構成員と議決権を、小選挙区制で選出された民選議員に渡すことになり、シンガポールの統治権は英国政府からシンガポールの住民へと移譲された。こうした改革を経て、議院内閣制の二つの特徴、すなわち①執政府（内閣）は議会から生じる、そして②内閣は議会の信任が必要である、という要件を満たすことになった。このようにして、一九五九年までには、一つの政党が議会において単独過半数を獲得し、その政党において一体性が備わると、権力の融合が起きやすくなるための条件が整ったのである。

四　治安維持条例[42]とPAPの党内規律の確立

第一節で確認したように、議院内閣制において権力の融合が発生するためには、与党に一体性が備わり、党が一体となって行動できなければならない。ところが、植民地国家から自治国家への移行期、かつ冷戦期という特殊な政治情勢下で英国が制定した治安維持条例によって、PAPは結党当時から雑居的な性格をもち、党規律は確立していなかったうえ党の一体性も乏しかった。それにもかかわらず、内政自治権が認められた時点においてPAPは党内規律を確立し、党の一体性を備えていた。この点について、植民地政府の治安維持活動との関連から考察する。

まず当時のシンガポールの政治状況を簡単に振り返る。第二次世界大戦中の一九四三年七月一三日、英国政府は下院において戦後の英国領植民地行政について次のように述べた。その内容は、「植民地行政の中心的な目的は、植民地の人々を大英帝国の枠組みの中で自治への道に導くことである[43]」とし、英国のイニシアチブの下で自治政府の設立を目指すことを明らかにした。この方針に基づき戦後のシンガポールにおいても自治権付与のための準備が進められ、一九四八年以降、執政制度改革が本格化した。そして一九五五年には部分的な執政権が認められ、民選議員で構成された執政府と英国政府との間で、内政自治権を移譲するための憲法制定に向けた独立交渉が始まった[44]。

しかし、そこで問題となったのは、シンガポールの住民を自治政府へ導く方法であった。というのも、戦後、この地域ではマラヤ共産党が影響力を増していたため、マラヤ共産党が主導する自治政府を組織するシナリオも存在していた。マラヤ共産党の政治的目的は、シンガポール島を含むマラヤに共産主義国家を樹立することであった。いうまでもなくそれが実現した場合、英国は経済的利権を失い、アジアにおける帝国の国防の要衝となるシンガポール基地からの撤退にも繋がりかねず、それは英国が目指している自治政府の将来像ではなかった。一方で、開戦直後にシンガポール島からセイロン島（現在のスリランカ）へ避難していた植民地政府にとって、シンガポール島を含むマラヤに踏みとどまって抗日運動に従事していたマラヤ共産党を中心とする対日戦争の功労者の活動に対して一定の配慮をするという政治的な決断も必要であった。

こうした深刻なジレンマの下で英国は自治国の樹立を模索することとなった。つまり、戦後のシンガポールの政治空間に二つの潮流が存在していた。その一つは英国主導の自治政府樹立への道から逸脱させかねない政治団体であった。英国はこうした制限の下で自治国家の実現を模索するが、マラヤ共産党が武力による政治改革という大英帝国の枠組みから外れた活動を始めると、英国はマラヤ共産党の活動を制御するという方向転換を図った。すなわち、英国はシンガポールにおける植民地政府の主導する治安維持活動を活発化させることで、英国のイニシアチブを確かなものにしていった。以下、英国の治安維持活動が、ＰＡＰの党組織に与えた影響を考察する。

1　治安維持条例とＰＡＰの凝集性

シンガポールでは英国主導の政治改革が一九四六年から徐々に始まった。戦後になって合法政党としての活動が認められたマラヤ共産党は、当初は合法的な闘争での共産主義国家の樹立を目指していたが、次第にその戦術に限界を感じ一九四八年には武力闘争へと活動方針を大きく転換した。同党の武力闘争はもっぱらマレー半島のジャングルの中で行われていた。ところが、隣接するシンガポールにおいても同様のテロ活動が懸念されるとして、シンガポール植民地政府は治安維持条例を制定し、それに基づいて非常事態を宣言した(45)。非常事態宣言下では総督に、「公共の安全と秩序を維持する」ために広範な自由裁量権を認めていた。たとえば総督はあらゆる規則を制定し、即時に施行することが可能であった。また、司法手続きによらずに、治安を乱す恐れのある容疑者を裁判なしで拘禁することも可能であった。

治安維持条例の特徴は、「公共」の安全や秩序を守るために、法の運用には行政当局の判断が重視されたことである。条文では明記されていないものの条例が制定された経緯から、治安や秩序を脅かす者とは共産主義者やその共鳴者であると解された。そして、こうした治安を乱す恐れのある者は、条例に基づいて司法手続きを経ることなく、長期にわたって拘禁された。このように、同条例は当局の裁量で運用されたため、あらゆる活動が治安を乱す行為と疑われ弾圧の対象となりかねなかった。英国はこの条例の施行によって、英国主導の政治改革を進める際にこれを妨害するあらゆる政治的な活動を排除する道を切り開いたのである。

さて、非常事態宣言が発令されるとマラヤ共産党は政党活動を禁じられ、その活動家や関係者は司法手続きを経ずに拘禁され、なかには国外に追放される者もいた。こうして、戦後一定の支持を獲得していたマラヤ共産党とその活動家、その考え方にシンパシーを感じていた（と当局に認定された）人々は、公の活動から身を隠し地下に潜って活動を継続した。

こうした状況下で、民政復帰から八年後の一九五四年に結党されたのがPAPであった[46]。結党時のPAPは二つのグループの寄り合い所帯であった。一つは、リー・クアンユー（Lee Kuan Yew）を中心とする反共産主義思想をもつ、右派の英語教育を受けた英国留学帰りのグループである。もう一つは、マラヤ共産党との関係が疑われ、当局からの監視対象となっていた左派のリム・チンシオン（Lim Chin Siong）をはじめとする、労働組合運動や学生運動の指導者として頭角を現していた華語教育を受けたグループである。両派は植民地支配や帝国主義支配に反対し、これを終結させるという共通の目標では結びついていた。しかしその実、結党当初より党の主導権を巡って争いは絶えず、シンガポールの自治権獲得が視野に入ってくると党内対立は高まってゆく[47]。

表向きの党運営はリー・クアンユーたち右派が担っていたが、実際の党勢拡大活動や組織的な運動基盤を支えていたのは、左派のリム・チンシオンたちであった。リーたちは英語を駆使して英国植民地政府を相手に独立交渉の場などでは派手に活動できたが、労働者階級の大多数が使用する中国語を話せないことが致命的な弱点であり、一般大衆を相手に直接語りかけ、政治的動員を掛けることは苦手であった。一方、リムたち左派は労働組合や学生運動、文化活動といった広範な組織力を持ち、中国語話者との深い関係を背景にPAPの草の根組織を支えていた。それでも左派が独自に政党を結成しなかったのは、マラヤ共産党との関係が深いと当局に見なされていた事実が関係していた。そこで左派は単独で活動することにリスクを感じ、イギリス政府が容認する党派との協力が必要だという現実路線を採用した[48]。

この結果、両者は表向きには一つの旗の下でまとまっているように見えたが、実際には互いを利用し、互いの勢力拡大を牽制しながら、自分たちの利益を最優先にする活動をしていた。こうした両者の緊張関係は、一年ごとに開催される党の執行委員会選挙で表面化していた。党員の集票力で勝るのは左派であったが、前述の理由から党運営の表舞台に立つことを避けるために、執行委員の数は三、四人を超えず、党幹部に就かないという暗黙の了解が結党時にはあった[49]。しかし、ロンドンで開催された自治権獲得を巡る英国との交渉において、右派は左派の要求を強く主張することをしなかったために、左派の右派の党運営に対する不満は高まっていった。

そして、五七年に行われた執行委員選出選挙で思わぬ事態が発生した。これまでの慣行に反して左派は、同党において影響力があることを右派に見せつけるために、あえて過半数以上の執行委員の議席を獲得しようとした。結果的には両派の執行委員の数は同数（六人）となったが右派に圧力をかけることには成功した。その時点においても、左派は、党首や書記長といった表舞台に立つポストは、これまで通り右派に担当させるつもりであったが、この時左派にとって想定外の出来事が起きた。それは、執行委員に選出されたリー・クアンユーら右派が、党首や書記長といった主要ポストへの就任を固辞したことである。そのため、すべての主要ポストには不本意ながら左派が就任せざるを得なくなった[50]。形式的にはＰＡＰは左派に「乗っ取られ」、党としての一体性に亀裂が入った。

このように、戦後のシンガポールにおいては治安維持条例によって自由な政党活動は許されず、事実上英国に認められた政党しか活動できなかった。この政治的制約は結党時のＰＡＰの党組織にも影響を与え、当時のＰＡＰの性格は雑居的であり、党規律を徹底させる組織や、それによってもたらされる一体性などは低いレベルにあった。

2　PAP幹部の一斉検挙と党規律の確立

左派に「乗っ取られた」PAPであったが、すぐに右派が党の主導権を取り戻すことになる。これを理解するためには、一九五六年から翌年にかけての政治状況を振り返る必要がある。先に確認したように、一九五五年以降の執政権は、部分的ながら民選の首席大臣に移譲されていた。初代首席大臣はデビッド・マーシャルであったが、彼はロンドンでの独立交渉が不調に終わった責任を取って辞任し、五六年にはリム・ユーホックが就任していた。リムは、マーシャルが独立交渉で失敗した理由は国内の治安維持の不徹底であると判断し、独立交渉を有利に進めるために英国植民地官僚と協力し、治安維持活動を積極的に進めていた(51)。

このように、左派によるPAPの「乗っ取り」は、英国政府と民選の首席大臣の共同作業による治安維持活動が活発な時に起きた。その結果、五七年八月四日に選出され主要ポストに就任した六人の左派の執行委員は、一七日後の八月二一、二二日に行われた政府の治安維持活動で書記長を除く五人すべてが検挙された。その三日後の二五日には、書記長も健康上の理由で辞任した。

当局の介入(52)などによって、PAPの役職付きの執行委員は全員、不在状態になった。ここから右派は党の立て直しを図った。当初は幹部ポストへの就任を固辞していた執行委員の右派は、九月一〇日には暫定委員会を発足させた。その一か月後の一〇月二〇日には特別党大会を開き、党首や書記長といった幹部ポストに返り咲いた。そして五八年一一月の特別党大会では、左派が党の指導権を再び握ることがないように、幹部党員制度（Cadre System）を導入した。この制度は、党の執行委員会があらかじめ党員の中から幹部党員を選出しておき、執行委員会のメンバーはこの幹部党員が互選で執行委員を選出するというものである。リー・クアンユーは後に、この制度はローマ教皇の選出方法に倣ったと回想している[53]。いずれにしろ、これまでのPAPの執行委員は、党員全員が参加する選挙によって選出されていたのに対して、党規約改正後は、右派が中心となって選出した幹部党員のみが党の執行委員会の選挙に参加できるようにした。この規約変更は、事実上執行部から左派を追放することを意味していた。

この制度改正がPAPの規律の確立に寄与したことは言うまでもないであろう。PAPの党員構成そのものは変化していないが、党組織の運営、総選挙での公認候補の決定などは右派が中心となった執行委員会が決定した[54]。このようにして、結党当時は分裂していた党執行部における対立関係は解消し、党幹部が党内規律を確立し、党が一体となって運営することが可能になる下地が整った。この際、政府による治安維持活動が政治的な文脈となっていたことはすでに確認した通りである。

3　議員資格に関する選挙制度とPAPの一体性

一九五〇年代半ば、英国は、内政自治権をシンガポールに移譲する際に、当時急速に党勢を拡大していたPAPに強い関心をもち、将来のシンガポール政治はPAPが中心に動くと見ていた。そしてPAP右派が党の支配権を確立すると、右派は自治国家成立後も治安維持条例は維持すると表明した。これによって英国内では、PAPが政権を獲得したとしても、同政権は英国との関係を重視する政権運営をするであろうとの見解が主流となった[55]。

こうした状況下で、英国はＰＡＰをはじめとするシンガポールでの政治活動に一定の制限をかけることを試みた。すなわちＰＡＰの左派が自治国の政治に深く関われないようにするために、独立交渉において、新憲法の条文の中に議員資格に関する条文を入れることを提案したのである。その内容は、自治国成立にともなって実施される最初の総選挙に限り、選挙の公示日の時点において治安維持条例により拘禁されている者は、議員として選出される資格を持たないとする選挙制度に関する条文であった。この提案によれば、リム・ユーホック首席大臣の下で治安維持条例により検挙され、拘禁されていたリム・チンシオンらＰＡＰの左派の主要なメンバーは立法議会選挙に立候補する機会を失うことになる。(56) シンガポール代表団がこの内容に反対した結果、新憲法には取り込まれなかったが、英国は勅令にて最初の総選挙に限り議員資格に制限が掛けられることになった。(57)

さて、党の執行部を右派に明け渡すことになった左派と右派との関係はどのように展開したのだろうか。実は、両者の間には反植民地主義、反帝国主義運動を継続する上で矛盾は生じず、内政自治権付与に伴い実施された議会選挙に向けて共闘関係は継続していた。当時リー・クアンユーが行った一連の発言は注目に値する。先の議員資格の件に関しては、自治権獲得後に総選挙を再度行えば、最初の選挙では立候補資格がなかった拘禁中の者達もその選挙では立候補できると発言したり、(58) たとえ選挙で勝利しても拘禁中の党員が解放されなければ政権には就かないと発言した。(59) 彼は外見的には右派と左派の一体性をアピールしていた。こうした発言が奏功し、五九年選挙においてＰＡＰは地滑り的勝利を収めた。選挙に勝利後、リー・クアンユーは、公約通り拘禁されていた左派の指導者の釈放を英国政府に求め彼らは解放された。ところが、左派の指導者には厳しい現実が待っていた。というのも、リー・クアンユー政権下で彼らは閑職に追いやられ、国家運営に携わることはなかったし、新たに総選挙が実施されることもなかった。

以上、シンガポールの植民地期から自治国への移行期において、当時の宗主国であった英国が、統治機構の変更を効率的に進めるために行った治安維持活動が、選挙制度と同等の影響を政党の性格に影響を与えたことを確認した。

五　おわりに

本章で考察した点を確認する。一つ目は、議院内閣制において、与党が一体性を備え、議会で単独過半数を獲得すると権力の融合が起こりやすいということである。二つ目は、シンガポールが自治権を獲得する過程で、議院内閣制と、政党の規律を強める小選挙区制が確立したことである。三つ目は、英国は、英国主導の自治国建設に言論ではなく実力行使で反対する勢力を、治安維持条例により抑え込んだことである。最後に四つ目として、英国のこうした活動が、ＰＡＰの党組織における規律の確立に寄与したことである。つまり、以上、四点からシンガポールにおける「政府党体制」の特徴である権力の融合が発生するための条件は、ＰＡＰが政権を獲得した時点においてすでに備わっていたことが確認できた。

本章を閉じるにあたり、右派による党内規律の確立に成功したＰＡＰが、その後党の一体性を更に高めていった経緯を確認したい。総選挙で単独過半数を獲得し、右派が中心となった内閣を組織した

ＰＡＰは、もはや同党のネットワークに依存することなく、行政機関を効果的に活用することで国民との関係を深めることが可能になった。一方で、党内左派は右派の政権運営に対する不満を募らせていたが、その不満は隣国マラヤ連邦との合併問題を契機に頂点に達した。左派は党の執行部を公然と批判し、その結果左派はＰＡＰから追放され社会主義戦線（Barisan Sosialis）を結党した（一九六一年八月一三日）。これに伴い、ＰＡＰは多くの議席を失ったが、政府信任動議でかろうじて信任を得て、執政権と立法権を失うことはなかった[60]。左派の離党は、ＰＡＰの党内規律の確立と、党組織の一体化の完成を表しているといえよう。

左派の離脱によって、同派が中心となって運営されていたＰＡＰの草の根組織の多くを失ったＰＡＰは次回の選挙での苦戦が予想された。しかし、前述したように、執政府を掌握したＰＡＰは、もはやその活動基盤を政党組織だけに頼る必要は無かった。例えばラジオ局を使って最大野党の社会主義戦線を批判するシリーズ番組を放送し（一九六一年九月から一〇月）、放送内容は政府機関で印刷され発刊された[61]。また、ＰＡＰ政府発足後に行われた最初の総選挙、一九六三年総選挙前にはシンガポールの治安審議会の決定により、左派は一斉検挙（冷凍庫作戦）され、社会主義戦線は主要な指導者や活動家を失い、その勢力を急速に弱めることとなった。こうして、シンガポールでは理論上、二大政党制が成立しやすいとされる小選挙区制を採用しているにもかかわらず、大政党の一つであるＰＡＰが対立する政党を弾圧することで、一つの大政党のみが存在する二大政党制、つまり、一党制ともいえる状況が続くことになっていった。

用語
開発政治体制　執政制度

註

(1) 選挙による政権交代が想定できない共産主義国家と、民選議員が不在のブルネイは除く。
(2) 当時の首相ゴー・チョクトンは総選挙に際して、「PAPを支持しなければ、私はあなたの選択を尊重しますが、（中略）あなたの選択によってあなたの住居は取り残され、スラムになります」と発言した。*ST* (1996), p.1.
(3) 藤原（一九九四）。
(4) バジョット（二〇一一）、一四頁。Bagehot (1872), p.10.
(5) Schedler (2006), Levitsky and Way (2010).
(6) 執政と行政の概念整理については伊藤他（二〇二二）、一九―二〇頁を参照。
(7) これ以外にも多様な執政制度があるが、論点を明確化するために二分法で紹介した。
(8) Shugart (2008) pp.348-9.
(9) バジョットは議院内閣制の特徴として、立法権と執政権の「結合」と「融合」が議院内閣制の特徴であると繰り返し述べている。バジョット（二〇一一）、三一―四〇頁。
(10) Shugart (2008) p.353.
(11) デュベルジエ（一九七〇）、四二二頁。
(12) 規律と凝集性の議論については、待鳥（二〇一五）、一五六―一六一頁、および建林（二〇〇八）、一五三―一五五頁。

(13) 規律と凝集性という用語の利用を避け、トップダウン（集権）、ボトムアップ（分権）と区別する論者もいる。建林（二〇〇八）、一五三―一五五頁。
(14) Bowler (2008), p.579.
(15) 選挙制度と政党の性格については、待鳥（二〇一五）、一五六―一六一頁。
(16) 同右。
(17) デュベルジェ（一九七〇）、二四一頁。
(18) シンガポールの行政府と立法府の戦後の改革については、板谷（二〇一八）を参照。
(19) Braddell (1982) 参照。なお、勅許状も指令書もその後部分的に改正されている。詳しくは外務省調査部（一九四二年）、六―七頁参照。
(20) SS (1925). 第十条。
(21) 同右、第九条。
(22) 板谷（二〇一八）、一四頁。
(23) Ashton (1992) p.197.
(24) Singapore (1946).
(25) 板谷（二〇一八）、二五頁。
(26) 同右、二〇頁。
(27) *ST* (1948), p.7.
(28) Singapore (1951).
(29) Singapore (1955).
(30) 植民地運営の基幹的な業務である、財政、法務、その他植民地官僚を統率する閣僚は植民地官僚が担っていた。

(31) このように閣僚評議会には最終的な議決権を持っている総督と、大臣を代表する首席大臣が併存することになり、閣僚評議会での議決に関して憲法危機と呼ばれる事件が起きるがここでは詳述しない。
(32) Singapore (1955), 第一八条第二項。
(33) 同右、第二一条第二項では、一名を上限として任命議員を指名できた。
(34) Singapore (1958).
(35) 同右、第四条第二項。
(36) 同右、第二〇条、第二一条。
(37) 同右、第一〇七条。
(38) Singapore (1947b).
(39) Singapore (1947a), 第四〇条第一項。また、シンガポールの初期の選挙制度と選挙結果の分析に関しては、Yeo (1973) 251-277 が詳しい。
(40) Singapore (1948).
(41) シンガポールの選挙制度に関しては、板谷 (二〇〇二) を参照。
(42) ここでは、一九四八年制定の非常規則条例と、一九五五年制定の治安維持条例を総称して治安維持条例としている。板谷 (二〇一二) 参照。
(43) Ashton (1992) p.197.
(44) 英国との独立交渉については、板谷 (二〇一一)、板谷 (二〇一四) を参照。
(45) シンガポールにおける戦後の治安維持に関わる法については、板谷 (二〇一二) 参照。
(46) PAPの歴史、構造、および党員などについては、Fong (1980) および Pang (1971) 参照。
(47) Mauzy (2002), c. 4 参照。
(48) Lee (1998), c. 10 参照。

（49）Ong（1979）, p.45.

（50）Fong（1980）, p.60.

（51）一九五六年一〇月から一一月にかけて行われた治安維持活動は、その最たるものであり、多くの労働組合、学生団体、その他の団体が解散させられ、それに抗議する活動と治安部隊が衝突し、夜間外出禁止令が発令されることになった。

（52）この治安維持活動については、リー・クアンユーがリム・ユーホック首席大臣に直接的に助けを求めたわけではないものの、リム・ユーホックはリー・クアンユーの意図を理解して、それに応じる形で行動を起こしたことが示唆される公文書が発見されている。鈴木（二〇一五）、七一―七三頁参照。

（53）幹部党員制度については、板谷（二〇一四）、Lee（1998）p.287を参照。

（54）例えば、一九五九年総選挙に立候補したすべての公認候補者は、執行部が作成した党の基本方針を支持する文書へ署名した。Fong（1980）p.68.

（55）Ball（1999）, p.169.

（56）英国が出してきたこの条件は、実はリム・ユーホックとリー・クアンユーが英国に依頼しその要請に英国が応えたものであることが、英国が公開した同国公文書から読み取れる。TNA（1957）. TNA（1958）.

（57）Singapore（1958a）.

（58）*ST*（1958a）, p.1.

（59）*ST*（1958b）, p.7.

（60）Fong（1980）, pp.94-103.

（61）Lee（n.d.）.

参考文献

板谷大世（二〇〇二）「シンガポールの政治指導者に関する一考察——国会議員の選出方法を中心に」『広島国際研究』八巻、二七—四四頁。

——（二〇一一）「シンガポールにおける内政自治権の獲得と治安維持条令（ＰＰＳＯ）——第二次世界大戦後から制憲会議までを中心に」『広島国際研究』一七号、一—一八頁。

——（二〇一四）「シンガポールの内政自治権獲得と2つのコンスティチューション——一九五八年シンガポール国憲法の制定と人民行動党党規約改正が果たした役割」広島市立大学国際学部　国際政治・平和フォーラム（編）『世界の眺めかた——理論と地域からみる国際関係』（共著）千倉書房、一九九—二二二頁。

——（二〇一八）「シンガポールの政治的安定と統治制度——立法・行政評議会改革を中心に」、広島市立大学国際学部〈際〉研究フォーラム編『〈際〉からの探究——国際研究の多様性〈広島市立大学国際学部叢書　八〉』文眞堂、一—三九頁。

——（二〇二二）「第五九章　治安維持法」田村慶子（編著）『シンガポールを知るための六五章　第五版』明石書店、二九六—二九九頁。

伊藤正次、出雲明子、手塚洋輔（二〇二二）『はじめての行政学〔新版〕』、有斐閣。

外務省調部（一九四二）『英領マレーの統治機構概観』、一—六四頁。

鈴木陽一（二〇一五）「移送文書群の「発見」について——イギリス国立文書館の利用方法を考える」『マレーシア研究』、第四号、六二—七五頁。

建林正彦、曽我謙悟、待鳥聡史（二〇〇八）『比較政治制度論』、有斐閣。

デュベルジェ、モーリス（一九七〇）『政党社会学——現代政党の組織と活動』（岡野加穂留訳）、潮出版社。

バジョット（二〇一一）『イギリス憲政論』（小松春雄訳）中央公論新社。

藤原帰一（一九九四）「政府党と在野党――東南アジアにおける政府党体制」萩原宜之編『講座現代アジア3――民主化と経済発展』東京大学出版会、二二九―二六九頁。
待鳥聡史（二〇一五）『代議制民主主義――「民意」と「政治家」を問い直す』中央公論新社。
Ashton, S. R. and S. E. Stockwell. (1992). *British Documents on the End of Empire (BDEE): Series A, v. 1. Imperial policy and colonial practice, 1925-1945. pt. 1. Metropolitan Reorganization, Defence and International Relations, Political Change and Constitutional Reform*, London: H. M. Stationery Office.
Bagehot, Walter. (1872). *The English Constitution, New Edition with an Additional Chapter*, London: Henry S. King & Co.
Ball, S. J. (1999). "Selkirk in Singapore." *Twentieth Century British History*. 10 (2): pp.162-191.
Braddell, Roland St John. (1982). *The Law of the Straits Settlements: A Commentary. 3rd ed.*, Oxford: Oxford University Press.
Bowler, Shaun. (2008). "Electoral systems" in R. A. Rhodes *et al.* eds. *The Oxford Handbook of Political Institutions*, Oxford: Oxford University Press. pp.577-594.
Fong, Sip Chee. (1980). *The PAP Story: The Pioneering Years, November 1954 - April 1968: A Diary of Events of the People's Action Party: Reminiscences of an Old Cadre*, Singapore: Published on behalf of the PAP Chai Chee Branch by Times Periodicals.
Lee, Kuan Yew. (n.d.). *The Battle for Merger*, Singapore: Government Printing Office.
———. (1998). *The Singapore Story: Memoirs of Lee Kuan Yew*, Singapore: Times Editions Pte Ltd.
Levitsky, Steven; Way & Way, Lucan. (2010). *Competitive Authoritarianism: Hybrid Regimes after the Cold War,* New York: Cambridge University Press.
Mauzy, Diane K. and R. S. Milne. (2002). *Singapore Politics Under the People's Action Party*, London:

Routledge.

Ong, Pang Boon. (1979). "Problems of Party Organization: The Pro-communist Challenge from within 1954–'57" in People's Action Party, *PETIR: 25th Anniversary Issue*, Singapore: People's Action Party.

Pang, Cheng Lian. (1971). *Singapore's People's Action Party: Its History, Organization and Leadership*, Singapore: Oxford University Press.

Schedler, Andreas. (2006). *Electoral authoritarianism: The Dynamics of Unfree Competition*, Boulder: Lynne Rienner.

Shugart, Matthew S. (2008). "Comparative Executive - Legislative Relations" in R. A. Rhodes *et al.* eds. *op. cit.* pp.344–365.

Singapore, Colony of. (1946). The Singapore Colony Order in Council, 1946.

———, Colony of. (1947a). Legislative Council Elections Ordinance. (No. 24 of 1947).14 July 1947.

———, Colony of. (1947b). Legislative Council Elections Ordinance. (No. 24 of 1947). Subsidiary Legislation 221. 16 July 1947.

———, Colony of. (1948). Singapore Legislative Council Elections (Amendment) Ordinance. (No. 28 of 1948).

———, Colony of. (1951). Vide Gazette Supplement. No. 39 of 17the May, 1951. No. S176.

———, Colony of. (1953). The First Legal Assistant, Attorney-General's Chambers (comp.). Reprint of the Emergency Regulations Ordinance, 1948 (No. 17 of 1948). Singapore: Government Printing Office. pp.1–106

———, Colony of. (1955). The Singapore Colony Order in Council, 1955. Statutory Instruments 1955 No. 187.

———, Colony of. (1958a). The Singapore Colony (Electoral Provisions) Order in Council, 1958. Statutory Instruments 1958 No. 1521.

———, Colony of. (1958b). The Singapore (Constitution) Order in Council, 1958. Statutory Instruments 1958 No. 1956.

SS, Straits Settlements. (1925). LETTERS PATENT and INSTRUCTIONS, Singapore: Government Printing Office.

ST, Straits Times, The. (1948). "Appointed to Council," 1 April.

——— (1958a). "Subversives Out of First Polls," 28 May.

——— (1958b). "Election Bar Protest by PAP," 1 October.

——— (1996). "We will fight GE as local election," 23 December.

TNA, The National Archives of the UK. (1957). "The Prime Minister's Commonwealth Tour, 1957, Singapore," "The Subversive Ban, Appendix B," DEFE 7/504.

———, (1958). "State of Singapore Bill: The Subversion Ban, Appendix E," CO 1030/475.

Yeo, Kim Wah. 1973. *Political Development in Singapore, 1945–55*. Singapore: Singapore University Press.

【附記】 本稿の執筆に際しては上智大学アジア文化研究所共同研究所員の鈴木陽一氏より貴重なコメントをいただきました。また、本稿はＪＳＰＳ科研費 23K01257 の助成を受けた研究成果の一部です。記して感謝いたします。

【アイデンティティ】

第三章　華南（福建・広東）と台湾における客家《はっか》

――蔑視から文化的な注目へ

飯島典子

一　華南とはどこを指すか

中国南部（華南、本章では福建・広東を指す）は距離的には日本と離れているが、歴史的に見れば中国北部（華北）よりも遙かに日本との関係が深い。古くは『竹取物語』に出てくる、蓬莱（中国の神仙思想に説かれる神山）はもちろん伝説の島だが、中国の東の海に浮かぶ島ということで時に台湾の雅称として使われることもある。また華南はコメ文化圏でもあるため、竹の葉で包んだ餅米を蒸したおこわやお餅があり、日本とも共通する食文化圏でもある。日本で育つとコメ文化圏＝東アジア全域と考えがちであるが、EUよりも広大な国土を有する中国では、当然ながら食文化にも多様性がある。ごく簡単に述べると中国の北部はむしろ小麦文化圏というべきで、朝食は包子（甘くない蒸しパン）などを食べることが多い。軽食も大概小麦を使ったものである。

中国と日本の交流史から見ても、地域的に交流があったのは現在の上海より更に南を中心とする中国中部沿岸地方（華中）と日本のそれであり、日本が中国北部の気候風土に関心を持つようになったのは明治以後である。これは海運しか諸外国との交通手段がなかったことを考えれば納得していただけるであろう。日本から船で行ける中国は九州より更に南の中国沿岸部だったのである。明治以前、想像上の中国風景を描いた山水画は大概広々とした湖やそれに掛かっている橋が描かれていることが多いが、これは華中ないしそれよりも南部の風景に想を得たものである。

また華南を語る際に忘れてはならないのが、歴史的に多くの移民がここから海外に移住していった事実である。そのため「僑郷（華僑の故郷）」の別名を冠する都市も多い(1)。

二　華僑華人の分類と客家《はっか》

従来華僑華人集団の分類は出身地（省が基本であるがとりわけ海外移民が盛んである中国南部の都市や地域では更に細かい行政区で分けられる）、言語（方言）で分けられることが基本であった(2)。なかでも誰しも異論を唱えない分類は、自他共に認める「僑郷」を多数有する福建、広東出身者という分類で、事実両省沿岸部は諸外国との交通も便利なため僑郷を名乗る都市が居並ぶが(3)、こうした中で客家《はっか》は華僑華人の分類の中で唯一地名を冠していない集団である。元々北部から南下し、華南に入るのが最も遅かったため、「客」（ゲスト、と訳されるが元来の語感は「よそ者」の意味であり、蔑称となることもある）の名称が付いたと言われている。客語圏は江西最南部、福建政府、広東東部と複数の省

図1　客家語圏分布図

に跨がっているが、いずれも内陸に位置しているため客家語圏からの海外移住が沿岸部のそれより遅れたことは言うまでもない[4]。

このように出身地で括れない客家であるが、その一方、特色としては「可視できる」建築文化が存在する。別段中国南部に関心がない読者も福建西部の山岳地帯にある巨大な集合住宅、円楼の写真をどこかで目にしたことがあるのではないか。正確にはこうした巨大な集合住宅は福建西南部に密集しているだけで、中国大陸の客家語圏全体に点在するものではないのだが、その印象的な建築構造から、いまや客家のアイコンとなってしまった。この円楼については本論でも触れることとする。なお江西最南部も現在は客家語圏と認識されているが、本章は歴史的に客家語圏と認識されている広東、福建そして台湾を中心に論を進めることとする。

三　第二次世界大戦以前の客家研究概観

1　研究変遷の概観

しかし、この漢民族の一集団を紹介するにあたっては中国大陸と台湾では若干の相違があり、また客家が政府に注目された経緯も異なっている(5)。まず一九世紀中葉の広東で「客」の存在が史料から確認でき、一九三〇年代には近代歴史学の手法を用いて客家が紹介されるものの、むしろ客家に注目したのは日本だと言ってよいかもしれない。日本政府が中国大陸への足がかりを求め、かつ日中戦争の遂行のために華南社会事情を把握する必要があったため、日本でも研究が進んでゆく。第二次世界大戦以後、事情の相違はあれども中国大陸と台湾で地域研究そのものが停滞してしまうのだが、客家研究もその例外とはならなかった。ただ奇しくも客家は一九九〇年代に中国大陸と台湾で軌を一にして再度注目が集まり、多くのメディアが注目する所となって現在に至っている。世界諸地域に独特の文化を維持している少数集団は数多く存在するが、多くはその文化維持、保存をメディア、あるいは博物展示といった手段で世に訴えている。本論でも触れるように客家も研究所という形でその文化維持・継承活動を行っているが、客家の場合、建築、意匠などを通し客家に別段興味がない人々にもその存在を訴えかけるような戦略が展開されている。本章で取り上げる客家は、その定義自体が時代と共に「更新」され、時に抑圧の歴史も逆手に取って自らのイメージ戦略を打ち出しつつあるユニークな少数集団なのである。

2　清代の史資料から

客家という言葉自体、管見の限り、清代広東に関する史料ではあまり一般的に使われていなかった。当時の地方の実状を記した縣志など法清朝側の公式記録である実録等には「客民」という記述はあっても、「客家」の語はほとんど登場しないのである。時代を清初まで遡ると、屈大均の『広東新語』にも「長楽興寧婦女」(6)という項目があり、同地の勤勉な女性に対して言及している。長楽、興寧の両県は広東東北部に位置する、現在自他共に認める客家語圏に当たるが、同書では「客」の語は用いられておらず、代わりに地名を用いている。客家の歴史が太平天国との関係から注目され始めたことはよく知られている。指導者の洪秀全が広西の客家であったため、太平軍構成員の分析と共に客家の存在は徐々に中国官憲の注目するところとなったのである。(7)

もっとも、清朝がすぐさま現代の地域研究が網羅しているような客家の分布を把握したわけではない。当時の報告『賊情彙纂（巻十一老賊）』でも、客の字は殆ど使われておらず、もっぱら地名で人物の前歴を説明している点では、屈大均の捉え方と比べてさしたる変化はない。例えば主たる指導者の説明には「洪（秀全）楊（秀清）等の大盗賊は皆広東から潯（州）に移った者である」(8)、「広・潮・嘉應の人の烟土を業とする者、もと潯、梧及び湖南の辺界に往来す」(9)との記述があるなど、現代の我々が見ると客家語圏がその行動範囲として示されてはいるが、「客」そのものの字は使われていないのである。

なお、福建・広東の客家語圏からの台湾移住は明末清初から始まり、やや早期から台湾に移住していた福建南部（閩南《びんなん》〔↓巻末用語解説〕）系住民との熾烈な土地争いが繰り広げられるが、台湾の経済発展とともに、徐々に両者の衝突は鎮静化してゆく。

3 民国期以後の紹介と認識

前述のように客家が学術的な研究対象として取り上げられるのは民国時代になってからであり、徐々に研究者の捉え方も多角的になっていった。

一九二七年、外務省情報部の『支那民族史』には、客家を区別する唯一の方法はその言語であると彼（女）らを言語集団として捉えている。その後、一九三〇年に彭阿木が雑誌『支那研究』に「客家の研究」を発表し、客家の言語、生活について紹介している。この中で著者は、北部から移住してきた漢民族の一支であった客家は「従来甚だ土着の蔑視を受け、彼を漢族に非ざる蠻《(ママ)》種として見られていた」と客家の受けた差別についても触れている。更にこの論文は、客家の生活についても粤東（嘉應州一帯）と粤西（廣西東部、昭平、平楽一帯）では甚だしい差異があるとして、客家の多様性にも言及している。客家語もさらに細かく分ければ、四縣話（梅縣、蕉嶺、興寧、平遠、五華）海陸豊話（海豊、陸豊）、大埔話、饒平話等、際限なく細別される程で、客家に対する一般論に反駁を試みた例でもある。現在に至るまで、客家の勤勉性、教育程度の高さなどが一般書で画一的に紹介された例は枚挙に暇がないが、研究初期ながら、言語だけでも彭阿木がその多様性に触れている点は、現代においても斬新であり注目に価する。なお、日本に於ける客家紹介の啓蒙書は一九九〇年以後多く出版されたが、一般読者に向けた紹介であり、かつ言語の紹介に関しては**中国語**〔↓巻末用語解説〕言語学の知識が必要になることから、こうした啓蒙書は客家語及びその多様性にほとんど触れることがない。客家に関する概要が日本でも広く周知された一方、どの地域の客家も同じ客家語という言語を話しお互いにコミュニケーションが可能であると考えられてしまったきらいもあり、日本においてまだ客家語の多様性に対する理解は進んでいないのが現状である。

その一方、客家に対する蔑視観が、中国内外の客家紹介に現れてくるのも民国期である。出版物の普及が少数集団、被差別集団に対する誤認への弁明と、偏見の増幅という両刃の剣になるのはこの時代の客家の事例だけではないであろう。戦前の日本人による客家紹介とて例外ではない。時代順にその変遷を見てみよう。

一九二六年、服部宇之吉は『支那の国民性と思想』の中で客家に触れている。

廣東に居る一種の民即ち客家（西洋人はHakkaと綴る、廣東音で左様に呼ぶ）は民國前までは身家不清白であって清白になるを得ざる者であった。此民は始終ボートの中に生活して陸上に、生活せぬ、歴史は能く分からぬが可なり古い時に廣東に移って来たものらしい（後略）。[14]

一読して分かるとおり、ここでは客家が水上生活者である蛋家《たんか》と混同されている。蛋家も近代以前は蔑視の対象であったことから、当時の両者の混同は致し方なかったのかもしれない。

次に日本人が客家と接触を持ったのは日清戦争後、台湾が日本に割譲されてからである。しかしながら、ここでも関連する日本語文献で「客家」の名称はさほど使われていない[15]。周知のように、台湾には清初から広東の客家人が移住しており、一九八五年の時点でも客家人口が一三％ほど存在するとされているが、日本統治時代の台湾では閩族（福建省出身者）に対する粤《えつ》（広東）族、粤人等という名称で文献に現れていて、閩族から客人《ケーラン》（これも客家を表す言葉であると同時に蔑視の語感もあった）と呼ばれていた[17]。

やがて客家は日本の華僑事情紹介にも「客人」の名称で登場するようになる。一九二九年にも既に外務省がその中国内外の分布を把握していた。

客人ハ廣東省ノ東北ニ邊リ福建江西兩省トモ接山間ニ僻在スル地域ニ住シ嘉應州ヲ中心トス。同地方ハ交通不便ニシテ出入ハ凡テ汕頭ヲ經由ス。客人ハ南洋新客中第四位ニアリテ之ガ分布ヲ見ルニ海峡植民地、馬来聯邦州同非聯邦州ニアリテハ福建人、廣東人ニ次ギ、其他蘭領印度各地ニ散在ス[18]。

ここまでの研究事例はあくまで客家と呼ばれる集団の説明に過ぎなかった。しかし、一九三〇年、山口縣造が雑誌『東洋』に発表した「客家と支那革命」[19]という五頁にも満たない記事が、客家を好意的に紹介しているという点で目新しい客家紹介となった。山口が上述の蛋家（蛋戸）と客家の混同を正し[20]、且つ中国国内の客家の分布、太平天国、辛亥革命と客家人の関わりに触れ、当時の国民党、共産党要人に多数の客家人が存在するとしてその政治的影響力について述べたのはこの時代としては画期的な見解であった。「政治的影響力」の真偽はともかくとして、「粤人」や「客人」ではなく「客家」

を用いた点だけでも当時の評価としては斬新であり、以後の日本に於ける客家に対する好意的な見方については山口の記事による影響が大きい。

これ以後、一九〇五年から一九三七年まで三〇年あまり広東に在住していた華南研究家の森清太郎(21)が、現在多くの客家研究の見解とも一致する概説を一九三八年一〇月一四日の『東京日日新聞』に載せている。なお、日本軍はこの月に広州を占領しており、当時日本でも華南への関心が高まった矢先という事情があり、こうした華南事情が新聞紙上でも紹介されたのであろう。

> 華僑は大抵奥地から出るので、客族が相當にある。序に客族を説明するが、客族はまた客家というもので別に變った種族ではなく集族である。この族は元中部支那《（ママ）》から廣東省に移住した漢民族で、その新舊によって分つ名稱である。卽ち先進の移住者はその地に安住して主家となり、主家は後来の移住者を客家又は客人と呼んだのである。(22)

上述の見解で一つ着目すべきは、客家を「集族」としている点である。つまり彼等を移住の早晩で分け、特に民族的な集団ではないとしているのは現在においても見るべき問題提起である。客家が言語集団と定義されなかったのは二〇〇〇年以後の現在でも大きな意味を持つがそれについては後述する。

このように日本国内だけでも、客家に関する記述は蔑視、少数民族との混同、好意的な紹介等、毀《き》誉《よ》褒貶《ほうへん》が錯綜する中に、時折現在の研究成果とも一致する客観的な見解が混在していた。各々の記述内容における正確不正確はさておき、日本においても客家が注目を集め続けていた背景には多分に一九三〇年代の緊張した日中関係も影響していると思われる。

四　台湾における客家研究

こうして元々日中戦争における華南での諜報活動の一端として一度は注目された客家であったが、第二次世界大戦後、一九七二年の日中国交正常化まで現地調査が出来ないこともあり、日本において中国大陸における客家に関する関心は急激に薄れてしまう。その間僅かながら戦時中も客家研究が進んだのが日本植民地統治下の台湾である。日本人による台湾客家研究は上述のような日中戦争と連動したものではなく、あくまで台湾統治を円滑に行うための社会事情調査として行われた。そのため筆者が把握した限り、こうした台湾客家に関する記述には上述の華南事情調査を踏まえたと思われる箇所があまりない。また、こうした「台湾社会事情」に関する調査の中でも客家という語句が使用されることは極めて希で、彼（女）らを「広東人」と称している。華僑華人研究の文脈では広東人とは広東省出身で広東語（広府語）話者ないしその子孫を指すが、明末清初に台湾に移住してきた広東省出身者がほとんど客家語圏出身であったため台湾に限っては客家と同義語で使われていたのであろう。換言すれば中国大陸における日本の客家研究と台湾のそれはあまり連動していなかったことになる。なお、日本統治時代に教育を受けた世代はこうした日本の社会調査の影響もあって、自らを「広東人」と称することになり、この傾向は後述する一九八八年の客家アイデンティティを台湾全土に問う

「客家語を還せ」運動の後も続くことになる。その証左として、一九九〇年代を通して日本語教育世代は、しばしば筆者に自らが「広東人」だと名乗っていた。

前述のように中国本土においては一九七八年に日中平和条約が締結されるまで華南における調査が行えなかったことに加えて台湾においても客家研究は公然と行えない事情があった。

第二次世界大戦以後、中華民国が唯一の「中国」だと世界に向かって標榜したかった国民党政権にとって、台湾史研究は自体が不都合なもので、調査研究も停滞を余儀なくされ客家研究もその例外とはならなかった。台湾の歴史と多様性を研究すればそれは台湾の独自性を自ずと内外に知らせるものとなってしまい、台湾独立の気運の高めてしまう恐れもあり、国民党政府としてもやむを得ない決断だったと言えよう。この流れが大きく変わったのが一九八八年一二月二八日の「客家語を還せ」とのテーマでのデモである。

もちろん「客家語（母語）を還せ」という運動、言わば客家の覚醒とも言うべき社会運動は客家語圏にルーツを持つ全ての人々の琴線に響いた訳ではない。というのもこの時点で既に客家話者の語学能力は千差万別だったからである。言うまでもないことだが、国民党が国語（標準中国語）を公用語とした時点で、そもそも台湾語（台湾人の大多数がルーツとする福建南部の方言　閩南語）の地位は一段低く落とされていたのである。それでも大多数の話者がいる閩南《びんなん》語は日常的に必要とされる言語であったことに変わりは無いが、少数集団の言語である客家語の認知度や地位は、更に低かったことは想像に難くない。

一方閩南語も話せずさりとて第二次世界大戦以後、国共内戦に敗北して台湾に渡り、中国共通語

（国民党は「国語」と称した）を押しつけた国民党関係者への反感も持つ客家語話者は少なくなかった。筆者（飯島）が台湾における調査を行った際、日本統治時代に教育を受けた客家人が敢えて中国語の拙さをむしろ誇り高く語った逸話、政府の役人に対して中国標準語が分からないふりをしてささやかな抵抗を試みた話には枚挙に暇が無い。

五　中国大陸での客家認識とそれが台湾に与えた影響

それでは次に、中国大陸での客家認識の動きを見てみよう。中国が多民族多文化国家であることは言うまでもないため、一九八〇年代の改革開放までは客家に関しては注目されることが少なかった。客家を有名にしたのは華僑華人研究といった歴史、人文科学からの考察ではなく福建省の客家語圏に点在する巨大な集合住宅による所が大きい。しかも円楼は日本では建築学の観点から注目を集めている。[23] 円楼が観光資源として注目されたのは改革開放以後であり、これは華僑華人の中国投資を誘致する動きとも連動している。しかし円楼は主に福建省客家語圏に点在する建築様式であり、中国本土の客家語圏全般に共通する建築文化でもない。台湾に移住した客家系の人々は主に広東から移住したという事情もあり円楼＝客家文化という概念は存在しなかったのだが、本土の円楼が世界的にも有名になったことから、台湾でも円楼が客家文化のアイコンとして採用されるようになった。

客家語圏は中国南部に点在しているが、最も客家語人口が密集している広東省梅州市は「世界客都」の別名を持つほど有名である。とは言え同市にある嘉応州大学で客家文化研究室が設立されたのは一九八九年の事である。翌年広東省政府や梅州市の協力を経て同研究室は客家研究所となった[24]。大学の研究所である以上、学術的な調査、研究は活発に行われているが梅州の観光誘致に関与している訳ではない。独特な習慣を持つ集団としてその文化を継承、保存して広く世界に紹介するという趣旨は嘉応州大学客家研究所も台湾の客家委員会も共通しているが、それを観光資源と結びつけたのが後者である[25]。

図2　台湾の客家研究所の一つがある国立交通大学（現在の国立陽明交通大学）
（2011年3月　台湾新竹市で筆者撮影）

客家のルーツが中国でありながら、客家に関する研究はなぜ台湾でより進んだのか。

理由は色々推察できるが、台湾が多文化共生社会であることを内外に訴えるには客家が欠かせない集団であったことが挙げられよう。一九九〇年以後台湾では人口を「台湾四大族群（客家、閩南人、外省人、原住民）」に分け、更に中国大陸と東南アジア出身の女性配偶者「新住民」を加えて五大族群とするようになった[26]。こうした「族群」の間には日本統治時代以後大きな衝突が起こっていないことも、台湾を多文化社会として宣伝するには好都合なのであろう。但し教育の普及につれて言語、文化の相違がさほど問題にならなくなった近代以後、「族群」間の婚姻が増加したことは想像に難くない。特に客家にルーツを持ちながら数世代にわたって閩南人との通婚を通し、既に客家語を話さなくなった客家人はその典型である。二〇〇〇年台湾政府は行政院客家委員会を設立し、しかるべき額の予算を割いて客家人口、文化の保存などについても調査を開始した。[27]

その九年後二〇一〇年、客家基本法では客家語能力を問わず自らのアイデンティティを客家とし、客家の血統を引く者を客家としている。[28] 換言すれば誰しもが自らの希望があれば客家語を全く介さなくても自らの意思で「客家」を名乗れるようになったのである。

これは、元々は言語集団として扱われていたにもかかわらず、「母語」を失いつつあった台湾客家人が新たなアイデンティティを模索し始めた第一歩であろう。かつては迫害や差別の対象となった故に客家と名乗ることが憚られた時代から一転して「名乗りたい人は誰でも客家を名乗れる」時代になった社会通念の変化には隔世の感がある。

以後客家委員会の肝煎りもあって学童向けの客家語教材も多々販売されるようになったが、筆者の知る限りそれによって今まで客家語に関心が無かった世代がにわかに客家語習得に熱意を抱くようになったという話は耳にしていない。ネットが情報取得、発信の重要な手段となった昨今では全世界的に、とくにデジタルネイティブである世代にとっては方言そのものの維持、取得に意味を見い出せなくなっている。唯一の例外が、Tik Tokなどの短い動画で音楽に乗せて「○は客家語で△という」となど客家語語彙を紹介するユーチューバーの語りであるが、これはあくまで語学学習の「補助教材」、というよりエンタテインメントであろう。

六　世界の客家において台湾が占める位置

冒頭で述べたように、客家の存在は華南や台湾の一漢族集団であると同時に、華僑華人の一集団としての位置も占めている。その存在感が目に見える形で現れているのが、一九七一年を皮切りに始まった、世界客属懇親大会という自らが客家にルーツを持つと自認する人々が集まる懇親大会である。同大会はほぼ数年おきに世界各国で開催されていて、開催地における客家系の人々の存在感を窺い知る一つの指標になっている。ただし表1からも分かるように、二〇〇〇年以後は言語学的に明らかに客家語圏とは言えない開催地が選ばれており、中国政府が「中華文化発祥の地――華僑がそのルーツを訪ねにくる土地」であると国内外に知らせたい都市が選ばれる傾向がある。ともあれ、中国と台湾の歴代開催地と開催頻度を見てみよう。

台北が五回、台湾のその他の都市で二回、そして中国本土での開催は一九九四年以後である。開催地として、やはり本土よりも台湾の存在が大きいが、世界的な華僑華人懇親会を開催するにあたってはまず経済力が必要であることから、一九七〇―八〇年代であれば台湾がまず開催地に選ばれたことは、さほど驚くに当たらない。また国内に五六とも五七とも言われる小数民族を抱え、人口の面でも一四億を超える中国とは異なり、人口二三〇〇万の台湾は小数集団を分類、顕在化させやすい。換言すれば客家の存在感が中国本土のそれよりも大きいのである。上述のように、一九九〇年代から台湾では閩南人とも（福建南部にルーツを持つ台湾最大の集団で、台湾語とは彼らが話す閩南方言の事である）

表1　世界客属懇親大会の歴代開催地

年度		開催地
1971年	第１回	香港
1973年	第２回	台北
1976年	第３回	台北
1978年	第４回	サンフランシスコ
1980年	第５回	東京
1982年	第６回	バンコク
1984年	第７回	台北
1986年	第８回	モーリシャス
1988年	第９回	サンフランシスコ
1990年	第10回	マレーシア　サバ州
1992年	第11回	台湾　高雄市
1994年	第12回	広東省梅州市（中国大陸初の開催）
1996年	第13回	シンガポール
1998年	第14回	台北
1999年	第15回	クアラルンプール
2000年	第16回	福建省龍岩市
2002年	第17回	ジャカルタ
2003年	第18回	中国河南省鄭州市
2004年	第19回	中国江西省贛州市
2005年	第20回	中国四川省成都市
2006年	第21回	台北
2008年	第22回	中国陝西省西安市
2010年	第23回	中国広東省河源市
2011年	第24回	中国広西省北海市
2012年	第25回	中国福建省三明市
2013年	第26回	ジャカルタ
2014年	第27回	中国河南省開封市
2015年	第28回	台湾新竹市
2017年	第29回	香港
2019年	第30回	マレーシア　クアラルンプール
2022年	第31回	カナダオンタリオ州　マークハム市
2023年	第32回	江西省　龍南市

（出典：以下のサイトを参考にして作成　https://www.hakka-world.com.tw/about/2#:~:text=1974%E5%B9%B410%E6%9C%88,%E7%95%8C%E5%AE%A2%E5%B1%AC%E6%87%87%E8%A6%AA%E5%A4%A7%E6%9C%83%E3%80%82　アクセス日　2024年９月25日、世界客属懇親大会 _ 百度百科（baidu.com）アクセス日　2024年８月８日）

外省人（第二次世界大戦以後国民党と共に大陸から渡ってきた人々で、出身地は様々）、そして客家が「台湾四大族群」とされており、[29] 台湾が多文化共生社会であることがより強く内外に打ち出された。

それでは台湾客家において客家華僑、広義で言われる華僑がよく語る「移住先での文化や言語の壁を乗り越えて成功を収め、ルーツの文化を大事にしつつ移住先の社会経済に貢献し続ける」という言説は、台湾客家には当てはまらないのだろうか。この点においても台湾客家はやや特殊な移住事例を有している。一九世紀中期から二〇世紀前半にかけて中国大陸の客家居住区から海外に移民した人々が概して東南アジアを目指したのは他の系統の華僑と同じだが、こと台湾に関する限り日清戦争によって日本の植民地になって以後、東南アジアへの移民と言うより言語の壁がない日本への留学、移住という意味での移動があった。

それまで台湾では福建南部系の閩南人が大多数を占めている関係上、閩南語が「主流」言語であったが[30]、新たに日本語が公用語となったため、日本語を学びさえすれば、台湾内においても日本にあっても客家が福建人と対等に渡り合える手段となったのである。また日本に渡った台湾人に留学生が多かったことは、一九世紀から二〇世紀初頭にかけておもに肉体労働物としての移住が圧倒的であった華僑華人の移民方式としては、やや特殊である。それでも「移住先で勤勉に働き（勉学に励み）、経済的に成功を収める」という華僑の成功譚を生み出す下地は、東南アジア華僑のそれとも通底している部分がある。

前述のように筆者は、第二次世界大戦後、台湾の公用語となった北京語（標準中国語）よりも日本語のほうが遙かに達者な客家の日本語世代にたびたび出会っているが、彼（女）らの日本語に対する愛着は並々ならぬものがあった。

筆者が長年調査している台湾新竹市の旧家、関西F家一家及びその親族の使用する言語は、まさに台湾客家現代史を象徴している。日本植民地時代に大学教育を終えてしまった世代は筆者と接する際に北京語に何らかの抵抗感を示し、第二次世界大戦直後に中等教育まで受けていた世代は北京語・日本語の両方を操り、戦後世代は当然ながら全く日本語が話せない。印象深いのは大戦終結当時三歳だったというF家の六男G氏である。人の話している日本語は何となく理解できるが自分の口からは言葉が出てこず、何ともどかしい、日本に滞在する機会が三か月あれば、話せるようになるのでは、いや、きっと話せるようになる、と何度も寂しげに筆者に語っていたことが忘れられない。

一九九〇年一二月台湾では客家公共事務協会が成立、[31]台湾が客家を独特な文化集団だと内外に宣伝を始め、二〇〇〇年には行政院客家委員会が設立し、[32]以後その文化活動を支援するようになる。上述のように建築文化は中国大陸のそれを踏襲しつつも、台湾客家は独自に可視化できる文化を生み出していった。それが日本でも有名になった「客家」花布である。

七　「客家」花布

昨今女性を中心とするアジア雑貨愛好家の中で花布（花柄布）は徐々に有名になり、もはや客家というより台湾を象徴する意匠になってきている感がある。少し台湾に詳しい方は、この花布が往々にして「客家花布」と呼ばれ、客家の名が冠されているのにお気づきであろう。赤地に艶やかな牡丹を配した柄で有名な台湾花布は、日本でもアジア雑貨愛好家の間で認知度が高まり、二〇一七年にNHKでも紹介されている。[33]主な意匠はあくまで花柄、それに動植物や自然現象（水の流れや雪）を加えたもので、一見客家を象徴するようなデザインのものはない。

こうした花柄布の原型は第二次世界大戦以後、布団カバーなどに使われた生地で、台湾の軽工業輸出品としてその地位が確立しつつあった。台湾で客家が自らのアイデンティティを主張し始めたのは一九八〇年代以降なので、当時は客家と関係づけられる筈もなく、遠東被単布などと呼ばれ[34]、また台湾の繊維産業の興隆に伴い、日本から新しい紡績機械が導入されると同時に、日本の花柄やデザインも同時に入ってきた[35]。

二〇〇二年、客家委員会が「台湾伝統花布」を使って客家文化の認知度向上とイメージ作りの戦略に乗り出すが、当時は今ほど台湾の認知が高くなかったので、台湾花布＝客家花布というイメージ戦略に反論があったという話は確認されていない。吉祥文様を織るなり刺繍するなどして幸福を願うのは万国共通とも言えるが、時に文様は政治的なメッセージを帯びることもある。台湾花布≠客家花布という社会通念が広く台湾に広まったのはこの後であるが、染織史から見ると花布自体客家独自のものではないので、昨今では復古台湾花布という名称も使われ始めた。

絵画や染織の意匠に牡丹が好んで使われるのは東アジア全体に共通しているが、客家花布が単なる万人受けするような花柄織物で終わらないのは、その意匠に明らかに日本のものが使われている点である。その典型的な一例が、牡丹柄に雪輪が使われている図3である。日本でも雪の結晶が意匠になったのは江戸初期の事で[36]、六角形というより円の表面に数か所の凹凸を表したもので、次第に様式化されていった。図3の花布にはこの「雪輪」が見られるが、冬をテーマにした染織というより、単なる図案として使われていると考えた方が自然である。

更に日本の影響を顕著に伺わせる図案もある（図4）。僅かであるが御所車を示す車輪があり、これは明らかに中華文化圏には存在しない意匠である。

このようにして客家花布は、日本の文化的影響を暗示すること、換言すれば植民地支配の過去も逆手に取って中国とも異なる台湾客家の独自性を打ち出す戦略ともなるので、その意匠に込められている意味は深遠である。

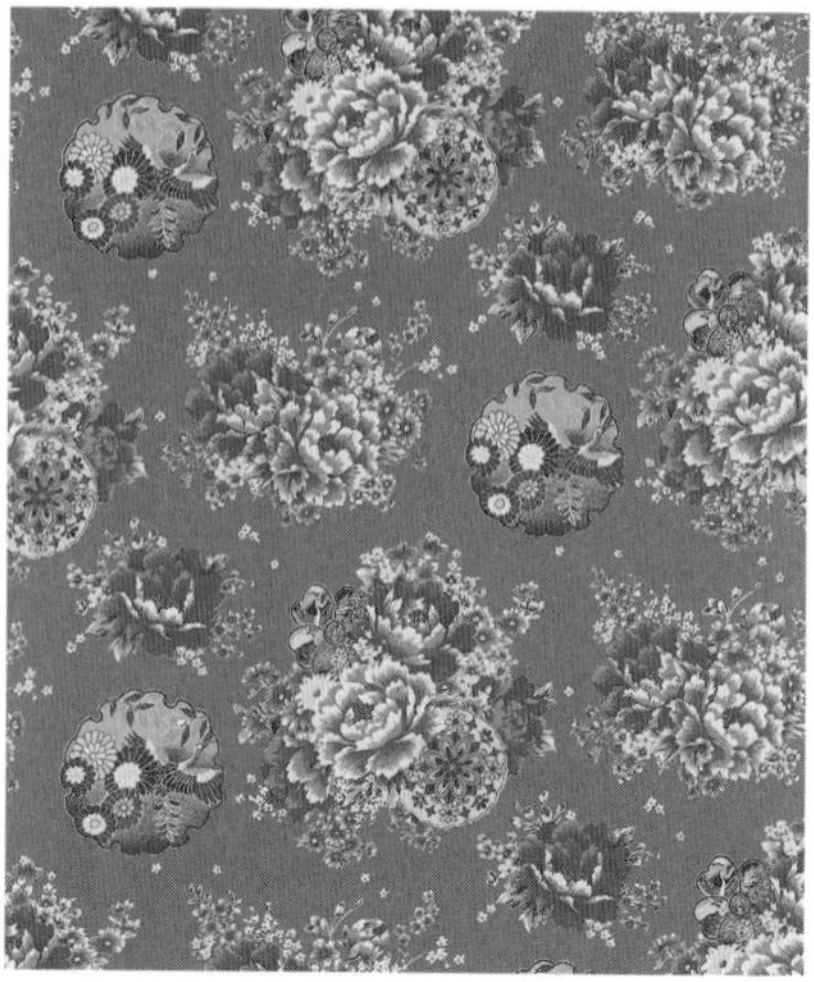

図3　雪輪のある花布（出典：陳宗萍（2018）、210頁）

図4　御所車と牡丹（出典：陳宗萍（2018）、204頁）

八　融通無碍に入れる少数集団

すでに述べたように、華僑華人研究の対象としての客家のそれは二〇世紀初頭に始まっており、その後第二次世界大戦前夜の日本における客家研究は華南地域研究の一翼として、また植民地統治の手段として台湾でも研究が進むなど、二手に分かれて進んだ。いずれにせよ地域と言語で分けられがちだった華僑華人研究のあり方に風穴を開け、客家は華僑華人の分類を超える概念となった。以下その特徴を整理してみよう。

水上生活者である蛋家と混同されるなど、根拠のない偏見によって蔑視された過去があるものの、紆余曲折を経て、客家は言語にも正確な出身地にも縛られない概念集団と認識されるようになり、一九九〇年以降の民主化された台湾に至って、植民地支配の遺産も逆手に取ってその存在を主張するようになった。ある程度言語と居住区（客家語圏）という可視化できるルーツは存在するものの、誰しもが出身地や言語にとらわれずに客家を名乗れるという自由度の高さは、台湾一地域のあり方とは言え、客家がもはや華僑華人の一集団という枠では括れない存在になったことを示している。また染織文化で自らのアイデンティティを主張するというあり方も、他の華僑華人集団には見られない[37]。中国大陸でも台湾でも今まで漢族の系統は専ら言語によって分類されてきたが、客家はこうした枠組みを超えて広く認識された「概念集団」となったのである。

客家のみならず、昨今の世界的な多文化共生賛美の影響を受けて、今まで蔑視の対象だったどの少数集団も、程度の差こそあれ自らのアイデンティティを標榜しやすくなったことが共通して見てとれる。また多文化共生は日本国内においても多くの少数集団をテーマとした博物館の設立にも繋がった[38]。ただ台湾苗立県の客家文化館（二〇一二年開設）に代表されるように、台湾の客家関係博物館では基本的に中国大陸において蔑視された歴史、及び清代台湾における閩南人との闘争には触れていない。また迫害を受けた少数集団は、いかに迫害に負けずに自らの文化を守ってきたか、という点で己の歴史を語るのに対し、台湾は多文化共生を訴えるため、差別と迫害の歴史に関しては触れずにその歴史を紹介し、ひいては誰でも自らを客家と名乗れるという点では「開かれた」小数集団だと言えよう。

客家を侵略者に対して立ち向かう勇敢な人々として取り上げた映画では『一八九五』(*The Legend of Formosa in 1895* 二〇〇八年、台湾)があり、日本の台湾侵攻に対して立ち上がった台湾人との間の戦い(乙未戦争)が描かれているが、これはあくまで客家人の武勇を讃える映画であり、被差別集団としての客家が侵略者に対して挑んだという視点では描かれていない。

世界における少数集団は、ほとんどといって良いほど、自分たちがいかにいわれない差別と偏見に晒されてきたか、そしていかにそうした蔑視に負けずに自らの文化を伝承してきて今に至っているかを訴えている。第二次世界大戦以前の日本における華南研究では客家にもこうした見方が当てはめられてきたが、一九八〇年代後半に台湾が民主化し、多文化共生を目に見える形で内外に訴え始めたことで、客家は「独特な習慣を持った文化集団」として認識されるようになる。また新たに自分を「客家」と認識しても良い、つまり個人の意思で新しくその少数集団としてのアイデンティティを標榜しても良い、と政府が公式に発表する例は極めて稀なのではないか。客家は「自らの意思で加わることが出来る」という、あまり世界に例を見ない少数集団なのである。

用語

閩南　中国語(標準中国語)

註

（1）僑郷は特定の都市につけられた名称ではなく、特にこの名称を冠するための条件があるという話を筆者は寡聞にして聞いたことがない。東アジアや東南アジアの大都市を称した美称としてしばしば用いられる「東洋の真珠」という言い方があるが、これも特定の都市を指したものではない。

（2）ただしこうした分類は、人々の海外移住が基本的に自由となった一九八〇年代の改革開放以後、大きな修正を迫られている。個人として留学しその後留学先で就職し「華僑」となった例が多々存在するようになったことが最大の理由であるが、中国の延辺朝鮮族自治区から韓国に移住、留学するなど基本的に同じ言語・文化圏に移住・留学する人々も「華僑」の内に入れられるようになったためである。

（3）最も有名なのが福建省沿岸に位置する漳州と泉州で、後者は元の時代から既に海外との交通が盛んであった。

（4）もちろん単純に華南全体を俯瞰して客家語圏、非客家語圏と色分けすることは出来ない。その典型例が広東省潮州市で、潮州方言という華南全体では有力な方言が存在するものの、そのすぐ北部が客家語圏となっているため、まさに言語的にも潮州と客家が混在する地域であった。そのため客家として東南アジア華僑史に紹介されている人物も、実際の出身地は潮州であることが珍しくない。

（5）最初に客家という集団に着目したのは、東南アジアや中国で布教していた西洋人宣教師であるが、紙幅の関係もあり、本章では中国人及び日本人による研究のみを挙げることとする。

（6）広東省東部に存在した旧嘉應州五華縣の旧称。（清）屈大均『広東新語』。

（7）宮崎市定（一九六五）、四〇（一九八）頁。

（8）潯州は広西省の濛江（旧名龔江）沿いにある地名。『賊情彙纂』巻十一、老賊。洪楊等數劇賊、皆由廣東遷居潯屬。

（9）『賊情彙纂』巻十一、老賊。廣、潮、嘉應人烟土者、素往来潯、梧及湖南邊界。宮崎市定（一九六五）、一九八頁。

(10) 外務省（一九二七）、三三一頁。

(11) 彭阿木（一九三〇）、七七頁及び瀬川昌久（一九九三）。

(12) 彭阿木（一九三〇）、一四五頁。

(13) 彭阿木（一九三〇）、八一頁。中川によれば、客家語は梅県客家語、江西客家語、皖南（安徽省の揚子江以南）客家語などに分けられるが、基本的な客家語は、広東省東北部の旧嘉應州、梅県の方言であるとされている。中川學（一九七七）、七二頁。

(14) 服部宇之吉（一九二六）、二三頁。

(15) 東南アジアの客家華僑についても客家とは記さず、原籍だけを紹介した例は多い。例えば潮汕鉄道を敷設したインドネシアの著名な客家華僑張煜南について、日本の史料は「嘉應州人」と原籍で記載している。島谷忠義（一九三〇）、一四八—一四九頁および鉄道建設協会（一九六七）、四五八頁。

(16) 戴國煇（一九八八）、一三頁。

(17) 北垣恭次郎（一九三一）、二五頁。

(18) 外務省通商局（一九二九）、八九頁。

(19) 山口縣造（一九三〇）。

(20) 山口縣造（一九三〇）、七五頁。

(21) 香川県高松の出身。一九〇五年に広東に渡り、薬房森岳陽堂を開き、海南島、広西省、福州にも支店を出しながら歴史、民族研究のため華南各地を訪ねた。

(22) 企畫院（一九三九）、二五頁。森岳陽（清太郎）「嶺南を語る（一）」『東京日々新聞』一九三八年十月一四日。

(23) 飯島典子、河合洋尚、小林宏至（二〇一九）、一〇六—一一二頁。

小林宏至はその著書『土楼――丸い空の下で暮らす福建客家の民族誌』（風響社　二〇二四）で「宗族・客家が土楼を生み出した」という従来の発想を覆し、タテモノこそが彼らを創り出してきたのだとの説を打ち出している。

(24) 嘉應大學客家研究所：創辦緣由、歷史沿革、研究方向、客家民俗與方言方向、客家文學與藝 - 中文百科全書（newton.com.tw）アクセス日　2024/08/21

(25) 江西省最南部も客家語であり、同地の贛南師範学院にも客家研究所が設立されているが、ここでは贛南を含めないこととする。

(26) 洪馨蘭（二〇二三）、二八八頁。

(27) 洪馨蘭（二〇二三）、二九四頁。

(28) 洪馨蘭（二〇二三）、二九〇頁。

(29) 洪馨蘭（二〇二三）、二八八頁。

(30) 今現在でも台湾語とはこの閩南語を差し、第二次世界大戦以後国共内戦に敗れて台湾に入ってきた国民党が新たに公用語とした中国標準語が「国語」と呼ばれている。

(31) 洪馨蘭（二〇二三）、二八九頁。

(32) 洪馨蘭（二〇二三）、二九四頁。

(33) 「恋する雑貨　台湾の花布」ＮＨＫ　ＢＳ２　二〇一七年七月二日。

(34) 張素恵（二〇一一）、二六、三五頁。

(35) 陳宗萍（二〇一八）、一四頁。

(36) 長崎巌監修、弓岡勝美（二〇〇五）、一四四―一五五頁。

(37) なお反体制派の象徴として弾圧された意匠が一転して国家の象徴となった例としてはスコットランドのタータンチェックが挙げられる。長らくイングランドへの抵抗の象徴であったスコットランドのタータンチェックが、スコットランドのエディンバラを訪れたイギリス国王ジョージ四世（一七六二—一八三〇）が「タータンフェスティバル」を開催し、参加者に一族のタータンを着用するように求めたことでタータンチェックは一躍イギリス文化全体の象徴になった。タータンチェックの歴史：王室からパンク・ロックまで——Shutterstock Blog　アクセス日　二〇二三年十一月一七日。

（38）日本での有名な一例が高麗博物館（東京・新大久保、二〇〇一年開館）であろう。

参考文献

【中国語（日本語読みあいうえお順）】

屈大均（清）『広東新語』。

彭阿木（一九三〇）「客家の研究」『支那研究』第二三号。

『賊情彙纂』（清）巻一一、老賊。

洪馨蘭（二〇二三）「認同的流動與形塑：台湾「新個客家人運動」後的「新」客家人——国立民族博物館研究報告四十七（二）」二八五—三二四頁。

張素恵（二〇一一）「客家花布的符号消費与族群認同」国立中央大学修士論文、台湾国家図書館所蔵。

羅香林（一九六五）『客家史料匯篇』（南天書局有限公司、香港初版発行）。

【日本語】

飯島典子、河合洋尚、小林宏至（二〇一九）『客家　歴史・文化・イメージ』風響社。

外務省通商局（一九二九）『華僑ノ研究』。

外務省情報部編集（一九二七）『支那民族史』。

企畫院編纂（一九三九）『華僑の研究』松山房。

北垣恭次郎（一九三一）『日本の誇——臺灣・南洋』蘆田書店　国立国会図書館蔵。

小林宏至（二〇二四）『土楼――丸い空の下で暮らす福建客家の民族誌』風響社。

島谷忠義（一九三〇）『支那革命ノ策源地廣東概観』泰山堂書店。

瀬川昌久（一九九三）『客家――華南民族とそのエスニシティ』風響社。

戴國煇（一九八八）『台湾――人間・歴史・心性』（岩波書店）。

森岳陽（清太郎）（一九三八年十月一九日）「嶺南を語る（1）」『東京日々新聞』十月一四日『東京日々新聞』。

デザイン史フォーラム編（二〇〇一）『国際デザイン史――日本の意匠と東西交流』思文閣出版。

鉄道建設協会（一九六七）『日本鉄道請負史　明治篇』。

陳宗萍（二〇一八）『台湾花模様――美しくなつかしい伝統花布の世界』（如月弥生訳）グラフィックス社。

宮崎市定（一九六五）「太平天国の性質について」『史林』第四八巻第二号一八五―二一七頁。

服部宇之吉（一九二六）『支那の国民性と思想』京文社。

中川學（一九七七）「中国客家史研究の新動向」『一橋論叢』第七七巻第四号。

長崎巌監修、弓岡勝美編（二〇〇五）『明治・大正・昭和に見るきもの文様図鑑』平凡社。

山口縣造（一九三〇）「客家と支那革命」『東洋』第三三期十月号。

【年齢と集団】

第四章　大人になるための若者のつながり
――南部エチオピアのボラナ社会における年齢組

田川　玄

一　なぜ年齢を数えるのか

サハラ以南のアフリカ（特に東部および南部アフリカ）では年齢体系が顕著に見られ、社会の生成を考えるうえで**社会人類学**〔↓巻末用語解説〕の研究対象とされてきた。年齢体系とは、性や世代と関連して、儀礼をともない年齢によって人びと（主に男性）を分ける社会制度であり、その区分にはしばしば社会規範や役割が付される。年齢体系には、年齢組、年齢階梯、世代組やそれらを複合した制度があるが、規則や構造ならびに機能は社会によって多様である。年齢組は同年輩者によって構成される集団である。また、年齢階梯とは長幼の序列によって区分された段階であり、人びとは年少から年長へと一定のタイミングで階梯を上昇する。いっぽう、世代組は年齢ではなく父親との系譜的関係によって息子が加入する集団が決まる。アフリカの年齢体系について民族誌的な報告を示すのにあたり、わたしたちの社会における年齢という原理について確認しておきたい。

そもそも年齢とはなんであろうか。わたしたちは誰でも自分の年齢を知っている。小さな子どもに「いくつかな？」と尋ねると、三本の指を立て「みっつ」と答える。もちろん、三歳の子どもが自分の年齢を数えているわけはなく、周囲の大人たちがいくどとなく子どもに年齢を尋ね、そばにいる親が「みっつでしょう」と教えた結果であろう。いっぽう、老人が自分の年齢を忘れたなどと言おうものなら、随分もうろくしたと心配される。この社会において自分の年齢を知らずに生きていくことはできないのである。

それゆえ、わたしたちは人をはかる道具の一つにすぎない年齢と自分の人生を同一視する。それは毎年の誕生日に対する愛着（執着）にも表れていよう。年齢へのこだわりは単に資格を得たり失ったりするといった実利的な問題をこえている。

また、わたしたちは年齢によって他人と自分を関係づける。相手が年下であれば少々偉そうにふるまい、年上であれば丁寧な言葉を使い、同じ年齢であるというだけで、はじめて出会った人物にも何かを共有しているかのように親近感を覚えたりもする。

現在の日本において年齢による秩序づけと組織化の最たるものは、学校制度である。様々な機会に学校のグラウンドで学年別に整列した生徒の姿は、年齢の秩序を目に見える形で示す。ほとんど同じ年齢のものたちがひとつの学年にまとめられ、学年の上下、すなわち先輩と後輩の区別は繰り返し確認される一方、同学年であれば一体感が生まれ、それは「同期生」という言葉でその後も共有されることもある。

このように、わたしたちの社会では年齢によって人生が秩序づけられている。例えば、還暦間近のわたしはいまだに過ぎ去った二〇歳の頃をときには甘酸っぱくときには苦々しく思い出す一方、六五歳という遠くない未来（老後）のことをあれこれ考える。毎年毎年数えられ、自分自身を示す年齢という枠組みに違和感を覚えることはない。

アメリカの社会学者のチュダコフによれば、計測可能性と予測可能性を求める産業化された二〇世紀のアメリカ社会において、年齢は人間活動の合理的な基準として受け入れられ、教育、医学、心理学などの幅広い分野に広がった(1)。年齢は個人の過去を秩序づけ未来を予測するために必要とされ、同時に社会的に人びとを組織する統一的な原理となったのだという。

一般的にわたしたちの社会では、この年齢という基準によって大人と子どもが分けられる。とはいえ、フランスの社会史家フィリップ・アリエスが一七世紀までのヨーロッパには現在自明視されているような子ども期が存在していなかったことを明らかにしたこと(2)は、よく知られている。つまり、大人と子どもの区分は文化的歴史的に構築されたものに過ぎないというのだ。さらに、ニール・ポストマンの著書『子どもはもういない』によれば、アメリカでは一八五〇年から一九五〇年にかけて子ども期の観念はもっとも発展したが、その後テレビを代表とする視覚中心の新しいコミュニケーション技術の発達と普及によって、子どもにも情報が幅広く共有されるようになり、大人と子どもの領域はあいまいになったという(3)。

しかし、たとえ大人と子どもの境界が不明瞭になったとしても、年齢という基準は厳然として運用され続けており揺らぐことはない。例えば、日本では二〇二二年四月に「成年年齢」が民法の変更によって二〇歳から一八歳に引き下げられたが、飲酒、喫煙などのいくつかの行為は従来通り法的には二〇歳まで禁止されている。こうしたダブルスタンダードは自ずとその区分が恣意的であることを示すが、年齢という基準で管理されつづけていることには変わりがない。

いっぽうで、わたしたちが用いる年齢概念にこだわりをみせない社会もある。文化人類学者の増田研が、ケニアで一週間分の新聞の死亡広告欄を調べたところ、生年の記載されているのは一六名中九名のみで、そのうち二名は一九二〇年というきりのよい数字であったというエピソードを記している(4)。生年の未記載は個人の年齢が分からなかったからであり、また、きりのよい数字というのも公的書類を申請する際の当て推量だったのではないかと増田は推測している。わたしの印象でも、人びとは幼児であろうが老人であろうがわざわざ年齢を尋ねることはない。つまり、アフリカでは毎年数えなくてはならない年齢概念は、わたしたちの社会ほど一般的ではないのである。

もちろん、そのようなアフリカ社会にも独自の年齢の原理があり、それによって人びとは社会において秩序づけられる。本章で紹介するのは、東アフリカ地域の**エチオピア**〔↓巻末用語解説〕からケニアにかけて住んでいるボラナ（Borana）という人びとである。ボラナには世代組と階梯の複合した制度があるが、本章ではほとんどのボラナ男性にとって大人と子どもの区分や若者というカテゴリーとして関わる年齢組につい紹介し、わたしたちの社会における年齢概念をとらえなおす機会としてみたい(5)。

二　ボラナという人びと

1　どこにどのように住んでいるのか？

ボラナはエチオピア南部とケニア北部に居住しているが、その多くはエチオピア側に住んでおり、エチオピアでの人口は五〇万人ほどと思われる[6]（図1）。エチオピアにおいて、現在ボラナは政治的にオロモ〔↓巻末用語解説〕という民族の地域社会とされ、その多くはオロミア州ボラナ県に居住している。ボラナの住む地域は標高千から千五百メートル程度の半乾燥地帯である。彼らは数戸から数十戸までのさまざまな大きさの集落を作り、牧畜と農耕で暮らしている（図2）。言語は低地東クシュ語系オロモ語ボラナ方言を話す。伝統的には牧畜が中心的な生業であり、ウシ、ヤギ、ヒツジ、ラクダなどの家畜を飼っているが、近年は頻発する干ばつや人口増加、政府の農業奨励政策などによって牧畜は打撃を受け農耕が不可欠な生業となっている。農耕では主に自家消費のためのトウモロコシ、場所によっては換金作物としてテフや小麦等を栽培する。宗教は、教育を受けた都市部のボラナにプロテスタント系キリスト教が広がっているが、村落地域では伝統宗教が幾分、維持されている。ただし、ケニアやエチオピアのボラナ県南部では村落部でもイスラームが浸透していると聞く。ボラナ社会は父系出自集団から構成されている。父系出自とは人類学用語で父子関係を通じた祖先と子孫の系譜的なつながりを意味し、この原則によって形成されるのが父系出自集団である。父系出自集団は政治的に重要な役割をもつ。

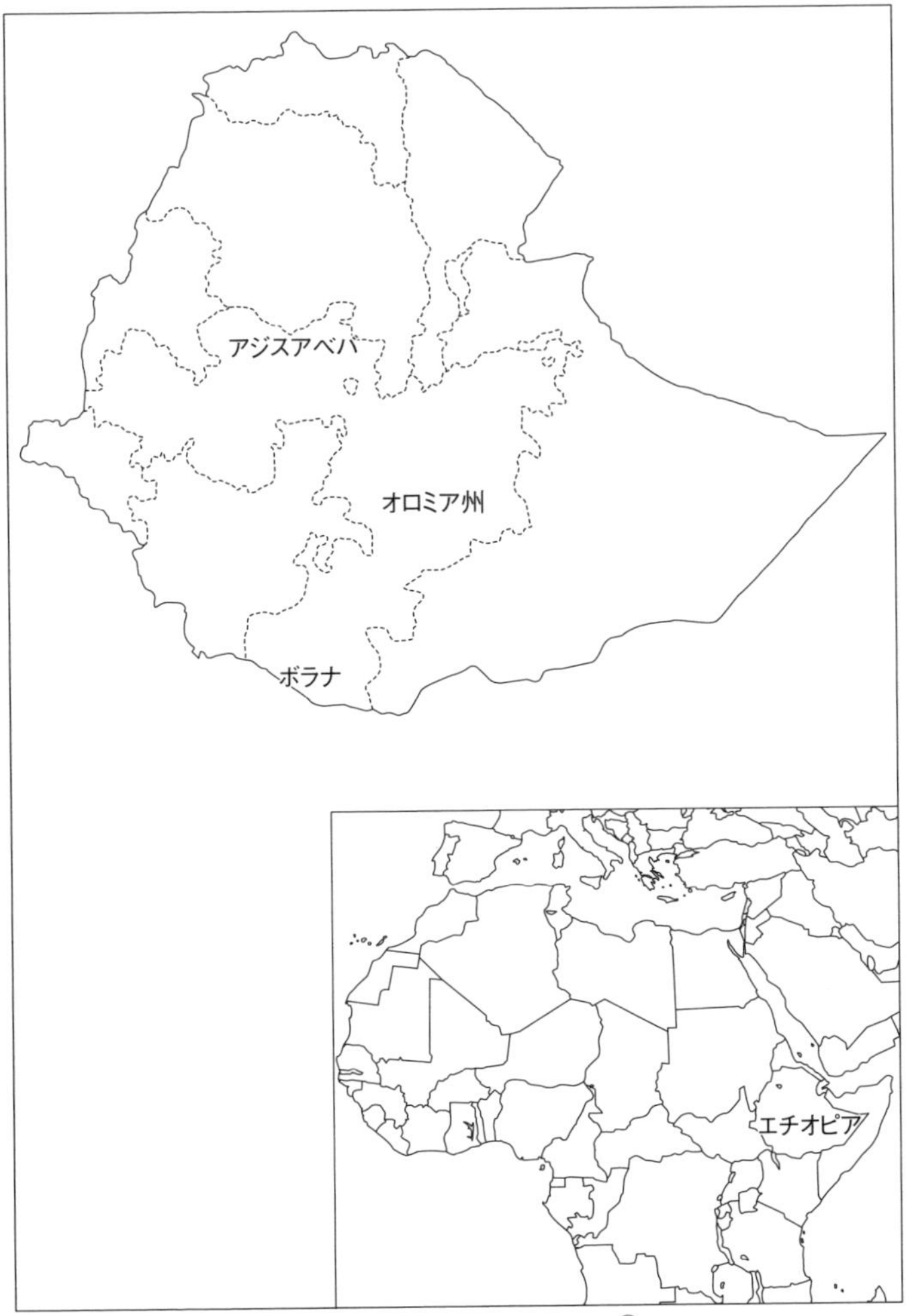

図 1　ボラナの主な居住地域(7)

図2　ボラナの集落（2012年９月10日オロミア州ボラナ県にて筆者撮影）

2　ボラナの暦と年代

一般的にボラナの人びとが自分の年齢を数えることはない。そもそも日常的に年齢を数える必要がない。しかし、ボラナには固有の太陰暦があり、一か月三〇日、一年一二か月を数える。また、この太陰暦とは別に二七日周期の暦があり、暦にしたがって儀礼を行う日取りが決められる。(7)

ボラナは八年間隔で儀礼的政治的なリーダーが交代する。八年の期間はそのリーダーの名前で呼ばれる。例えば、一九九二年から二〇〇〇年はボル・マダという人物がその地位に就いており、この期間は彼の名前にちなみ「ボル・マダの時代」として人びとに認識される。二〇二四年九月現在は「クラ・ジャールソの時代」であり、同年一〇月にリーダーの交代が行われ、その後の八年間は「グッヨ・ボルの時代」となる。ボラナは八年ごとに交代するリーダーの名前で歴史を区分し、その時代に何が起きたのかを語る。(8)

個人について八年間に行われた行事を参照点にいつに生まれたのかが分かれば、年齢を割り出すことができる。しかし、一般的にボラナの年齢は八年毎に組織されるハリヤ（*hariya*）と呼ばれる年齢組によって認識されており、一年毎に数えるわたしたちの年齢原理は用いられない。また、年齢組は男性によってのみ組織され、女性は兄弟や夫の年齢組に関係づけられるだけである。つまり、女性は年齢と直接に関係しない。当の女性を含めて、女性の年齢はほとんど認識されず気にもされない（それではいったい、わたしたちの社会ではどのようなときに女性の年齢を気にするのであろうか）。

さて、本題である年齢組について述べてみよう。(9)

三　ボラナの年齢組

1　仕組み

ボラナの年齢組はハリヤと呼ばれるが、この言葉は同じ年齢組の仲間すなわち同年輩者（age mate）も意味する。ボラナのすべての成人男性は年齢組に所属する。いっぽう、女性は年齢組の正式の成員とはならず、結婚後に自分の夫の年齢組を名乗るがその活動に参加することはない。男性はだいたい一八歳から二六歳に自分たちの年齢組を新たに発足させる。年齢組は八年毎に発足し、年長から年少の年齢組まで発足順に秩序づけられる。

すでに述べたように、ボラナは八年毎に時代を区切りその時代に名前をつけて認識している。どの時代に生まれたのかを知っていれば年齢組の発足準備に参加する時期が分かる。自分の生まれた時代を知らない場合は、幼馴染など身近な仲間を参考にする。個人が年齢組の発足に参加するタイミング

図3　年齢組のモデル

は、身体の成熟度やさまざまな事情によって早めたり遅くしたりすることできる。生年によって厳密に年齢組への参加が決まるわけではないのだ。

年齢組の準備活動は同じ時期に地域ごとに行われる。その活動は必ずしも全ボラナで統一されたものではなく、それぞれの地域で独自に行われ地域間の交流はほとんどないようである。物知りの長老であろうと年齢組の発足準備をしている若者であろうと、自分の地域の年齢組について述べることはあっても、他の地域や年齢組体系の全体像を語ることはほとんどない。

発足時にそれぞれの地域において役職者が任命されるが、ボルボリ（Borbori）という地域で選ばれた役職者の名前がボラナ全体の年齢組の名前になる。さらに、年齢組には「ダンバラ（*dambala*）」と「ワコーラ（*wakoora*）」という二つのカテゴリーがあり、ダンバラの年齢組が発足すれば次にワコーラの年齢組が発足し、ワコーラの年齢組が発足すればその次はダンバラというように、交互にくりかえされる。たとえば、ボルボリ地域でドゥーバという名前の男性がダンバラ組の年齢組の役職者に選ばれると、その年齢組は「ドゥーバのダンバラ組（*dambala* Duuba）」と呼ばれる。その八年後に、新しい年齢組が発足しグッヨという男性がボルボリ地域の役職者に選ばれると「グッヨのワコーラ組（*wakoora* Guyyo）」となる（図3参照）。

年齢組の発足は、新しい社会関係を作り出す。つまり、それまで彼を位置づけてきた出自体系や親族体系とは異なる関係に基づく年齢組によって、ボラナ男性は新しい社会的地位を獲得する。この社会的地位はボラナ共通であり、どこであろうが見知らぬ人との関係を取り結ぶときに相手の年齢組を知ることによって、自分より年少であるか年長なのか、それとも同年輩であるのかを認識することができる。異邦人のわたしもボラナに住めば、年齢組によって位置づけられることになる。ボラナの集落を訪ねたときに彼らはわたしの年齢を尋ね、ボラナのいつの時代に生まれたのかを割り出し、その時代に生まれた人びとの年齢組の名前をわたしに教えてくれた。それ以来、わたしは「ドゥーバのダンバラ組」を名乗るようになった。図3ではD3にあたる年齢組である。三〇年前はこの年齢組は若手であったが、気がつけばすっかり「老人」の域に達している。

また、年齢組の関係は親子関係になぞらえられる。自分の父親と同じ年齢組の男性は、父親に準じて「お父さん」と、その男性の妻は母親に準じ「お母さん」と呼びかける。[10] したがって、自分の父親および自分の息子の年齢組の男女と性関係をもつことは、近親相姦と同様なことと見なされ禁止される。

年齢組の活動期間は二四年であり、常に三つの年齢組だけが活動している。年齢組の中心的な活動は、去勢していない雄ヤギを供犠することであり、会合では雄ヤギの供犠をどのように行うのかを話し合う。年齢組は発足後二四年を経過し、新たに四つ下の年齢組が発足するときに、「引退の雄ヤギ」を供犠して活動を終える。

2　何のためにあるのか？

年齢組はボラナにとってどのような社会集団なのであろうか。ボラナの年齢組はこれまで二つの視点から論じられてきた。一つは戦士として男性を組織する制度と見なすものであり[11]、もう一つは若者を社会化する役割に注目するものである[12]。前者は、他民族との戦争や家畜の略奪において年齢組が動員されると主張する。

東アフリカの他の社会においても、年齢組が軍事的な機能をもつことは指摘されている。文化人類学者の小馬徹によれば、ケニア南西部に居住するキプシギスと呼ばれる人びとのもつ年齢組と年齢階梯の複合体系では、一〇年から二〇年ほどの間隔で新しい年齢組が形成されるが、キプシギスの年齢体系は、若者が「人生の華」である戦士階梯に移行することを渇望し、そこに留まり続けることを望む「軍事組織形成を指向するものだった[13]」。

ボラナにおいても、年齢組の行う儀礼の手順には戦いを連想させるものがある。準備期間の儀礼の一つを紹介しよう。決まった時期に儀礼を行うために、若者たちは小高い丘に集合する。そこでは戦いに際して行われる、偵察を送り敵の動静を探り最後に一気に敵陣に攻め込むという戦いの一連の行動を模倣した儀礼を行う。この儀礼で使われる言葉は実際に戦いでも使われるという。同様の言葉は年齢組の発足後に行われる雄ヤギの供犠においても使われる。これらの儀礼を見ると、年齢組がまるで戦士の集団であるかのような印象をもつかもしれない。

ところが、ボラナの人びとの説明によれば、年齢組は必ずしも戦いを目的として組織される集団ではない。それどころか、彼らは年齢組には何の役割もないと述べ、「子ども」「大人」「老人」というカテゴリーを使い次のように説明する。

年齢組が発足すれば、その成員は「大人」の男性である。「大人」であれば戦いや略奪、狩猟、種ウシや雄ヤギの供犠に参加できる。(14) しかし、たとえ身体的に成熟していたとしても、年齢組の準備段階にある若者は「大人」ではなく、戦いに参加できない。いっぽう、年齢組の活動期間が終わるとその成員たちは「老人」のカテゴリーに入るが、彼らが望む限り戦いに参加できるし、他の儀礼で家畜を供犠することもできる。

こうしたボラナの説明にしたがえば、年齢組は軍事的な役割を負ってはいない。自分の年齢組が発足することは「大人」になることであり、「大人」であることによって社会的に認められる行動に戦いや略奪が含まれているだけなのである。また、先述した軍事的役割をもつケニアのキプシギスの年齢組は、戦士階梯という役割がある年齢階梯との複合体系であることに注意する必要がある。ボラナの年齢組は年齢階梯をともなっていない。

それでは、年齢組は若者に来るべき大人としての規範や役割を習得させるという社会化の機能をもつのであろうか。すでに述べたように年齢組には年齢階梯はともなっていないが、年齢組によって「子ども」「大人」「老人」という区分がなされ、ボラナの男性はそれを経験する。しかし、こうしたカテゴリーは年齢組によってのみ区分されるわけではなく、他の基準によっても「子ども」と「大人」が分けられる。年齢組が発足した後も独身であればその成員の社会的な地位は低く、結婚しても息子がいなければ一人前とはみなされない。ここでいえることは、年齢組の社会的な活動としてボラナが挙げるのは雄ヤギの供犠であり、年齢組の会合の主要な議題は雄ヤギの供犠をいつ、どのように行うかということである。

これまでわたしは発足後の年齢組の活動について述べてきた。しかし、年齢組についてボラナに尋ねると、老人であろうと若者であろうと年齢組の活動というより、むしろ発足のための準備期間にある若者たちの活動について語る。彼らの話を聞いていると、年齢組とはその準備期間にこそ意味があるかのようである。

それでは、年齢組が発足するまでの準備期間にある若者たちは、具体的にどのような活動を行うのであろう。

四　大人になるために仲間になる

1　年齢組が発足するまで

一九九四年にわたしがボラナの集落を訪ねたときのことである。家のなかで砂糖たっぷりのミルクティーをご馳走になっていたとき、戸外が騒がしくなった。どうしたのであろうと思い家の外に出ると、槍を肩に担ぎ白い布をまとい白い半ズボンをはいた若者の一団が集落の入り口で輪になって歌を歌っていた。大勢が低い声でうなるようなハミングをするなか一人ずつが順番に歌を朗唱していた。彼らに近づくと、若者の一人がなにかわたしに向かって叫んだ。その当時のわたしはボラナの言語が分からなかった。集落の訪問に付き添ってくれていたボラナ出身のアディス・アババ大学の学生がにしたがった。「写真は写すな。慣習に反する」といわれたことを教えてくれた。わたしは大人しく彼らのいうことにしたがった。

この一団は、年齢組を結成する準備期間にある「クーチュの子どもたち（*ijoole kuuchu*）」と呼ばれる若者たちであった。彼らは翌年の一九九五年に年齢組を発足させた（図3参照）。八年毎に一つの年齢組が発足すれば、その下の年代の若者は一年後に彼らの年齢組を結成する準備期間に入る。年齢組の準備期間に入った若者たちは、それぞれの地域で年齢組の儀礼を熟知している長老を訪ねて教えを乞う。その教えにしたがい、若者たちは年齢組の役職者の選出と儀礼の遂行について話し合うために会合を開く(15)。

準備期間の若者たちは自分たちの儀礼を行うだけではなく、社会的に重要な役割を果たすことが求められる。ボラナの人生においてもっとも大切な儀礼は長男への名づけである。両親は労力と費用をおしみなくかけて名づけ儀礼を準備し執り行う。このとき儀礼家屋が建設されるが、準備期間の若者たちは儀礼家屋の屋根を草でふく作業を行う。また、儀礼家屋の炉にくべる一本の太い丸太の切り出しも、彼らの大切な仕事である。儀礼では酒やミルクティーがふんだんにふるまわれ、大人から子どもまで男も女もすべての人びとが夜通し歌を歌い楽しむ。儀礼がたけなわの深夜に、名づけられた子どもの母親は、炒った大麦を砂糖とバターであえた特別な食べ物を若者たちに供して、ねぎらう。この食べ物は量が少ないのでときに奪い合いになることもあるが、もてなしに満足すると彼らは母親を称える歌で祝福する。

2　勝手気ままな振舞い

準備期間の若者たちは、しばしば仲間と連れ立って方々の集落に槍を携え出かける。前述のわたしと彼らとの出会いは、彼らのこうした活動においてであった。あれからボラナの集落に長く滞在したわたしは、様々な場所で彼らに出会った。

彼らは白い衣を身にまとい、ダチョウの羽を模倣した草の穂先を頭に挿し、馬の鞭の代わりに穂のついた草を携える。ダチョウの羽や鞭は戦いを連想させるものである。彼らは集落への出入り口であるウシ囲いの門の前で輪になり、低い声で歌を歌う。集落に同年輩の仲間がいればいっしょに歌の輪に加わり、見知らぬ同士のよそよそしさはない。集落の入り口で歌を歌い終わると一斉にウシ囲いから集落の中に入り、家々を訪ねて回る。家人がいれば生乳や酸乳、ミルクティーをご馳走になり、運がよければ食事にありつけることもある。とくに同年輩者の母親は彼らを歓待する。

家の扉が閉まっており誰もいない場合、若者によっては扉を勝手に開け、生乳や酸乳などの食べ物を盗み食いするが、こうした逸脱行為も大目に見られる。かつては扉には鍵はなく紐で縛っていただけなので、簡単に外から開けることができたのだ。彼らはこうした旅を二、三日から数日にわたって続ける。しばしばイニシエーションは試練や困難さを伴うといわれるが、ボラナは彼らの活動を「遊び」に喩える。

こうした活動は、七年間ある準備期間の最後の年にクライマックスを迎える。年齢組を結成するために、すべての若者が同じ日に儀礼地である一つの小高い丘に集結する。彼らは白く短いズボンをはき白い布をまとい、近隣の仲間とともに槍を携えて儀礼地に向かう。道中に他の集落に立ち寄ることは禁じられ、野外で夜を明かす。儀礼地に入る前に彼らは槍を置き衣服を含めて身につけているすべてのものを取り去り、半ズボンと衣を朝露で湿らせ粘土質の土で赤く染める。儀礼地では仲間と一晩中、儀礼歌を歌う。翌日には儀礼地を離れ、彼らは赤く染まった衣服を着て自分の集落に帰る。帰宅は明け方でなくてはならず、だれもその姿を見てはいけない。彼らは用意された水で顔を洗い、家屋の奥にある寝室で七日間の隔離期間を過ごした後、通常の生活に戻る。こうして年齢組が発足する。

しかし、年齢組の名前となっている役職者が仲間とともに猛獣を仕留めなければ、完全な年齢組の発足とはならない。狩りの対象となる猛獣とは象やライオンなどであるが、かつては隣接する敵対民族も殺害の対象であった。この儀礼的殺害が成し遂げられなければ年齢組は解体され、成員はひとつ前の年齢組と次に発足する年齢組に吸収されることになる。ところが、近年エチオピアでは狩りの対象であった大きな野生動物は大きく数を減らしており、狩猟も禁止されている。このため、遠く国境を越え隣国ケニアにまで狩猟にでかけなくてはならず、長い時間を要するようになったという。

また、儀礼の禁忌も守られなくなっている。例えば、二〇一九年の年齢組の発足儀礼を終えた若者たちは、儀礼地から帰路にトラックの荷台に乗せてもらっており、それどころか町の食堂でビールを飲んでいた（気前のよい大人からごちそうになっていたに違いない）。一方、学校教育を受けている若者には年齢組を発足させる準備儀礼に参加しないものもいる。ただし、彼らがいうには、たとえ儀礼に参加せずとも、分け隔てなく年齢組の仲間であるとのことだった。

3　性愛と揉め事

わたしが年齢組の準備期間にある若者たちに仲間内で何をおしゃべりしているのかを尋ねると、笑いながら「女のことだね」と答える。そして、どのように女性にアプローチをするのかを教えてくれる（家を訪ねて煙草をねだるところからはじまるそうだ）。彼らの大きな関心事は若い既婚女性との恋愛すなわち性関係である。ボラナでは男性と未婚女性との性的接近は厳しく戒められるが、既婚女性との恋愛は社会的に容認され、準備期間の若者たちは若い既婚女性にさかんに求愛する。(16) これはボラナの人びとが準備期間の若者たちについて強調することである。ただし、社会的に容認されているとはいえ、夫の目を掠めてこっそりと行う必要があることも付け加えておく（誰と誰が付き合っているのかは、周囲の人びとはみな知っている公然の秘密である）。

また、準備期間の若者たちが強引な求愛を行い、女性が拒否したときなどには揉め事に発展することが多い。その揉め事は、彼女およびその夫と準備期間にある全ての若者たちとのあつれきとなる。たとえば、次のような事例である。

事例一

ある夜、年齢組の準備期間にある若者の一人が、ある女性に求愛した。彼女が拒絶したところ、彼は彼女に土をかけ家屋の扉を放り投げた。彼女は彼の行為を夫に訴えた。この問題について会合が開かれ、賠償として若者が家畜三頭を夫に支払うようにとの裁定が下ったが、彼が謝罪したため二頭の支払いは免除された。そこへ若者の仲間が現れて、残り一頭の賠償を免除してほしいと祝福と祈願を行ったが、夫は拒否した。このため、準備期間の若者たちは彼の家に寄りつかなくなってしまった。準備期間にある若者たちの集団は強い祝福の力をもつ。彼らが寄りつかなければ、その祝福を受けられないことになる。祝福が生きる上でなくてはならないと考えるボラナの人びとにとっては大きな制裁である。この制裁を恐れた夫は彼らと和解したいと長老たちに申し入れた。（一九九五年六月）

事例二

行政区長と年齢組の準備期間にある若者たちとの争いである。発端は、彼らの一人が既婚女性を殴ったことにある。女性が行政区長にその若者を訴え、行政区長は彼を拘束した。若者は年齢組の役職者であるが、行政区長は彼が儀礼に参加することも禁じてしまった。このため、準備期間にある若者たちは集団で行政区長を侮辱した。調停の会合で、ある長老は、若者たちは既婚女性を侮辱してもいいが既婚男性を侮辱するのは慣習からはずれることであり、前代未聞であると述べた。（一九九五年六月）

多くの揉め事は求愛にやってきた若者を拒否し、彼を罵るために年齢組の準備段階にあることを引き合いに出した場合に起こるという。たとえば、「お前の年齢組は何だ、まだ戦いにも行けないくせに……」といったものであるという。こうした罵りは、若者個人だけでなく年齢組の準備段階にある若者全体に対する侮辱として受け止められる。また、特定の個人との揉め事も、逆恨みされ勝手に年齢組全体を罵ったという難癖にすりかわる場合もある。次はそういった例である。

事例三

若い寡婦に準備期間にある若者が性愛関係を迫った。夫の存命中から若者は彼女に迫っており何度も断られていた。今回は夫の服喪期間が明けて間もない頃で、さらに亡夫の父親が死亡しており、彼女は再び彼を拒絶した。また、夫の母親と若者の母方のおじは愛人関係にあり、彼らは同じ親族と見なされていた。逆恨みした若者は、彼に対する拒否の言葉を準備段階にある若者全体への罵倒にすりかえて仲間に訴えた。このことはあっという間に広まり、若者の同年輩者や長老たちが集まり協議したが、若者の非が認められた。(二〇〇一年二月)

このように準備期間にある若者たちは若い既婚女性との揉め事をさかんに起こす。いったん、揉め事が起こると若者たちは一致団結して行動し、大集団でののしる、揉めている相手の家に近づかない、儀礼の参加や家畜の世話を拒否するという制裁を加える。ボラナでは出自集団が経済的政治的な基盤として生活を支えるが、準備期間にある若者たちの紐帯は紛争が起きたときに出自集団のつながりをこえたものとなる。準備期間にある仲間といさかいを起こした女性が兄の妻であったとしても、仲間が集団として彼女の家に近づかないことを決めたのであれば、彼はそれに従わなくてはならない。

こうした行動は準備期間にある若者たち内部への統制ともなる。制裁対象の既婚女性と話をしたり彼女の家に入ったりしたことが発覚すると、制裁破りとして仲間から暴力を振るわれる。こうした揉め事を調停するために地域の長老が呼ばれ、若者たちをとにかくなだめることによって解決が図られる。若者たちは、長老たちが自分たちをだましだましなだめるのだと述べる。
集団内部への統制は禁忌とされる性関係を犯したものへの制裁としても発動される。ボラナでは未婚女性の性交渉は禁止されており、それを犯した男女は忌み嫌われる。未婚女性の性交渉は妊娠という事実によってしばしば明らかになる。未婚女性を妊娠させた男性に対する事実認定と制裁には、年齢組が関わる。これは準備段階にある年齢組だけでなく、発足後の年齢組においても同様である。かつては、妊娠した未婚女性は家族によって隣接民族の男性と結婚させられ、結果としてボラナ社会から放逐された。一方、妊娠させた男は同年輩の仲間とともに戦争や狩猟に行くことや儀礼に参加することを拒否される。つまり、彼は自分の年齢組から完全に排除される。

事例四

未婚女性にすぐ手を出すという男がいた。彼はこれまで数人の未婚女性を妊娠させてきたと噂されていた。女性たちは結婚するという男の言葉を信じ、身を任せたという。その不幸な結果は未婚の妊娠となり、相手を確かめるとことごとくその男であった。しかし、男はそれを否定した。このため、男の年齢組や地域を巻き込んだ問題となった。出自集団や地域の会合さらにはボラナの最終的な法的判断を下すといわれる会合の話し合いは、男が未婚女性を妊娠させた事実はないという合意にいたった。この合意について、ほとんどの人びとが男の裕福な父親が長老たちをことごとく買収した結果であると述べていた。男の年齢組はこの合意に納得せず、男が少女たちを妊娠させたという事実を認定し、年齢組からの男の追放を決めた。

年齢組の準備期間に若者たちは競って恋愛相手を求める。その性愛をめぐる若者の行動は二つに分けられる。一つはトラブルへと発展する可能性を含んだ既婚女性への性的アプローチであり、もう一つは同年輩の仲間内部に向かう未婚女性との性交渉の禁止を犯した成員の排除である。揉め事は年齢組の結びつきを強めるとともに、社会的にその存在を明らかにする。そして、成員が一体感をもつ集団として年齢組が生まれる。

4　年齢組と通過儀礼

年齢組を発足させるための準備期間は、フランスの民族学者ファン・ジェネップが提示した**通過儀礼**（→巻末用語解説）の「分離」「過渡」「統合」という三つの段階のなかの過渡の期間を思い起こさせる。[17]イギリスの人類学者ヴィクター・ターナーは、通過儀礼の三つの局面から過渡期の境界性に注目し、過渡期では日常的な社会規範や社会関係という構造に対して反構造として「非差別的、平等的で、直接かつ具体的であり、また非合理的で実存的な自他関係」が儀礼参加者のあいだで生じることを指摘し、それを「コミュニタス（communitas）」と名づけた。[18]

年齢組を発足させる若者たちは「子ども」から「大人」への過渡期であり、そこにはコミュニタスの関係性が見られる。その奔放な振る舞いは、出自集団や地域の社会関係などの「大人」の規範や家内的領域にある「子ども」の規範からも自由な、「大人」でも「子ども」でもない両義的な状態である。

ボラナの言葉で年齢組の発足を「切る」と表現するように、準備期間といういわば構造の割れ目を作り出すことによって、「子ども」の状態を切り離し「大人」へ移行することができる[19]。この期間がなければボラナでは「子ども」と「大人」の区分も成立せず、男性が年をとることもできないのである。それでは、この期間に築かれた仲間の関係は年齢組が発足した後に、どのようになるのであろう。

五　若者のつながりのその後

年齢組が発足すると、成員の間には結束した活動はほとんど見られなくなる。年齢組の発足後も同じように既婚女性との揉め事は起こるが、その揉め事を解決するために、準備期間にあったように年齢組の成員が一致団結して圧力をかけるということはない。そうした揉め事は年齢組という回路を通すことなく、地域や出自集団の会合によって解決が図られる。それが「大人」のやり方である。

準備期間と同様に彼らの間で維持される行動様式は、冗談関係である。たとえば名づけ儀礼では、夜になると名づけの歌やウシの歌が歌われるが、ときには同年輩の仲間を物笑いにして歌うこともある。とくに相手の体つきや愛人を揶揄する冗談を歌詞に織り込む。また、儀礼にかかわらず日常生活においても同年輩の仲間はからかいの対象となる。しかし、こうした冗談の掛け合いは頻繁に行われるわけではないし、同じ年齢組であっても見知らぬ者同士が冗談を言い合うこともなく、冗談関係の言動は個人的なレベルで行われるにすぎない。

年齢組が集団として行う活動は、雄ヤギの供犠である（図4）。雄ヤギの供犠は前日から準備が始め

図 4　雄ヤギの供犠の後の年齢組の成員。儀礼用の服装をしている。(2018年 8 月29日オロミア州ボラナ県にて筆者撮影)

られる。犠牲にされるヤギを供出する仲間の家で、酒を飲み英雄の歌を歌い夜を明かす。その間、供犠されるヤギは他の人びとの目に触れないように衣の下に隠される。現在は行われることはないが、一つ上の年齢組がヤギを奪いに来ることにも気をつけなくてはならない。明け方になると、歌を歌いながら決められた特別な木のもとへ向かい、そこでヤギの喉を槍で切り裂き供犠する。解体されたヤギの肉は焚き火で焼かれ、その場ですべて食べ尽くされる。肉を集落にもち帰ることは許されず、女性が肉を口にすることもできない。残った骨や肉はすべて焼き尽くし、何も残さないように処分される。

すでに述べたように年齢組の活動期間は二四年であり、三つの年齢組だけが活動する。年齢組は八年毎に誕生する。ひとつの年齢組が結成されると、二十四年前に発足した年齢組の活動は終わりを迎える。年齢組は「引退の雄ヤギ」を供犠することによって形式的な活動を終え、「老人」のカテゴリーへ移行する。

さらにその先はどうなるのであろうか。ボラナの人びとは年齢組を「消え去る」もの、「生まれない」ものであると表現する。これらの言葉は年を重ねるにつれて年齢組の成員が死んでいき、やがては誰もいなくなることを意味している[20]。ある老人が個別の年齢組の最後を話してくれた。

「ひとつの年齢組が発足する（切る）と、（そこに参加しなかった）次に発足する年齢組の仲間は加わることはできない、年齢組というのはこういうものだ。だんだんといなくなってきて、（そして）終わる。私には今、年齢組の仲間はいるかね？　私には今、年齢組の仲間はいない。終わりなんだ。年齢組が続くまでだ。ほれ。終わるんだ。私の年齢組の仲間を探しに探しても、この地区には、私たちの仲間は昔は私とS氏とかDJ氏とか（もう、みんな死んでしまって）、年齢組の仲間は今や私だけ（残った）、この地区には」。（一九九八年八月）[21]

年齢組の成員は死にこの世から消えていく。残った老人はそれを静かに眺める。その老人も彼の年齢組ももういない。

四　年齢を作る行為

わたしたちは、自分の生まれた日から暦にしたがって一年ずつ年をとっていくと考えている。年齢に自分を重ねて年をとることと成長することを同一視するわたしたちは、自然に「子ども」から「大人」になると思っている。

いっぽう、ボラナでは前節で述べたように八年毎に若い男性が年齢組を組織する。年齢組は発足順に年長から年少へと秩序づけられ、自分の年齢組よりも早く発足した年齢組の成員は年長者であり、遅ければ年少者ということになる。同じ年齢組であれば同年輩として仲間意識をもつ。ボラナの年齢は年齢組によって示される。

しかし、同じ時代に生まれたというだけでは男たちには一体感はない。通過儀礼を最後まで成し遂げなければ年齢組は分割されるため、暦にもとづく八年間隔の時代に生まれることと八年間隔の年齢組の形成は、必ずしも一致したものになるとは限らない。ボラナにとっての年齢とは、わたしたちのように生まれたときから当たり前のようにそれぞれの身についているものではなく、彼ら自身によって仲間とともに発足のための儀礼を行い、年齢組として作り出す関係である。

ボラナは、年齢組の発足を「子ども」が「大人」になることであると説明する。さらに、彼らは年齢組の発足を「切る」と表現する。つまり、これは年齢組の形成によって「子ども」であることを切り離し「大人」になることを意味する。切り離すためには、若者たち自身が社会規範や社会関係から自由で逸脱した社会的に何者でもない状態を作り出す必要がある。そして、いったん年齢組が発足してしまえば、それに加わらなかったものたちは区別される。このように、八年間隔で若者たちは切り離されているので年齢組は長幼の順に序列づけられる。

社会の成員である「大人」になるための通過儀礼を行う若者が、これまで説明してきた準備期間にある「クーチュの子どもたち」と呼ばれる若者である。この期間に、彼らは自発的に集まり儀礼を行い、役職者を選び、仲間の名誉をまもり、既婚女性と恋愛をし、揉め事を起こす。日常的な他の社会関係や規範から自由であるこの期間に行動をともにする仲間には、ヴィクター・ターナーがコミュニタスと呼ぶような紐帯が生まれる(22)。

ところが、年齢組が発足して「大人」となると様子は一変する。年齢組の成員の起こした揉め事に年齢組の紐帯が使われることはほとんどなく、むしろ出自集団のつながりによって調停が図られるなど、「大人」のやり方が適用される。年齢組は、地域や出自集団の紐帯のように継続的に人びとの生活に深く関わることはない。「大人」である年齢組の成員のつながりは、雄ヤギの供犠や性関係や冗談関係によって示されることはあるが、社会的に目立ったものとはならない。

このように、ボラナにおける年齢のつながりは年齢組という集団を確立する準備段階においてもっとも強く現れるが、集団として年齢組が正式に発足すると他の強力な社会関係のなかに埋没してしまい長幼を認識する枠組みに留まる。したがって、年齢組について尋ねると、ボラナの人びとは発足後ではなく準備段階の活動が話題の中心になる。

わたしは、これまで年齢組がどのように発足し消えていくのかを述べてきた。それは、土着の年齢原理をもとに人びとがどのように集団を作り、成員の死とともに集団が消え去る様子を示したかったからではなく、ボラナにおいて年齢組が年齢を作り出している、あるいは年齢組が年齢そのものであることを明らかにしたかったためである。

わたしたちはすべての人が生まれたときから年齢を数えはじめ、年齢を自分と切り離せないものとして扱っている。年をとることは自分の人生そのものであり、年とともに「子ども」から「大人」へと移行し、死ねば年齢は数えられなくなる。個人が生きている限りにおいてのみ、年齢は数えられる。
いっぽう、ボラナにとっての年齢は、すべての個人に属するものではなく、「大人」になるために仲間とともに作り上げる年齢組のことを指す。準備段階において「子ども」を切り離し、年齢組という男性の結びつきを作り出すことによって彼らは年をとることができる。年少男性の年齢組が発足すれば、年長の年齢組は「老人」のカテゴリーへ押し出されるようにして到達する。やがて、仲間が死んでいき年齢組の絆がひとつひとつ失われていく姿を眺めながら、自分の年齢の終わりの近いことを知る。しまいには年齢組の成員のすべてが消え去るが、脱け殻となった年齢組の名前はボラナ社会に歴史として記憶される。これがボラナの年齢である。

用語
エチオピア　オロモ　通過儀礼　社会人類学

註

（1）チュダコフ（一九九四）。
（2）アリエス（一九八〇）。
（3）ポストマン（二〇〇一）。
（4）増田研（二〇一六）。
（5）ボラナの世代組と階梯の複合体系は、ガダ体系と呼ばれる。八年ごとに発足する世代組が階梯を時間の経過とともに上昇していく。世代組が中心的な階梯にある八年間、その世代組の最高リーダーが「ガダの父（abba gadaa）」として、ボラナ全体の安寧に政治的儀礼的な責任をもつ。ガダ体系はかつてオロモの他の地域社会でも見られた。なお、ガダ体系はオロモの伝統的民主制度として称揚され、ユネスコの無形文化遺産となっている。

（6）エチオピアの人口センサスではボラナとして数えられないので正確な数値は不明である。

（7）地図に示してある点線は一九九一年から二〇一八年までの州境を示している。二〇一九年以降に新しい州が誕生している。

（8）Asmarom Legesse（1973）.

（9）Asmarom Legesse（1973）.

（10）本章におけるボラナの年齢組についての民族誌的な記述およびその考察は、田川（二〇〇七）を一部加筆修正したものである。

（11）「お父さん」「お母さん」という呼称を用いるだけで、儀礼的な義務はない。

（12）Asmarom Legesse（1973）.

（13）Baxter（1979）.

（14）小馬（一九九一）。

（15）近年は準備期間にある若者も戦いに参加する。

（16）準備期間に入る儀礼には、チョコルサという草を結ぶ儀礼がある。その他の詳細については、Ton Leus（2006）を参照のこと。

（17）田川（二〇〇九）。

（18）ファン・ジェネップ（一九七六）。

（19）ターナー（一九八一）、二六八頁。

(20) リーチ（一九八一）。
(21) 田川（二〇〇一）。
(22) 田川（二〇〇一）。
(23) ターナー（一九七六）。

参考文献

アリエス、フィリップ（一九八〇）『〈子供〉の誕生――アンシァン・レジーム期の子供と家族生活（*L'Enfant et la Vie familiale sous l'Ancien Regime*）』（杉山光信、杉山恵美子訳）みすず書房。

小馬徹（一九九二）「「知恵」と「謎々」――キプシギス文化の大人と子供」『社会人類学年報』一七、東京都立大学社会人類学会。

ファン・ヘネップ、アルノルド（一九七七）『通過儀礼（*Les Rites de Passage*）』（綾部恒雄・祐子訳）、弘文堂。

田川玄（二〇〇一）「「生れる」世代組と「消える」年齢組――南エチオピアのオロモ語系社会ボラナの二つの年齢体系」『民族学研究』第六六巻二号。

――（二〇〇七）「年齢組のパラドックス――エチオピア南部オロモ語系ボラナの年齢組の生成過程」福井勝義編『抵抗と紛争の史的アプローチ――エチオピア　国民国家の形成過程における集団の生存戦略』京都大学大学院人間・環境学研究科。

――（二〇〇九）「男が戦いに行くように女は愛人をもつ――南部エチオピアの父系社会ボラナの結婚と婚外のセックス」奥野克巳・椎野若菜・竹ノ下祐二編『セックスの人類学』春風社。

ターナー、ヴィクター（一九八一）『象徴と社会（Dramas, Fields, and Metaphors: Symbolic Action in Human Society）』（梶原景昭訳）、紀伊国屋書店。

チュダコフ、ハワード・P.（一九九四）『年齢意識の社会学（How Old Are You? Age Consciousness in

American Culture)』（工藤政司、藤田永祐訳）法政大学出版局。
ポストマン、ニール（二〇〇一）『子どもはもういない（The Disappearance of Childhood）』改訂版（小柴一訳）新樹社。
増田研（二〇一六）「〈老いの力〉の未来を左右する少子高齢化」田川玄、慶田勝彦、花渕馨也編『アフリカの老人——老いの制度と力をめぐる民族誌』九州大学出版。
リーチ、エドマンド（一九八一）『文化とコミュニケーション——構造人類学入門（*Culture and Communication: The Logic by which Symbols Are Connected. An Introduction to the Use of Structuralist Analysis in Social Anthropology*）』（青木保・宮坂敬造訳）、紀伊國屋書店.
Baxter, P.T.W.（1979）. "Boran Age-sets and Warfare," in（D.Turton and K. Fukui,eds.）, *Warfare among East African Herders. Senri Ethnological Studies* 3,（pp.69-96）. Osaka: National Museum of Ethnology.
Legesse, A.（1973）. *Gada: Three Approaches to the Study of African Society*. New York: Free Press.
Leus, Ton（2006）. *Aadaa Boraanaa: A Dictionary of Borana Culture*. Addis Ababa: Shama Nooks.

【公文書管理】

第五章　近代スペイン領アメリカにおける公証人の文書管理と植民地支配

——ホセ・フェブレーロの『公証人の本棚』の影響を中心に

吉江貴文

一　スペインによる植民地支配と文書ネットワーク

一四九二年、スペインのカトリック両王（イサベル女王とフェルナンド王）の命を受けたクリストバル・コロン（コロンブス）はアンダルシア西部の港町パロスを八月三日に出港し、二か月あまりをかけて大西洋を横断した後、同年一〇月一二日、カリブ海のグアナハニ島（現バハマ諸島ウォトリング）に到着する。翌々年（一四九四年）のトルデシーリャス条約によるポルトガルとの海外領土分割協定の締結を経たスペインは、一六世紀以降、アメリカ大陸からアジアに至る広大な領域を支配下に治める世界帝国を構成することになる。いわゆる、スペイン帝国の成立である。

近代以降、海外領土を拡張していったスペイン帝国における植民地支配の原理は、かつてアンヘル・ラマが「文字化された都市（Lettered City）」という表現を用いて示したように、**文書主義**（↓巻末用語解説〉の優越というイデオロギーによって統べられるものであった。スペイン帝国の統治機構においては、二つの大洋を跨いで大陸間を接続する壮大な文書ネットワークが縦横に張り巡らされ、そうしたネットワークの網の目に沿って植民地経営の実務を支えるヒトやモノ、情報の流れが構造化されることで、近代ヨーロッパ史上、類をみない規模の世界帝国を支える統治機構が整備されていった。[1] そして、そうしたグローバルな文書ネットワークの機能を実務面で下支えしたのが、スペインおよびスペイン領アメリカの行政司法領域において公文書管理の業務を一手に任されていた公証人という存在であった。

現代のスペインおよびラテンアメリカでは、**公証人**〔↓巻末用語解説〉というのは「ノタリオ(notario)」と呼ばれており、おもに私人間の契約行為〈遺言、売買、贈与、賃貸借、代理人契約など〉の公的認証や登記を遂行し、その法的効力を証明するための公証証書の作成・発行を請け負う公職者として位置づけられている。[2] いっぽう、本稿で取り上げる一九世紀以前のスペインおよびスペイン領アメリカの公証人は「エスクリバーノ(escribano)」と呼ばれており、現代のノタリオのルーツとなる存在ではあるものの、それよりも遥かに広い範囲の公的文書を扱う権限を有し、社会的にもより重要な役割を果たす存在であった。

具体的に一九世紀以前の公証人が公的認証権限を有していた文書の領域は、大きく三つに分けられる。一つは現代のノタリオと同じく、私人間の契約行為に関わる認証権限である。二つ目は行政活動に関する法的行為の事実証明、そして三つめが裁判に関する諸手続の公的認証である。[3]

まず一つ目の「私人間の契約行為に関わる認証権限」というのは、先ほども述べたような売買や贈与、賃貸借といった二者以上の当事者間で行われる各種契約や遺言などの法的認証権限を指している。それらの行為を公証人の面前で交わし、その内容を公正証書として記録することによって、裁判を通して判決を受けた場合と同等の効力を当該行為に付与することができるのである。現代のノタリオが作成する公正証書の大半はこの範疇に属している。

二つ目の「行政活動に関する法的行為の事実証明」というのは、平たくいえば、スペイン帝国の行政機関で発行されるあらゆる類いの公文書の作成・認証・保管の権限を指す。例えば、スペイン帝国の権力の頂点に君臨したのは、言うまでもなく歴代のスペイン国王だが、その国王が口頭で発するさまざまなレベルの命令（勅令、王令、政令、裁決など）を記録し、正式な法令として文書化する役割を担ったのが公証人である。ちなみにスペイン旧体制下では、現在の立法府のような独立した審級は設けられていなかったので、国王の発する命令、すなわちスペイン帝国の「法」として機能していた。さらにスペイン本国のさまざまな官僚機構（カスティーリャ会議、インディアス会議、通商院など）や、スペイン領アメリカにおいて植民地経営の実務を担った行政機関（副王、聴訴院、代官所、群奉行、市参事会など）で作成される政務記録や議会議事録、さらにはそうした諸機関の発する命令や通達などの文書もすべて公証人の手になるものであった。

三つ目の「裁判に関する諸手続の公的認証」というのは、文字通り、スペイン本国およびスペイン領アメリカで行われる裁判および、それに関連する司法手続に伴うあらゆる書類の作成・認証・保管の権限を指している。スペイン旧体制下（一九世紀以前）では司法府と立法府の機能が明確に区別されていなかったので、先ほどあげた聴訴院、代官所、郡奉行などの機関はそのままスペイン領アメリカにおける最高裁判所および下級裁判所の役割を果たしていた。そうした諸機関で作成される裁判記録（原告・被告の訴状、宣誓証言記録、判決など）や司法手続に関する書類（召喚令状、差止命令、各種通達、添付書類の申請など）の作成・発給・保管・廃棄を遂行したが公証人であった。さらに当時の司法制度では、訴訟当事者に司法手続や審理の進行、法規定について説明するなどの案内役、さらには証人尋問の実施や記録作成など、裁判の開始から判決に至るまでの実務的なプロセスのほとんどを公証人が担当していた。[4] そうした意味では、スペインおよびスペイン領アメリカの市民生活や行政司法制度の根幹に関わる幅広い領域において、公文書管理という社会の基盤を支えていたのが公証人だといえるだろう。実際、現在のスペインおよびラテンアメリカ諸国の歴史文書館に残されている文書記録のほとんどは、先述のような機関から任命された公証人が作成した文書群で構成されており、書類の末尾には作成者である公証人の署名や印が付されている。

一方において、社会的地位という点から見た場合、公証人の序列は決して高いものではなかった。公証人の正式な身分は、先述のような書類の作成・登記というサービスにたいして嘱託人（もしくは諸機関）から直接支払われる報酬をもとに身を立てる「自由職業者」というものであった。したがって、大学で法学の学位を取得し、スペイン帝国の官僚機構の中枢を担う「文官（letrado）」と呼ばれる高級官僚層とは明確に区分される存在であり、その地位はあくまで行政司法組織の末端において文書管理の実務を担う専門職という立場に留まるものであった。

だとするならば、なぜ市民生活や行政司法制度の根幹を支える公文書管理という重要な役割を、「自由職業者」にすぎない公証人が一手に引き受けることができたのだろうか。その謎を読み解く鍵を握るのが、公証人の作成する文書の力の源となる「**公証力**（publica fides）」〔→巻末用語解説〕という概念である。中世以降のヨーロッパ社会において、公証人の筆になる文書には「公証力（公的な信用）」が宿るがゆえに法的効力を有する、といわれてきた[5]。この「公証力」とはいかなるものかを理解するためには、中世後期の南ヨーロッパ社会、とくに一二・一三世紀のイタリアでおこった法学論争とローマ法再興の歴史に時間を遡る必要がある。

二　中世イタリアにおける法学理論と公証力

現代の公証人制度は、中世の地中海世界、とりわけ一二世紀イタリアにおいて編み出され、その後ヨーロッパ各地に普及していったとされている[6]。一二世紀当時、地中海交易の発達を背景として急速な商業経済の成長をみていたイタリアの諸都市では、活発化する交易活動の後ろ盾となるような新たな法制度の確立と、その土台をなす信頼性の高い文書記録の必要性が叫ばれるようになっていた。ユスティニアヌス帝の時代（六世紀）以来、古代ローマ法の文化伝統を継承するイタリアの法制度において、契約行為の法的効力を担保する最も信頼できる証拠は、契約を交わした当事者同士の直接的な「合意」であり、証人の証言や、裁判官の立ち会いのもとで作成された文書記録がそれに準ずる効力をもつ証拠とされてきた。しかしながら、いずれも契約関係がこじれて訴訟などになった場合に証明に時間がかかりすぎ、急速に膨張する都市経済を支えるうえで足枷となりかねない問題として浮上しつつあったからである。

いっぽう、同じ時代にヨーロッパ最古の大学のひとつであるボローニャ大学を中心に展開されていた法学論争において、焦点のひとつとなったのが、さまざまな証拠の本質とその序列をめぐる問題、いわゆる「証拠の等級」問題である。[7] とりわけ、ローマ法の再興をめざす註釈学派の法学者らが試みたのが、書面による証拠の法的効力をめぐる再定式化であった。なかでも註釈学派を代表する論客であったロゲリウスは、公的な権限をもたない私人が個人的な目的で書いた「私文書」と、公証人のような「公人の手（manus publica）」で書かれた文書との違いを明確に区分したうえで、書面による証拠の効力について新たな見解を打ち出した。[8]

具体的にロゲリウスは、後者の「公人の手」で書かれた文書について、「公的な信用（publica fides）」を有するものの筆になる書であるがゆえに、公的な権威を帯びた「公文書（scriptura publica）」として捉えられると述べたうえで、公証人の作成した文書については、裁判官の承認を経なくても公的な証明能力を認めることのできる「公正証書（Instrumentum publicum）」に位置づけられるとして、書面による証拠の効力について新たな解釈を提示した。その際、「公人の手」や「公的な信用（＝公証力）」の源泉となる「公け」とは、教皇権と王権という中世キリスト教世界の秩序の中心をなす二つの上級権力に（半ば虚構ではあるが）由来するとした。[9]

このようなロゲリウスの解釈にしたがえば、公証人の手になる文書は、王権や教皇権といった都市領域を超えて機能する高次の権威に（少なくとも理論的には）支えられているがゆえに、「公け」の力を後ろ盾とした「公証力」を有する証拠として普遍的に認められることになる。[10] そのようにして公証人の作成する文書と「公的な権威」の理念的つながりが法律上裏付けられたことで、一二世紀以降、公証人の手になる文書（＝公正証書）は、裁判官の立ち会いを経なくても判決文と同等の挙証力を認められる（＝強制執行認諾）、最も強力な証拠のひとつとして位置づけられるようになっていく。同時に公証人自身も、個人の人格を超え、公的信用をその一身に宿した公共の秩序を体現する「公人」としての地位を獲得するようになる。[11]その帰結として、公証人の筆になる「公正証書」の対象は、当初ロゲリウスが想定していたような契約行為の範疇をはるかに超え、公的な認証を求められるあらゆるジャンルの文書群へと拡がっていくのである。前節で述べたような「行政活動に関する法的行為の事実証明」から「裁判に関する諸手続の公的認証」を含む、幅広い範囲の「公文書」の作成・発給を公証人が担うようになったのも、そうした文書の法的効力をめぐる新たな解釈に由来するものといえる。

さらに一三世紀になると、ボローニャの有力な公証人ロランディーノ・パッサッジェリによって公証人の作成する公正証書の構成要件が具体的に定式化されていく。彼によれば、公正証書が法的効力を得るためには「取引の内容（negocii tenor）」と「公的表示（publicationes）」という二つの要素で構成される必要がある。ここでいう「取引の内容」とは、文字通り「売買、賃貸借、贈与など、契約の当事者間で合意がなされ、取り決められた契約や、それを証明する証言」を指す。いっぽう、「公的表示」とは「文書を公けのものとし、その内容に真正性を付与する要素」であり、具体的には公正証書の外面を特徴付ける「形式性」、すなわち公正証書を構成する「書式」を指すものとされる。[12]この「取引の内容」と「公的表示」の二つの要素が正しく組み合わさることによって、公正証書は私文書やその他の文書と一線を画すような公的権威を帯びることができるのである。

このようなパッサッジェリの定める公正詔書の構成要件のなかで、とくに興味深いのが後者の「公的表示」である。彼によれば、公証人の作成する公正証書が法的な効力を得るためには、嘱託人の意思や証人の証言といった「取引の内容」をそのまま文書に記録しただけでは不十分である。それに加えて、「文書を公けのものとし、その内容に真正性を付与する要素」、つまりは正確な法律の知識に基づいた正しい言語表現を「取引の内容」に纏わせ、公正証書にふさわしい「形式性」を身につけさせることによって初めて、公正証書はその本領たる「公証力」を発揮することができるのである。実際、一二世紀以降の公証人の役割は、口頭契約をそのまま文書に記録した古代ローマの職業的書記（タベッリオ）や代書屋などとは一線を画すものであった。パッサッジェッリのいうように、中世公証人の本質は「取引の内容」に「公的表示」という法的言語を纏わせることで、嘱託人の意思や生の証言といった具体的な事象を法文の雛形や書式に象られた抽象的な概念に変換し、事実としての行為や出来事を公けの信用に裏付けられた「法的真実」へと昇華させる役割にこそ宿っていたといえる[13]。その意味で「法という鋳型から真実を成型する錬金術師」というバーンズの公証人に対する形容は的を射たものである[14]。

ここまで述べたきたような「公証力」や「公正証書」といった概念は、いずれも中世イタリア法学の編み出した「法的フィクション」である[15]。だが、フィクションであるからこそ、時代や文化の違いを乗り越え、近代以降、ヨーロッパやラテンアメリカへと広く継承される法文化伝統の礎となることができたのではないだろうか。

そして、そうした法的フィクションに彩られた中世イタリアの公証人制度を、最初にスペイン（カスティーリャ王国）の法世界に導入する役割を果たしたのが、スペイン史上初の成文法として知られる『七部法典』である。『七部法典』は「賢王」アルフォンソ一〇世が、カスティーリャ王国の「法的統一による政治的統一」を目指して法学者たちに編纂を命じ、一二六五年に完成したとされる法典である。その第三部一九章において、公証人に関する法規定が扱われている。その中では、例えば、公証人が「単なる書記」ではなく、「国王により任命された、法の定める公職者である」ことや、公証人の手になる文書が「法的効力を有する公正証書である」ことなどが明記されており、先述のようなイタリア法学の編み出した公証人制度の骨格がそのまま踏襲されている[16]。実は『七部法典』の編纂を担当したスペイン人法学者の多くは、ボローニャ大学の法学部で学んだ学徒たちであり、先ほど述べたような註釈学派の法学理論やパッサジェッリの公証論にも深く通暁していた[17]。そうした知見にもとづいて当時最先端の法学理論に裏付けられた公証人制度をスペイン初の成文法である『七部法典』に盛り込んだのである。こうして一二世紀のイタリア法学に生を得た公証人制度は、中世スペインの法世界に継承され、スペイン帝国による植民地支配の一端を担う文書的統治の技術として、一六世紀以降、スペイン領アメリカに移植されていくのである。

三　スペインにおける公証人マニュアルと『公証人の本棚』

前節で述べたように、公証人の手になる文書には公的信用がともなうゆえに、その職務を遂行するためには、後ろ盾となる正確な法の知識と秀でた文書作成の技を身につけることが不可欠となった。そうした公証人の職能の土台をなす知識や技術の総体は中世以来、「公証技能（ars notaiae）」と呼ばれてきた[18]。公証技能の基本は、通常、現場で実地に身につけるものとされており、師から弟子への（時には一〇年にも及ぶような）徒弟修行や、証書の書写訓練などを通して実践的に習得されていった[19]。その際、とりわけ証書作成の実務において、公証人たちが頼りにしたのが、スペイン語で「フォルムラリオ（formulario）」と呼ばれる実用的なマニュアル本の類いである。

「フォルムラリオ」という名称は、もともと「書式」や「定型句」を表すスペイン語の名詞「フォルムラ（fórmula）」から来ており、特定の都市や地域で使われる証書の雛形や文例を集めた書式集を指す用語として中世以来用いられてきた。いっぽう、一六世紀以降のスペインでは、六節で詳述するように、公証人をはじめ、司法関連の実務に携わる専門職の人々（判事、弁護士、訴訟手続き代理人など）に向けて書かれた実用的な業務マニュアルや法律概説書、書式集の類いを幅広く総称して「フォルムラリオ」と呼ぶようになっていった。そこで本稿では後者の用法にならい、「フォルムラリオ」の訳として「**公証人マニュアル**〔↓巻末用語解説〕」の語を当てることにする。

スペインにおける公証人マニュアルの歴史は、前節で述べた『七部法典』の時代にまで遡ることができる[20]。ただ、スペイン帝国による植民地化に伴い、スペイン領アメリカに公証人制度が移植されていった一六世紀以降、公証技能の伝承や公証人の業務遂行における公証人マニュアルの役割は、いっそう高まるようになったとされている[21]。実際、一六世紀以降のスペインおよびスペイン領アメリカでは、それ以前とは比べものにならないほど数多くの公証人マニュアルが印刷・出版されている。筆者が調べた限りでは、一六世紀から一九世紀にかけてスペインおよびスペイン領アメリカで出版された公証人マニュアルのタイトル数は、八〇点を下ることはない。さらにそれぞれのタイトルが、少なくとも数百部は印刷されたであろうという活版印刷術の複製力を考慮に入れると、当時のスペインおよびスペイン領アメリカにおいて、どれほど多くの公証人マニュアルが流通していたのかは想像に難くない。いっぽうで、そうした公証人マニュアルについてもうひとつ注目されるのは、それらが印刷・出版された都市のほとんどが、サラマンカ、トレド、バリャドリード、アルカラ・デ・エナーレス、マドリードといったスペインの主要都市で占められていた、という事実である。一八世紀以前にスペイン領アメリカで印刷・出版された公証人マニュアルは、一六〇五年にメキシコで出版されたイーロロ・イ・カラールの『証書の作法』をはじめ、数点を数えるに過ぎない。

そうした公証人マニュアルの出版状況をめぐるスペイン本国とスペイン領アメリカの非対称的な関係を踏まえたとき、容易に想像しうるのは、スペインの公証人制度をモデルに執筆・出版されたマニュアル書を手本として、公証人業務の基本的なノウハウを習得し、日常的な文書作成業務にいそしむスペイン領アメリカの公証人たち、という非対称的な図式である。それは、言い換えれば、スペイン本国とスペイン領アメリカを隔てる植民地支配の不均衡な力関係を、日々の文書作成業務を通して恒常的に再生産・強化し続けるような模倣と反復のメカニズムと捉えなおすことができるかもしれない。

では、実際に植民地支配下におかれたスペイン領アメリカにおいて、公証人マニュアルはどのような役割を果たしていたのだろうか。その実態を探る手がかりのひとつとして本稿で取り上げるのが、一七六九年にスペインの首都マドリードで出版された『公証人の本棚』という公証人マニュアルである。同書は一六世紀以降にスペインで出版された公証人マニュアルの中でも、とりわけ著名な作品のひとつとして知られている。次節以降では、同書に焦点を当てながら、公文書管理をめぐるスペイン本国とスペイン領アメリカとの歴史的関係について考えていく。

四　ホセ・フェブレーロと『公証人の本棚』

『公証人の本棚』の正式なタイトルは、『公証人の本棚、および初学者のための理論的、実践的な法学指南』というものである（図1）[22]。作者の名は**ホセ・フェブレーロ**・ベルムデス・イ・オソリオ（Joseph Febrero Bermúdez y Osorio）〔→巻末用語解説〕といい、一八世紀後半にマドリードで国王公証人を務めた人物である。

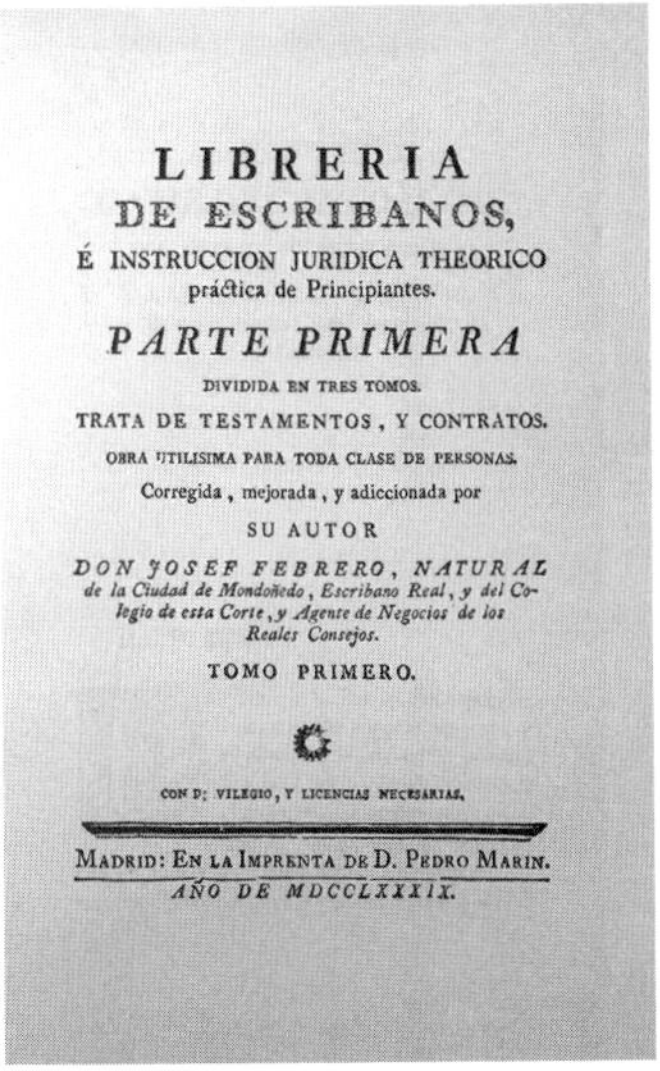
LIBRERIA
DE ESCRIBANOS,
É INSTRUCCION JURIDICA THEORICO
prá&tica de Principiantes.
PARTE PRIMERA
DIVIDIDA EN TRES TOMOS.
TRATA DE TESTAMENTOS, Y CONTRATOS.
OBRA UTILISIMA PARA TODA CLASE DE PERSONAS.
Corregida, mejorada, y adiccionada por
SU AUTOR
DON JOSEF FEBRERO, NATURAL
de la Ciudad de Mondoñedo, Escribano Real, y del Colegio de esta Corte, y Agente de Negocios de los Reales Consejos.
TOMO PRIMERO.
CON PRIVILEGIO, Y LICENCIAS NECESARIAS.
MADRID: EN LA IMPRENTA DE D. PEDRO MARIN.
AÑO DE MDCCLXXXIX.

図1　『公証人の本棚』の表紙

ホセ・フェブレーロは一七三三年にスペイン北西部の街モンドニェード（現在のガリシア州ルーゴ県）で、父ホセ・アントニオ・フェブレーロ・ベルムデス、母マリア・デ・ラ・カレーラのもとに生まれた。幼い頃に両親を亡くしたフェブレーロは、母方の叔父であるファン・ベルムデスに引き取られ、モンドニェード神学校でラテン語を学んでいる。その後、代父にしてスペイン国王最高議会の審議官でもあったカンポマネス伯爵に仕えるため、マドリードに移り住み、同議会の交渉担当役を二年間務めた後、一七五七年、二四歳の時にマドリード市の国王公証人の資格を取得する。以後、一七九〇年に五七歳で亡くなるまでマドリードで国王公証人として働いている(23)。

三三年にわたるマドリードでの公証人としての現役生活においては、とくにめぼしい実績は残していない。彼が残した公証人としての足跡は、現在マドリードの公証史料館に保管されている九冊の公証人帳簿のみである。三三年もの長きにわたって業務に携わった成果としてはかなり少ない部類に属する。おそらく、現役の公証人としての活動は生計を立てるための最低限の範囲にとどめ、残りの時間の多くを後世、彼の名を知らしめることになる公証人マニュアルの準備に注いだのではないかと考えられる(24)。そうした努力の結晶として、一七六九年、フェブレーロが三六歳の時に出版されたのが、『公証人の本棚』である。

『公証人の本棚』は、二部七巻三六章で構成されており、全巻のページ数をあわせると三七〇〇ページにも及ぶ大著である(表1)。そのため、初版の刊行は二期に分けられている。まず一七六九年に一巻から三巻までを含む第一部が出版されたあと、一二年後の一七八一年に第四巻から七巻までを含む第二部が出版されている(表2)。各巻で扱われている内容としては、一巻から三巻に分けられた第一部では主に遺言や贈与、売却、代理権といった私人間の契約行為に関わるさまざまな法的手続、四巻から七巻で構成される第二部では、財産分割や遺産相続に関わる法的行為と民事裁判に関する訴訟手続が扱われてている。また、最終第七巻の末尾には全巻を網羅するアルファベット順索引が付されている。

表1　『公証人の本棚』の全体構成

部	巻	内容
第一部	第一巻	1．遺言 2．持参財 3．贈与
第一部	第二巻	4．融資 5．特別賃貸 6．賃貸 7．売却
第一部	第三巻	8．長子相続 9．会社組織 10．取引 11．代理権 12．養子縁組 13．免罪 14．受諾 15．申し立て 16．終わりに
第二部	第四巻	1．財産目録 2．分割 3．控除 4．財産分割法 5．自由財分割 6．手付金 7．用益権
第二部	第五巻	1．財産分割の方法 2．遺言人の財産分割 3．財産の持ち戻し 4．遺言書外の相続 5．複数回の婚姻 6．遺贈について 7．自由財相続 8．遺言人資産分割 9．分割異議申立 10．財産目録作成
第二部	第六巻	1．民事裁判 2．民事執行手続
第二部	第七巻	3．破産人裁判 アルファベット順索引

『公証人の本棚』は、スペインにおける公証人マニュアルの歴史において、最も大きな商業的成功を収めた作品のひとつに数えられている。その影響範囲はスペインのみに留まらず、スペイン領アメリカはもちろん、フランス、ベルギーといったヨーロッパ諸国にも及んでいる。[25]『公証人の本棚』には、フェブレーロ自身が執筆したオリジナル版だけでなく、さまざまな作者による改訂・増補版が複数存在する。それらを年代別にリスト化したのが表二である。一七六九年に初版が出された『公証人の本棚』は、一七九〇年にフェブレーロが亡くなるまでに、自身の手になる改訂版が三版まで出されている。その後、一八〇一年から一八五〇年代までの五〇年間に、四人の異なる

表2　『公証人の本棚』のバージョン

<table>
<tr><th colspan="4">スペイン</th></tr>
<tr><th>著　者</th><th>出版年</th><th>タ　イ　ト　ル</th><th>備　考</th></tr>
<tr><td rowspan="9">ホセ・フェブレーロ</td><td>1769</td><td>公証人の書棚、および初学者のための理論的、実践的な司法指南（第一部）</td><td>第一部の初版</td></tr>
<tr><td>1775</td><td>同</td><td>第一部の二版</td></tr>
<tr><td>1779</td><td>同</td><td>第一部の三版</td></tr>
<tr><td>1781</td><td>公証人の書棚、および初学者のための理論的、実践的な司法指南（第二部）</td><td>第二部の初版</td></tr>
<tr><td>1783</td><td>公証人の書棚、および初学者のための理論的、実践的な司法指南（第一部・改訂増補版）</td><td>第一部の改訂増補版</td></tr>
<tr><td>1786</td><td>公証人の書棚、および初学者のための理論的、実践的な司法指南（第二部）</td><td>第二部の二版</td></tr>
<tr><td>1789</td><td>公証人の書棚、および初学者のための理論的、実践的な司法指南（第一部）</td><td>第一部の改訂増補二版</td></tr>
<tr><td>1790</td><td>公証人の書棚、および初学者のための理論的、実践的な司法指南（第二部）</td><td>第二部の三版</td></tr>
<tr><td>1797</td><td>公証人の書棚、および初学者のための理論的、実践的な司法指南（第一部・第二部）</td><td>第一部・第二部の最終版</td></tr>
<tr><td>ホセ・マルコス・グティエレス</td><td>1801-29</td><td>改訂フェブレーロ、注釈付、もしくは公証人の書棚</td><td>グティエレスによる注釈付改訂版。七版が刊行。</td></tr>
<tr><td>ミゲル・アスナル</td><td>1807-25</td><td>増補フェブレーロ、もしくは公証人の書棚</td><td>アスナルによる増補版。四版が刊行。</td></tr>
<tr><td>エウヘニオ・デ・タピア</td><td>1828-50</td><td>最新フェブレーロ、もしくは判事、弁護士、公証人の書棚</td><td>タピアによる増補改訂。五版が刊行され、四版以降はパリで出版。</td></tr>
<tr><td>ガルシア・ゴヤーナ、ホアキン・アギーレ</td><td>1841-52</td><td>フェブレーロ、もしくは判事、弁護士、公証人の書棚</td><td>ゴヤーナとアギーレによる増補改訂版。四版が刊行。</td></tr>
</table>

メキシコ			
著　者	出版年	タ　イ　ト　ル	備　考
不　明	1831	最新フェブレーロ	詳細不明。
アナスタシオ・デ・ラ・パスクア	1834	メキシコ版フェブレーロ、もしくは判事、弁護士、公証人の書棚	タピアの『最新フェブレーロ』をメキシコ向けに改訂。
マリアーノ・ガビラン・リヴェラ	1850	新メキシコ版フェブレーロ	『メキシコ版フェブレーロ』の改訂版。
マヌエル・ドゥブラン、ルイス・メンデス	1870	最新メキシコ版フェブレーロ	

著者による改訂・増補版が出版された。それらの改訂・増補版には、いずれも作品タイトルに『フェブレーロ』の名が冠されており、彼の名がそのまま公証人マニュアルのステータスを象徴するブランド名として使われていたことがわかる。さらに一八二一年にスペイン本国から独立したメキシコ合衆国でも、『公証人の本棚』をメキシコ向けに改訂した『メキシコ版フェブレーロ』が、一八三〇年代から七〇年代にかけて四作品出版されている。フェブレーロ・ブランドの名声がスペインのみならず、一九世紀のラテンアメリカにも轟いていた事実が読み取れる。

さらに時代を下り、現代になってもフェブレーロの名声は衰えていない。例えば、彼の没後二〇〇年に当たる一九九〇年には、スペイン公証人組合の主催による記念追悼行事が催され、その歴史的功績を振り返る展覧会や『ホセ・フェブレーロ博士没後二〇〇周年記念論集』の刊行、さらには一七八九・九〇年版の『公証人の本棚』を元にした完全復刻版の出版といった事業が行われている。

このように『公証人の本棚』は、一七六九年に初版が出されて以来、一貫して高い評価を受けており、刊行から二五〇年以上を経た今もなお、その名声は高まり続けている。では一六世紀以降の数多くの公証人マニュアルが出版されてきたなかで、なぜフェブレーロの『公証人の本棚』だけがそこまで高く評価されているのだろうか。次節ではその背景について考える。

五　『公証人の本棚』はなぜ成功したのか？

『公証人の本棚』が成功した最大の要因を挙げるとするならば、同書の公証人マニュアルとしての完成度の高さと、それを生み出したフェブレーロの法学的素養の深さ、というところに帰着するだろう。その意味を理解するためには、スペインにおける公証人マニュアルの歴史を簡単にふり返る必要がある。

スペインにおける公証人マニュアルの歴史は時代的に大きく三期に区分される。第一期は中世後期から一五六〇年までの「書式本の時代」、第二期は一五六〇年から一七六九年までの「手引き書の時代」、そして第三期が一七六九年以降の「フェブレーロの時代」である。

すでに述べたように、スペインにおける公証人マニュアルのルーツは、一三世紀の『七部法典』の時代に遡る。当時の公証人マニュアルは、特定の地域で使われている証書の文例や雛形を集めた簡易的な書式集が主流であり、その用途も、掲載されている文例をそのまま引き写して証書を作成する、というきわめて実用的なものだった。そうした書式集の伝統は、一五世紀後半の活版印刷時代になってもしばらくは継承され、見かけこそ印刷本の形をとっているものの中身は書式集のまま、という作品が一五六〇年頃まで出版され続ける。

それに対し、一五六〇年以降、公証人マニュアルの内容に大きな変化が起こる。具体的には、それまでの書式集だけでなく、公証人制度の概要や執務の要諦をまとめた業務概説のパートや、公正証書の裏付けとなる法律の定めや規則について理論面から解説した法学理論のパートが加わるようになったのである。一言でいえば、それまでの簡易的な実用書から、公証業務に必要な知見のすべてを一冊に盛り込んだ総合的な手引き書へと変貌を遂げた、ということになろう。その雛形を創ったのが、一五六〇年にグラナダで出版されたディエゴ・リベラの『証書および民事、刑事、司法監査と分割、会計の様式』と、一五六三年にアルカラ・デ・エナーレスで出版されたガブリエル・デ・モンテロッソの『民事、刑事の実務と公証人の手引き』である(26)。

そして第三期の画期をなすのが、一七六九年に出版されたフェブレーロの『公証人の本棚』である。『公証人の本棚』は、基本的には第二期の総合的な手引き書の系譜を引き継ぐ作品として位置づけられる。書式集や業務案内、法学理論で構成される内容には、第二期の作品群との大きな違いはみられない。ただ、フェブレーロの作品で際だっているのは、それぞれのパートの完成度の高さであり、とりわけ、その執筆内容からにじみ出るフェブレーロ自身の法学的素養の深さである。

例えば『公証人の本棚』では、表2で挙げられているような公証人に求められる契約行為の認証や司法手続のすべてについて、各々の基本概念や実務的な手順の説明に始まり、裏付けとなる法律規定や条項の解説、さらには法学の歴史に照らした理論的背景の分析に至るまで、詳細かつ網羅的な記述が全巻を通して施されている。特筆されるのは、そうした記述の出所となる法源や出典情報が、本文や欄外註のなかに逐一掲載されていることである。例えば、公証人制度に関わるスペイン法としては、一三世紀の『七部法典』に始まり、一五〇三年の『アルカラ政務令』、一五〇五年の『トロ法』、一五六七年の『カスティーリャ新法令集』、さらには中世の国王特別諸法などが挙げられるが、『公証人の本棚』の中ではそれらの諸法のすべてに対して目配りがなされており、どの記述がどの法源に由来するのか、逐一言及がなされている。それだけでなく、スペイン諸法のルーツとなった古代・中世のヨーロッパ諸法（ローマ法、教会法、慣習法など）や、それらの諸法に註釈や解説を加えた著名なラテン法学者（一四世紀イタリアのバルドゥス・デ・ウバルディスやバルトールス・デ・サクソフェラートなど）の議論についても、各項目の記述に紐付けながら、ほぼ網羅的にカバーされている。(27)

こうした『公証人の本棚』の法学に対する視野の広さから、スペイン法制史研究者の中には同書をマニュアル本という実用書のジャンルではなく、スペイン法学を代表する理論書のひとつに位置づけようとするものもいる。(28) 実際、一九世紀当時のスペインでは、大学法学部の講義で『公証人の本棚』が正式な教科書として使われていたという。(29) こうしたフェブレーロ自身の深い法学的素養に裏打ちされた『公証人の本棚』の完成度の高さから、同書は中世以来受け継がれてきたスペインの公証人マニュアルの歴史のなかでも頂点と位置づけられるような存在になっていくのである。

実際、『公証人の本棚』の作品としてのレベルの高さは他の追随を許さぬものであった。そのため、同書の登場以降、スペインで出版される公証人マニュアルの傾向は二つの方向へと分化していく。あえてフェブレーロの逆を狙うような簡易的な入門書か、「遺言」、「試験対策」、「刑事訴訟」といった特定のテーマに対象を絞ったニッチ作品のいずれかである。どちらにしても、フェブレーロの牙城に正面から挑もうとするような大作が現れることはもはやなかった。それだけ『公証人の本棚』という作品のレベルが際立つものであったという証左だろう。

六　スペイン領アメリカにおける『公証人の本棚』の影響

最後に、『公証人の本棚』がスペイン領アメリカの公証人の文書作成にどのような影響を与えていたのか、その実態に迫ることで本章の締めくくりとしたい。ここで取り上げるのは、ペルー副王領ラパス（現ボリビアの首都ラパス市）の事例である。筆者は別稿において、一六－一九世紀ラパスの公証人が、証書作成に際してどのような書式を用いていたのか、テクスト分析を通して明らかにしたことがある[30]。その過程で、『公証人の本棚』に掲載されている書式（フェブレーロ型書式）を参照して証書を作成している公証人がラパスに存在していることを突き止めた。それが一八〇〇年から一八二五年まで二六年間にわたってラパスの定数公証人を務めたホセ・ヘナロ・チャベス・デ・ペニャローサという人物である。そこで本稿では、このヘナロ・チャベスに焦点を当て、彼の作成した売買契約証書を分析することにより、彼が証書作成に際してフェブレーロ型書式をどのように利用していたのかを改めて追跡することにした。

その具体的な方法として、ヘナロ・チャベスが一八〇〇年から一八二〇年の二一年間に作成した売買契約証書一七三点と、フェブレーロ型書式のテクストの一部を語彙レベルで比較分析し、各テクストのあいだで共通する語彙の総数を割り出した（図2）[31]。その上で、テキスト全体を構成する語彙数とそして本日より永久に、その所有権、占有権、権原、発言権、求償権、および当該家屋に付随するその他の一切の権利を、その相続人および後継者に対し、放棄し、取り下げ、否認し、撤去する：買主、および買主が代表するいかなる者に対しても、その所有、享有、交換、譲渡、使用、および処分を、適法かつ正当な権原をもって取得した自己の所有物として、任意に行うことができるように、対物的、対人的、受益的、混合的、直接的、および実行的訴権とともに譲渡し、放棄し、移転する：・・・・・・・

(y desde hoy en adelante para siempre se desapodera, desiste, quita, y aparta, y á sus herederos, y succesores del dominio, ó propiedad, posesion, titulo, voz, recurso, y otro qualquier derecho que le competa á la enunciada casa: lo cede, renuncia, y traspasa con las acciones reales, personales, utiles, mixtas, directas, y egecutivas en el comprador, y en quien la suya represente, para que la posea, goce, cambie, enagene, use, y disponga de ella á su eleccion, como de cosa suya adquirida con legitimo y justo titulo.・・・・・・)

図2　フェブレーロ型書式の一部

の比較で一致する語の割合を算出し、「一致率」という値で示すことにした。単純にいえば、この一致率が上がるほど、ヘナロ・チャベスがフェブレーロ型書式を引き写した割合は高くなる。さらに、その分析結果をわかりやすく示す方法として、一致率が七〇％以上のものは◎、五〇％〜七〇％には〇、三〇％〜五〇％には△、三〇％未満に×の印をつけた(32)。その結果が表3である。

このデータからヘナロ・チャベスの証書作成に関して読み取れる要点は、以下の三点にまとめられる。

① ヘナロ・チャベスがフェブレーロ型書式を用いたのは、一八〇二年から一八一六年までの一五年間である。

② とりわけ、一八〇二年から一八〇五年にかけての四年間は、フェブレーロ型書式を逐語的に引き写すようにして証書作成を遂行していた。

③ フェブレーロ型書式を用いていない期間（一八〇〇年から一八〇一年の二年間と、一八一七年以降の四年間）は、当時のラパスの標準型書式であるバスケス

表3 『公証人の本棚』の全体構成

番号	作成年	作成月	フェブレーロ型との比較					バスケス型との比較				
			総語彙数	一致数	異なり数	一致率(%)	評価	総語彙数	一致数	異なり数	一致率(%)	評価
1	1800	7	377	78	299	20.7	×	377	239	138	63.4	○
2		8	362	82	280	22.7	×	362	241	121	66.6	○
3		10	292	80	212	27.4	×	292	239	53	81.8	◎
4		11	289	51	238	17.6	×	289	231	58	79.9	◎
5			405	75	330	18.5	×	405	327	78	80.7	◎
6	1801	01	400	48	352	12.0	×	400	244	156	61.0	○
7			408	83	325	20.3	×	408	310	98	76.0	◎
8			347	42	305	12.1	×	347	231	116	66.6	○
9		07	370	53	317	14.3	×	370	239	131	64.6	○
10		09	364	75	289	20.6	×	364	238	126	65.4	○
11		10	397	84	313	21.2	×	397	234	163	58.9	○
12			363	87	276	24.0	×	363	234	129	64.5	○
13		11	359	86	273	24.0	×	359	249	110	69.4	○
14		12	365	84	281	23.0	×	365	242	123	66.3	○
15	1802	02	350	82	268	23.4	×	350	232	118	66.3	○
16			370	83	287	22.4	×	370	244	126	65.9	○
17			374	69	305	18.4	×	374	241	133	64.4	○
18			387	84	303	21.7	×	387	242	145	62.5	○
19			311	55	256	17.7	×	311	137	174	44.1	△
20		04	376	286	90	76.1	◎	376	107	269	28.5	×
21		05	383	325	58	84.9	◎	383	107	276	27.9	×
22			372	60	312	16.1	×	372	240	132	64.5	○
23			406	332	74	81.8	◎	406	126	280	31.0	△
24			398	336	62	84.4	◎	398	113	285	28.4	×
25		08	439	328	111	74.7	◎	439	130	309	29.6	×
26		09	413	295	118	71.4	◎	413	126	287	30.5	△
27		11	399	334	65	83.7	◎	399	128	271	32.1	△
28		12	402	335	67	83.3	◎	402	126	276	31.3	△
29			433	297	136	68.6	◎	433	127	306	29.3	×
30	1803	01	409	338	71	82.6	◎	409	118	291	28.9	×
31			408	339	69	83.1	◎	408	120	288	29.4	×

番号	作成年	作成月	フェブレーロ型との比較					バスケス型との比較				
			総語彙数	一致数	異なり数	一致率(%)	評価	総語彙数	一致数	異なり数	一致率(%)	評価
32	1803	02	405	341	64	84.2	◎	405	124	281	30.6	△
33			411	321	90	78.1	◎	411	129	282	31.4	△
34		03	419	322	97	76.8	◎	419	126	293	30.1	△
35			411	330	81	80.3	◎	411	126	285	30.7	△
36		05	398	345	53	86.7	◎	398	127	271	31.9	△
37			399	342	57	85.7	◎	399	119	280	29.8	×
38		07	380	316	64	83.2	◎	380	125	255	32.9	△
39		08	416	336	80	80.8	◎	416	122	294	29.3	×
40		10	405	324	81	80.0	◎	405	120	285	29.6	×
41		11	399	331	68	83.0	◎	399	124	275	31.1	△
42		12	399	328	71	82.2	◎	399	127	272	31.8	△
43	1804	01	395	326	69	82.5	◎	395	128	267	32.4	△
44		02	407	331	76	81.3	◎	407	130	277	31.9	△
45			394	329	65	83.5	◎	394	127	267	32.2	△
46		04	398	350	48	87.9	◎	399	128	271	32.1	△
47		08	392	300	92	76.5	◎	392	114	278	29.1	×
48		09	382	293	89	76.7	◎	382	113	269	29.6	×
49			364	279	85	76.6	◎	364	115	249	31.6	△
50		10	367	281	86	76.6	◎	367	115	252	31.3	△
51			362	282	80	77.9	◎	362	115	247	31.8	△
52		11	356	275	81	77.2	◎	356	105	251	29.5	×
53			361	294	67	81.4	◎	361	113	248	31.3	△
54			359	254	105	70.8	◎	359	110	249	30.6	△
55		12	353	244	109	69.1	○	353	120	233	34.0	△
56			412	338	74	82.0	◎	412	132	280	32.0	△
57	1805	03	397	327	70	82.4	◎	397	129	268	32.5	△
58		08	407	311	96	76.4	◎	407	129	278	31.7	△
59			415	304	111	73.3	◎	415	126	289	30.4	△
60			416	306	110	73.6	◎	416	124	292	29.8	×
61		10	422	304	118	72.0	◎	422	130	292	30.8	△
62		12	452	259	193	57.3	○	452	140	312	31.0	△
63	1806	02	406	236	170	58.1	○	406	122	284	30.0	△
64		03	397	268	129	67.5	○	397	140	257	35.3	△

番号	作成年	作成月	フェブレーロ型との比較					バスケス型との比較				
			総語彙数	一致数	異なり数	一致率(%)	評価	総語彙数	一致数	異なり数	一致率(%)	評価
65	1806	03	275	184	91	66.9	○	275	90	185	32.7	△
66			403	238	165	59.1	○	403	143	260	35.5	△
67		04	391	262	129	67.0	○	391	137	254	35.0	△
68		05	403	278	125	69.0	○	403	146	257	36.2	△
69		06	401	241	160	60.1	○	401	137	264	34.2	△
70			403	275	128	68.2	○	403	143	260	35.5	△
71		08	429	263	166	61.3	○	429	144	285	33.6	△
72		09	420	277	143	66.0	○	420	134	286	31.9	△
73			394	274	120	69.5	○	394	141	253	35.8	△
74		11	370	155	215	41.9	△	370	92	278	24.9	×
75	1807	01	383	256	127	66.8	○	383	139	244	36.3	△
76		02	411	271	140	65.9	○	411	131	280	31.9	△
77		05	384	243	141	63.3	○	384	141	243	36.7	△
78		08	404	278	126	68.8	○	404	143	261	35.4	△
79		09	422	272	150	64.5	○	422	137	285	32.5	△
80			407	249	158	61.2	○	407	132	275	32.4	△
81			412	271	141	65.8	○	412	139	273	33.7	△
82		10	392	261	131	66.6	○	392	141	251	36.0	△
83	1808	01	389	251	138	64.5	○	389	145	244	37.3	△
84		02	392	272	120	69.4	○	392	139	253	35.5	△
85			395	268	127	67.8	○	395	143	252	36.2	△
86			415	271	144	65.3	○	415	143	272	34.5	△
87		05	279	64	215	22.9	×	279	214	65	76.7	◎
88		06	280	54	226	19.3	×	280	218	62	77.9	◎
89		09	366	240	126	65.6	○	366	135	231	36.9	△
90		11	380	248	132	65.3	○	380	146	234	38.4	△
91		12	371	234	137	63.1	○	371	119	252	32.1	△
92	1809	02	386	249	137	64.5	○	386	134	252	34.7	△
93		04	392	253	139	64.5	○	392	140	252	35.7	△
94		05	373	243	130	65.1	○	373	128	245	34.3	△
95			368	240	128	65.2	○	368	128	240	34.8	△
96			384	258	126	67.2	○	384	135	249	35.2	△
97			393	261	132	66.4	○	393	132	261	33.6	△

番号	作成年	作成月	フェブレーロ型との比較					バスケス型との比較				
			総語彙数	一致数	異なり数	一致率(%)	評価	総語彙数	一致数	異なり数	一致率(%)	評価
98	1809	06	200	127	73	63.5	○	200	68	132	34.0	△
99	1810	01	375	76	299	20.3	×	375	261	114	69.6	○
100		03	441	73	368	16.6	×	441	260	181	59.0	○
101	1811	08	269	56	213	20.8	×	269	196	73	72.9	◎
102	1812	07	289	153	136	52.9	○	289	103	186	35.6	△
103		09	282	57	225	20.2	×	282	215	67	76.2	◎
104		10	294	85	209	28.9	×	294	167	127	56.8	○
105			269	59	210	21.9	×	269	208	61	77.3	◎
106		12	351	184	167	52.4	○	351	164	187	46.7	△
107			358	193	165	53.9	○	358	152	206	42.5	△
108	1813	01	309	117	192	37.9	△	309	139	170	45.0	△
109			360	157	203	43.6	△	360	138	222	38.3	△
110		02	354	165	189	46.6	△	354	156	198	44.1	△
111		08	311	71	240	22.8	×	311	221	90	71.1	◎
112		10	350	209	141	59.7	○	350	145	205	41.4	△
113		12	293	173	120	59.0	○	293	111	182	37.9	△
114	1814	03	279	58	221	20.8	×	279	206	73	73.8	◎
115	1815	10	380	242	138	63.7	○	380	124	256	32.6	△
116	1816	04	343	165	178	48.1	△	343	109	234	31.8	△
117		05	287	122	165	42.5	△	287	89	198	31.0	△
118		06	285	158	127	55.4	○	285	95	190	33.3	△
119		08	244	80	164	32.8	△	244	133	111	54.5	○
120	1817	01	152	28	124	18.4	×	152	38	114	25.0	×
121		02	148	29	119	19.6	×	148	42	106	28.4	×
122		04	157	16	141	10.2	×	157	47	110	29.9	×
123		07	287	31	256	10.8	×	287	66	221	23.0	×
124			120	33	87	27.5	×	120	35	85	29.2	×
125			131	16	115	12.2	×	131	42	89	32.1	△
126		08	123	22	101	17.9	×	123	50	73	40.7	△
127		09	166	29	137	17.5	×	166	60	106	36.1	△
128		11	155	38	117	24.5	×	155	66	89	42.6	△

番号	作成年	作成月	フェブレーロ型との比較					バスケス型との比較				
			総語彙数	一致数	異なり数	一致率(%)	評価	総語彙数	一致数	異なり数	一致率(%)	評価
129	1817	12	168	14	154	8.3	×	168	36	132	21.4	×
130			244	15	229	6.1	×	244	42	202	17.2	×
131	1818	01	341	21	320	6.2	×	341	48	293	14.1	×
132		02	162	33	129	20.4	×	162	62	100	38.3	△
133		03	177	16	161	9.0	×	177	38	139	21.5	×
134		07	131	29	102	22.1	×	131	35	96	26.7	×
135		09	190	34	156	17.9	×	190	61	129	32.1	△
136			186	34	152	18.3	×	186	64	122	34.4	△
137		10	165	36	129	21.8	×	165	64	101	38.8	△
138			207	34	173	16.4	×	207	60	147	29.0	×
139			172	35	137	20.3	×	172	58	114	33.7	△
140		11	169	36	133	21.3	×	169	63	106	37.3	△
141		12	198	41	157	20.7	×	198	99	99	50.0	○
142			203	29	174	14.3	×	203	44	159	21.7	×
143			231	75	156	32.5	△	231	127	104	55.0	○
144			236	76	160	32.2	△	236	127	109	53.8	○
145	1819	01	267	65	202	24.3	×	267	117	150	43.8	△
146		03	235	76	159	32.3	△	235	131	104	55.7	△
147		04	145	18	127	12.4	×	145	31	114	21.4	×
148			165	33	132	20.0	×	165	66	99	40.0	△
149		05	190	32	158	16.8	×	190	73	117	38.4	△
150		07	181	41	140	22.7	×	181	78	103	43.1	△
151		10	291	52	239	17.9	×	291	128	163	44.0	△
152		12	320	88	232	27.5	×	320	192	128	60.0	○
153			344	103	241	29.9	×	344	199	145	57.8	○
154			379	101	278	26.6	×	379	181	198	47.8	△
155			413	96	317	23.2	×	413	189	224	45.8	△
156	1820	01	166	21	145	12.7	×	166	43	123	25.9	×
157		02	288	87	201	30.2	△	288	161	127	55.9	○
158			343	91	252	26.5	×	343	151	192	44.0	△
159		04	351	88	263	25.1	×	351	190	161	54.1	○
160		05	161	21	140	13.0	×	161	51	110	31.7	△
161			272	35	237	12.9	×	272	79	193	29.0	×

番号	作成年	作成月	フェブレーロ型との比較					バスケス型との比較				
			総語彙数	一致数	異なり数	一致率（％）	評価	総語彙数	一致数	異なり数	一致率（％）	評価
162	1820	07	135	23	112	17.0	×	135	49	86	36.3	△
163			136	24	112	17.6	×	136	48	88	35.3	△
164		08	166	25	141	15.1	×	166	47	119	28.3	×
165		09	250	39	211	15.6	×	250	65	185	26.0	×
166			222	26	196	11.7	×	222	51	171	23.0	×
167		08	166	31	135	18.7	×	166	64	102	38.6	△
168			134	34	100	25.4	×	134	54	80	40.3	△
169			280	84	196	30.0	△	280	173	107	61.8	○
170		09	157	24	133	15.3	×	157	50	107	31.8	△
171			341	230	111	67.4	○	341	124	217	36.4	△
172		11	375	261	114	69.6	○	375	139	236	37.1	△
173			133	38	95	28.6	×	133	37	96	27.8	×

型書式を用いていた。

以下、順を追って説明する。

ヘナロ・チャベスは一八〇〇年から公証業務に携わり始めるが、表3からわかるように、最初からフェブレーロ型書式を用いていたわけではない。彼が当初用いていたのはバスケス型書式である。バスケス型は、先述の調査において、一六―一九世紀のラパスの公証人のあいだで最も広く使われた「標準型」書式であったことがわかっている。おそらく、ヘナロ・チャベスは、公証人になる前の修行時代にこの書式を習得し、開業当初はそれを使っていたのではないかと思われる。

ところが開業から二年をへた一八〇二年四月頃、彼は突如としてフェブレーロ型書式を使い始める(No.20)。おそらくこの頃、『公証人の本棚』を入手し、同書に掲載されていたフェブレーロ型書式を写したのではないかと考えられる。だが、そうした書式変更は言うほど易くはない。三節でも述べたが、公証技能は（一〇年あまりを要する）見習い時代に時間をかけて習得する技であり、その修行の成果を手放すという決断はそれほど容易ではないからである。

逆に言えば、当時のヘナロ・チャベスにとって、スペイン本国から植民地都市ラパスに「輸入」された『公証人の本棚』の威光はそれ程までに大きかったということかもしれない。その後、一八〇五年までの四年間は、フェブレーロ型書式をそのまま引き写すようにして証書作成を遂行している。この間、フェブレーロ型書式との一致率は、七〇～八〇％以上という高い値で推移している。一致率八〇％というのは、氏名などの固有名詞を除けば、ほぼ逐語的なレベルで同一と判断できる値である。

ところが一八〇五年一二月年以降、フェブレーロ型書式との一致率は六〇％台へと下がっていく（No.62）。それまで逐語的に引き写していたフェブレーロ型書式に手を加え始めたということである。同時期にバスケス型書式との一致率が三〇％代半ばへと微増していることから考えると、同書式の一部を組み込んだ別の型を編み出したということかもしれない。いずれにしても、ヘナロ・チャベスはその書式を一八一六年頃まで一一年間使っている（No.118）。その後、一八一七年以降は、再びバスケス型をベースとした書式（おそらくその短縮型）へと戻り、一八二〇年頃までそれを使い続ける。

こうしてみると、ヘナロ・チャベスは二五年あまりにわたる公証業務のなかで、つねに同一型の書式を使い続けていたわけではなかったことがわかる。彼が当初使っていたのはラパス標準型のバスケス型書式だが、開業から二年ほどたった一八〇二年にはフェブレーロ型書式へと切り替えている。そのフェブレーロ型書式にしても、最初の四年ほどは逐語的にコピーして使っていたが、年を重ねるにつれて改良を加えるようになり、一八〇五年頃には新たな折衷型を編み出している。そして一八一七年以降は再びラパス標準のバスケス型書式（の短縮型）へと回帰するのである。

このようなヘナロ・チャベスの辿った書式パターンの変遷をみる限り、植民地社会の公証人たちの証書作成は、常に新たな可能性を求めて改良を続けるような、変化を編み出す力に支えられていたのではないかと思われる。確かにスペイン本国に由来する公証人マニュアルの威光は着実に読み取れる。しかし一八〇二年以降の四年間はフェブレーロ型書式を模倣して証書作成を行っているからである。しかしながら、ヘナロ・チャベスは、そのようなスペイン本国の威光に象られたマニュアルの「鋳型」を模倣し続けたわけではない。むしろ、地域の実情に合わせて改良を繰り返し、より適切な「型」を求めて常にカスタマイズを重ねている。そうした改良のプロセスにこそ、彼の公証人としての真骨頂があったように思われる。このように、植民地社会の末端においてスペイン帝国の文書ネットワークを支えた文書実務家たちの日常は、マニュアル由来の雛形に象られた模倣的反復というステレオタイプとは裏腹に、変化を志向する創意に満ちたものであった可能性が、今回の調査からは示唆されている。

用語
文書主義　公証人　公証力　公証人マニュアル　ホセ・フェブレーロ

註

（1）スペイン帝国の文書ネットワークをめぐる議論については、吉江（二〇一九）を参照。
（2）「ラテンアメリカ」という用語は、メキシコ以南のアメリカ大陸およびカリブ海に位置する国・地域を指す総称として、一九世紀後半から用いられている。「スペイン領アメリカ」は、一九世紀初頭までスペインの植民地支配下にあったアメリカ大陸の地域を指す。

（3）三分野の公的認証権限については、理論的には現代の公証人にも認められている。ただ一九世紀以降の司法・行政府における機能分化・専門化、および文書主義の高度な発達により、行政と裁判に関わる公的認証についてはそれぞれの機関に属する専従役人へと委譲されたため、実質的に公証人の手から離れていった。

（4）Extremera Extremera（2009）p.91.

（5）徳橋（二〇〇〇）二六四頁：Nussdorfer（2009）pp.11.

（6）清水（一九九六）四七頁。

（7）フランクリン（2015）pp.37–84.

（8）Nussdorfer（2009）p.11.

（9）徳橋（二〇〇〇）二七四頁。

（10）公証人の称号は国王によって下賜される肩書きであり、公証人にはそれぞれ国王から与えられた公証人印の使用が許されていた。

（11）徳橋（二〇〇〇）二七四頁。

（12）Nussdorfer（2009）p.12.

（13）Mijares Ramírez（1997）pp.85–86; Rappaport y Cummins（2016）p.26.

（14）Burns（2005）p.353.

（15）Nussdorfer（2009）p.9

（16）López（1985）pp.121–127.

（17）Mijares Ramírez（1997）pp.38–39.

(18) 徳橋（二〇〇〇）二七五頁。

(19) Extremera Extremera（2009）pp.354-355.

(20) 「公正証書」を扱った『七部法典』第三部一八章には、証書の雛形を集めた書式集と呼びうる内容が盛り込まれている。

(21) その要因として、新たな公証人試験制度への対応、大学法学における理論教育と司法実務の乖離、体系的な公証人養成制度の欠如を補うため、などの理由が挙げられる。

(22) スペイン語の原題は、*Libreria de escribanos é instruccion jurídica teórico práctica de principiantes.*

(23) Consejo General del Notariado（1991）pp.13-20.

(24) Consejo General del Notariado（1991）pp.13-18.

(25) Jiménez Gomez（2005）p.56.

(26) Extremera Extremera（2009）pp.344-345.

(27) 『公証人の本棚』で出典として言及されている法令や作品、法学者の総数は、じつに八〇〇以上におよぶ（Consejo General del Notariado（1991）pp.90-125）。

(28) Consejo General del Notariado（1991）p.133.

(29) Consejo General del Notariado（1991）p.86.

(30) Yoshie（印刷中）。

(31) 一八二一年から一八二五年にかけてのヘナロ・チャベスの証書史料は不揃いであるため、今回の調査対象に含めていない。

(32) 書式分析の具体的な方法については（吉江　二〇一九）を参照。

参考文献

清水廣一郎（一九九六）『イタリア中世の都市社会』、岩波書店。

徳橋曜（二〇〇〇）「中世イタリアにおける都市の秩序と公証人」、歴史学研究会編『紛争と訴訟の文化史』二六三―二九六頁、青木書店。

フランクリン、ジェームス（二〇一五）『「蓋然性」の探究――古代の推論術から確率論の誕生まで（*The Science of Conjecture. Evidence and Probability before Pascal.*）』（南條郁子訳）、みすず書房。

吉江貴文（編）（二〇一九）『近代ヒスパニック世界と文書ネットワーク』国立民族学博物館。

Burns, Katheryn（2010）*Into the Archive*. Durham: Duke University Press.

Consejo General del Notariado（1991）*Bicentenario de la muerte de D. D. José Febrero. Acto de homenaje y catálogo de la exposición bibliográfica*. Madrid: Consejo General del Notariado.

Extremera Extremera, Miguel Ángel（2009）*El notariado en la España Moderna. Los escribanos públicos de Córdoba*（*Siglos XVI-XIX*）. Madrid: Calambur.

Passaggeri, Rolandino.（1950［1485］）*Aurora. Summa Notariae*. Madrid: Ilustre Colegio Notarial de Madrid.

López, Gregorio（1985［1555］）*Las Siete Partidas del sabio rey Don Alfonso el Nono, nuevamente glosadas por el licenciado Gregorio López del Consejo Real de Indias de Su Majestad*. Madrid: Boletín oficial del Estado.

Mijares Ramírez, Ivonne（1997）*Escribanos y escrituras públicas en el siglo XVI. El caso de la ciudad de México*. Méxco: Universidad Nacional Autónoma de México.

Nussdorfer, Laurie（2009）*Brokers of Public Trust. Notaries in Early Modern Rome. Baltimore*: Baltimore: The Johns Hopkins University Press.

Rappaport, Joanne and Tom Cummins（2016）*Más alla de la ciudad letrada: Letramientos indígenas den los*

Andes. Bogotá: Editorial Universidad del Rosario.
Yoshie, Takafumi（印刷中）El proceso de trasplante y desarrollo de la institución notarial en Hispanoamérica. A través del análisis de las fórmulas de escrituras en La Paz en los siglos XVI-XIX. In Takafumi Yoshie, Guillermo Wilde y Takesi Fusimi（eds.）, *El mundo hispánico moderno y su universo documental, Siglos XVI-XIX*. Buenos Aires: Editorial sb.

【附記】 本研究はＪＳＰＳ科研費JP18H00786の助成を受けたものです。

【コロニアル研究】

第六章　パレスチナのイスラエル研究

——入植者植民地主義とシオニズムへの批判的眼差し

田浪　亜央江

一　入植者植民地主義という視座

パレスチナ問題への一般的関心の程度やこの地域へのイメージは、その時々の情勢や報道によって大きく変動して来た。この地域への関心が急速に高まったもっとも最近の事例である二〇二三年一〇月以降に限れば、従来型メディア経由であれＳＮＳ経由であれ、イスラエルが圧倒的に優位な軍事力を用いてパレスチナ、とくにガザ地区の住民を虐殺しているという理解が広がっている。その一方、以前からの一般的な説明を参照してみると、パレスチナの土地をめぐるイスラエル（ユダヤ人）とパレスチナ（アラブ人）間の対立・紛争、といった表現が目につく。だが、パレスチナ／イスラエルを対象とする「地域研究」は多くの場合、「紛争」という枠組みとは異なる位相でパレスチナの状況をとらえてきた。

仮に「紛争」として見るなら、世界の他地域の紛争解決事例を参照することができ、仲介者をともなった停戦・相互承認、合意、信頼醸成、経済協力といったプロセスが想起される。じっさい、イスラエルとパレスチナ間でこうしたプロセスが始動したように見えたのが、一九九三年以降の「**オスロ和平プロセス**〔→巻末用語解説〕」だった。これが名実ともに破綻したのは今日までの経緯で明らかなのだが、そもそもパレスチナ問題の本質をとらえることなく「紛争」枠組みでの問題解決を図ろうとしたことにこそ、当初からの問題があった。しかしこうした問題意識は市民社会のなかであまり共有されず、現在の問題は「オスロ合意が履行されなかった」ことにあり、和平合意に反対する強硬派・過激派が問題だという根強いイメージも浸透している。

紛争解決枠組みによるオスロ和平プロセスが破綻してゆくなかで、この地域の状況をとらえるための別の言葉が次々と生まれ、その認識に添った運動の広がりも見られた。イスラエルによるパレスチナ占領政策を、かつて南アフリカで行われていた「**アパルトヘイト**（人種隔離）〔→巻末用語解説〕」と同じものと捉え、国際法違反として問題化する声は大きく広がった。つまり、パレスチナとイスラエルが「対等に」対立しているのではなく、アパルトヘイトという国際法違反の犯罪をイスラエルが行っていることにこそ問題の本質があるという含意である。まさに「オスロ和平プロセス」のなかでイスラエルが入植地の建設を続け、自治区内を寸断して移動の自由を奪い、ばらばらに孤立した村や町に住民を押し込める隔離政策が強化されてきたことは、紛れもない事実である。

こうした新たな概念構築は人権団体やアクティビストのみが牽引して来たのではない。イスラエル建国を支えるイデオロギーである**シオニズム**〔→巻末用語解説〕を「入植者植民地主義（セトラーコロニアリズム)」としてとらえる視座は、グローバルな視点をとおしてこの地域の状況をとらえるアカデミックな研究成果のなかで注目されるものだった。

シオニズム運動を植民地主義の一形態としてとらえる立場は従来から存在する。しかしここで、対象地域の資源を収奪し、宗主国の利益として吸収することを眼目とする「植民地主義」のプロジェクトと、先住民を排除しながら自身がその土地を支配することが主要な目的である「入植者植民地主義」のプロジェクトをいったん分けて理解すると、事態はよりクリアになる。「植民地主義」の主体が宗主国であるのに対し、「入植者植民地主義」の場合、入植先での国民国家形成または国民の再編成にむけたプロジェクトである。入植者自身は出身国内の底辺層、棄民・流民であることも多く、出身国と入植先を行き来し、また複数の入植地域を移動する場合もある。宗主国から独立したり、イスラエルのように国際機関が介在することで建国を果たした後も、入植者植民地主義は引き続き先住民の排除を継続してゆく「構造」としてとらえられる。

上記のような概念化には、オーストラリアを事例に入植者植民地主義を分析したパトリック・ウルフの功績が大きい[1]。彼によれば、入植者植民地主義のなかで入植者が先住民を排除してゆく手法の第一は、「破壊して置き換える」ことで、これは家屋や建物に限らず文化や制度、景観などあらゆる範囲におよぶ。パレスチナにおいてすぐに想起されるのは、もともと存在したパレスチナのアラビア語の地名が地図から抹消され、新たに考案されたヘブライ語の地名へと変えられたことだ。「ユダヤ民族基金」によってイトスギやマツ、ユーカリなどパレスチナの原生林とは異なる植生の木が植えられ、ヨーロッパの人々の視線にとって親しみのある景観へと置き換えられた例も付け加えられる。しかしウルフによれば、単なる先住文化の抹消ではなく、先住民の対抗言説を屈折したかたちで刻印させるのであって、イスラエルもまた、自国の文化的多様性を打ち出すさいに、アラブ的な表象をつねに利用して来た。

そして入植者による生産手段や労働機会の支配である。パレスチナにおいては特に一九〇四年に始まった「第二次アリヤー」と呼ばれる入植運動以降、「労働の征服」が目指された。これはたんにパレスチナでユダヤ人が生産能力を向上させることにとどまらず、非ユダヤ人労働者の雇用を積極的に抑制し、周囲のアラブ系住民を犠牲にして自給自足的なユダヤ人共同体を建設することによって実現されて来た。

さらに入植社会において排除・抑圧し、底辺に置き続けるプロセスであり、場合によっては先住民の物理的抹殺も含まれる。入植者は自分たちの生命維持の第一要件である土地との結びつきを熱狂的に追求する一方で、先住民を土地に根付いていない希薄な移動民・ノマドとして表象してゆく。そして先住民に同化を認める場合は、部族などの集団から切り離し、民族性を否定した「個」として市民権を付与する形で対応する。

パレスチナの大多数は農民であり、彼らと土地との強固な結びつきは、比較的想像しやすいだろう。他方ベドウィンと呼ばれる遊牧民もまた、やみくもに移動するわけではなく、一定の範囲を季節ごとに移動しながら自分たちの部族に属すると認められた土地との関係を維持していた。しかし南部ネゲブ砂漠に住むベドウィンたちはイスラエル建国後、シラージュと呼ばれる狭い指定区域に強制移住させられ、ベドウィンとしての生活様式や部族的なつながり、伝承やアイデンティティの喪失の危機に陥った。シラージュを出て、自分たちの生活スタイルに戻った部族も多いが、彼らが自発的に形成したコミュニティは認可されず、行政サービスをいっさい受けられないなど、過酷な状況におかれて来た。そうした状況は、まさに上記の図式と重なっている。

二　入植者植民地研究とイスラエル研究

1　パレスチナ人の入植者植民地研究

パレスチナ問題が、宗教的または民族的対立を背景とした紛争ではなく、(入植者)植民地主義による問題であるという理解は、この二〇年のあいだに優勢になってきた。より正確に歴史に即すなら、オスマン帝国による植民地支配の末期にシオニストの入植運動が始まり、そのパトロンとなったイギリスによる委任統治が開始されると、一九四八年まではイギリスの帝国主義支配、シオニストによる入植という二重の植民地支配下にあったといえる。

ユダヤ人のみに自決権を認めるユダヤ国家建設を目指したシオニズムという固有のイデオロギーは別として、(入植者)植民地主義に注目するならば、他地域の事例との比較アプローチによってグローバルな位置づけが可能となる。たとえばヴェラチーニは、イスラエルによる土地支配を南アフリカでの事例と、脱植民地化に向けた政治力学をアルジェリア/フランスの事例と、入植社会のありようをオーストラリアの事例と、それぞれ比較することを通じ、パレスチナの現在進行形の植民地状況を強調した。それは、パレスチナの抵抗勢力の主体性を無視し、不合理な暴力を行使する理解不能な集団であると解釈する言説自体の植民地主義的構造を可視化させる作業であるという[2]。二〇一一年からは研究ジャーナル『入植者植民地主義研究（*Settler Colonial Studies*）』が刊行され始めた。ここで何度かパレスチナ／イスラエル特集が組まれるとともに、ニュージーランド、シベリア、ジンバブエ、オーストラリア、南アフリカ、アルジェリアなどさまざまな地域での事例研究が掲載され、比較アプローチへの可能性が提示されている。

しかし「入植者植民地主義」という分析枠組みは、何も二〇〇〇年代に入ってとつぜん登場したわけではない。前述のヴェラチーニは、住民、主権、意識、言説という観点から入植者植民地主義の分析アプローチを概観するなか、入植者社会の分析研究は一九六〇年代から生まれ、先住民の闘争が世界的に注目されるようになった一九七〇年代後半以降、目立つようになったと整理する[3]。さらにパレスチナに限れば、すでに**ナクバ**（→巻末用語解説）直後の一九四八年に、こうした視点が登場していることが指摘されている。たとえばレンティンは、パレスチナ人歴史学者コンスタンティン・ズレイクによる一九四八年刊行の著作における次の記述を、入植者植民地主義の観点からパレスチナ支配のありようの理論化として読むべきだと指摘する。「シオニスト帝国主義の目的は、ある国を別の国と入れ替え、ある民族を絶滅させながら、別の民族がその場所を占めるようにすることである。これこそむき出しの恐るべき帝国主義であり、その本来の姿、最悪のかたちである[4]」。

より一般的には、一九六五年にパレスチナ解放機構によって刊行されたファーイズ・サーイェグの『パレスチナにおけるシオニストの植民地化[5]』が、パレスチナにおける（入植者）植民地主義研究の先駆的研究と見なされている。シオニストによるパレスチナ植民地化は、一八八〇年代の「アフリカの争奪戦」の一部であり、ヨーロッパの帝国主義と継続的に関わりをもちながら、人種的排外主義のもと入植先で選択的に自己隔離することで、中東社会において異質な存在のままこの地を支配した。アメリカで学位をとり、ベイルートのパレスチナ研究センターの設立者でもあるサーイェグによるパレスチナ問題理解は、パレスチナ解放運動の理論的な支柱でもあったが、二〇〇〇年代以降のグローバルな入植者植民地主義研究の興隆のなかで、再発見され読み直されているという格好になる。

一般の読者の手に届く著作のなかでは、著名な在米パレスチナ知識人の故エドワード・サイードが、一九七九年に刊行された著書『パレスチナ問題』においてすでにこの語を用いていることも注目されるだろう。「自らの運命を切り開くために入植者植民地主義を用いている、ユダヤ人の生存という熱烈に信じられている考え方によって、入植者植民地主義の絶対的な誤りはひじょうに薄められ、おそらくは消滅さえしてしまう(6)」。これはユダヤ人入植者がパレスチナ人を「下劣な原住民」と見なして無視しただけでなく、彼らによってパレスチナが「最後の一ミリに至るまで詳細に探索され、植民され、計画され、建設された」ことにこそシオニズムの成功の理由があると述べた章に続いての言及である。文学研究者であるサイードの著作の性格上、この語は社会学的な分析概念として用いられているわけではないが、シオニストのテキストを読み込みながら、彼はその植民装置の卓越性をくまなく言語化し、記述している。

2　パレスチナのイスラエル研究

パレスチナのヨルダン川西岸地区にあるビールゼイト大学は、二〇一五年、修士課程にイスラエル研究科を新設した。アル＝クドゥス大学国際学修士課程内にも「イスラエル研究」プログラムがあるが、パレスチナにおいて独立した課程をもつ「イスラエル研究」はこれが初めてのことである。

ビールゼイト大学が公開しているブログ記事によれば、同課程はまず「入植者植民地主義研究科」として構想されたとのことだ(7)。経緯は詳らかでないものの、大学院の課程名称として「イスラエル研究」を選んだことは、外部の目からは穏当な対処として映る。立ち上がりの趣旨が「入植者植民地主義研究」だったこと自体がじゅうぶん耳目を搔き立てられるが、「イスラエル研究」であってもそれは同様である。

イスラエル研究という名称自体は、「日本研究」「アメリカ研究」など、世界中の大学に存在する地域研究の一つのように見える。対象地域・研究拠点地域によって大きく事情は異なるが、欧米における「イスラエル研究」の場合、イスラエル支持母体やそれに関わる富裕一族などが出資し、その意向に沿った寄付講座として設置されることが多い。例えばシアトルの著名な社会慈善活動家ベッキー・ベナロヤは、二〇一六年、ワシントン大学に五〇〇万ドルを寄付し、イスラエル研究講座を開講させた。しかし二〇二一年、同大学教員でこの講座の担当もしていたユダヤ史研究者リアラ・ハルペリンがイスラエルによるガザ攻撃を非難する声明に署名をしたことを知ると、ベナロヤは同大学に抗議し、寄付金を返金させた(8)。

ガザ攻撃への非難に留まらず、シオニズムがユダヤ人の優越性、民族的隔離、パレスチナ人に対する差別、暴力を助長している点に触れたこの声明の内容と、寄付金返還というワシントン大学の対応（ハルペリンは処罰的な制裁は受けなかった）については、学問の自由に関するさまざまな議論を呼んだ。

本章の文脈においては、そうした議論を「無用」と断じ、ハルペリンをこの寄付講座に採用したことが出資者の意向とずれていたことのみがポイントだとする記事について触れておきたい。(9) この記事の書き手は、ハルペリンが自身の研究分野を「イスラエル研究」ではなく、「イスラエル／パレスチナ史」としていることに注目する。そして著名なイスラエル研究者から、「イスラエル／パレスチナ」という呼称は「現代のイスラエル国家」と完全には一致していないアプローチを示しているという主張を取りつけている。曖昧に示唆されているにとどまるが、米国の伝統的なイスラエル研究において、パレスチナの視点を組み込むことは許されない、というのがこの記事の含意だろう。

つまりビールゼイト大学が「イスラエル研究」の名称を選んだのは、欧米において公認されたイスラエル研究とはまったく異なる立場からということなのだ。イスラエルの言語を学び、イスラエル国家を支える思想やその背景を理解するだけでなく、シオニスト内部の齟齬や対立を知り、その規模や層、基盤のスケールを測定すること。それはパレスチナを支配するイスラエルに対して対峙するための知の道具の創出である。

同大学による上記ブログ記事のなかで興味深いのは、イラク出身のイスラエル人作家サーミー・ミハエル（一九二六―二〇二四）を研究対象に選んだ学生、マラフ・ハリーファの葛藤である。アラビア語を母語とし、イスラエルに渡ってからしばらくイスラエル共産党で働き、四〇代に入ってから本格的にヘブライ語を学んだミハエルは、イスラエル建国以前の「ヘブライ語復興」の流れのなか、作品をとおして現代ヘブライ語を発展させて来たユダヤ人作家の後継者ではない。したがってミハエルは、イスラエル国家のあり方に懐疑的なスタンスをもつ国外のヘブライ語文学研究者からも、根強い人気を得て来た。

ハリーファにしても、イスラエル文学の周縁に位置づけられる彼の複雑なアイデンティティを理解しようと試み、そのためにはイスラエルを入植者植民地主義国家として捉えるだけでは不十分ではないかと考えた。しかし彼女は最終的に、「主人の道具を使って、主人の家を解体することは出来ない」という、コロニアル研究に影響を与えたアメリカのブラック・レズビアン・フェミニスト、オードレ・ロードの主張を援用し、ミハエルと距離をおきながらその作品を批判的に解釈する。ミハエルはイスラエルの与えてくれる道具を使ったのであり、自ら新しい道具を作り出すことはなかった、というのだ。[10] 文学研究という観点だけに限るなら、これは自身の足場を切り縮めることにもつながりかねない発言だろう。だが、既存の知をなぞるのではない「自前の道具」としての「イスラエル研究」が、イスラエルによる暴力に日々晒されている植民地パレスチナにおいてこそ新たに精錬されているという確信が、こうした言い切りにじゅうぶんな説得力と潜在的な力を与えているように見える。

三　先行研究としての「シオニズム文学について」

パレスチナの物理的空間が破壊され続けるなかで改めて注目されるのは、パレスチナ人がこれまで刊行し、パレスチナの外に広がり共有されてきた学問的・思想的・文化的な成果である。かつて限られた条件のなかアラビア語で少部数が刊行され、限られた読者の手にのみ残された著作を英語などに訳し、新たな読者に手渡す作業は、植民地支配に抗するための運動でもある。一九六七年にアラビア語で刊行されたガッサーン・カナファーニー（一九三六―一九七二）の『シオニスト文学について』が、半世紀あまりを経た二〇二二年に英訳書を得たことは、その意味でひじょうに時機にかなったものだった[11]。

パレスチナ北部の港湾都市アッカに生まれたカナファーニーは、ナクバによって家族ともどもパレスチナを追われ、シリアで難民生活を送った。教員として数年働いたのち姉のいるクウェートに渡り、ジャーナリストやＰＦＬＰ（パレスチナ解放人民戦線）の政治局員・スポークスマンとして活動する傍ら、作家としてペンを握った。その後、三六歳という若さでイスラエルの暗殺作戦によって殺害されたにもかかわらず、現在に至るまでおそらくもっとも著名なパレスチナ人作家である。日本語に訳されたパレスチナ小説のなかでも、文庫化されているのは今のところカナファーニーの作品だけだ[12]。

カナファーニーは優れた文学論も執筆しており、パレスチナ文学を「抵抗文学」として最初に位置づけたことはよく知られている。他方『シオニズム文学について』は、シオニズムという視点による文学論としてはアラビア語で書かれた最初のものだったが、アラブ文学の研究者の関心からは外れたものであるためか、彼の小説やパレスチナ文学論ほどには熱心に論じられて来なかった。しかしグローバルな（入植者）植民地主義の視座が広がり深化してきたことに加え、イスラエルの暴力が過去最大限に可視化されているという皮肉なかたちで再読の機運が生まれてしまった。

イスラエルがアラブ諸国を徹底的に打ち破った六月戦争と同じ年、ＰＦＬＰ設立から数か月というタイミングで刊行された本書からは、三一歳のカナファーニーのエネルギーが溢れている。扱われているのは英語で書かれた作品またはヘブライ語などから英訳されたものに限られるが、居住していたレバノンをはじめとするアラブ諸国で本や新聞、雑誌などイスラエルに関連するあらゆるものに対してボイコットが行われていたなか、その資料収集だけでも容易ではなかったという[13]。

本書が書かれた前年の一九六六年には、シュムエル・ヨセフ・アグノン（一八八八―一九七〇）がイスラエル人として初めてノーベル文学賞を授与されており、このことは多忙な時期にカナファーニーが執筆・刊行を前に進める大きな動機になったようだ。彼によれば、アグノンの価値は、イーディッシュ語以外にユダヤ文学が存在しなかった時期にヘブライ語で文学作品を書けたという一点に尽きる。その作品はムスリムの無知・無力さとユダヤ人の「宗教的叡智」を対立させ、またユダヤ人のパレスチナ移住を呼びかけるなど、一部のユダヤ人の感情だけに訴え、それを動員しようとするものだった。彼に同賞を与えたことは、「非人間的なものを人間らしくし、反動的・排外主義的かつ人種差別的なものに文明的価値を与えること」だとカナファーニーは言う。

カナファーニーは自身の研究における「シオニスト文学」を、ユダヤ人の手によるか否かを問わず、彼らのパレスチナ植民地化運動に直接的・間接的に貢献するために書かれたものすべてを指すと定義し、シオニスト文学は「あらゆる形態の芸術を道具化したという点で、歴史的に前例のないもの」である、と述べる[14]。そして、日常に用いられることのない宗教言語であったヘブライ語が、短期間のあいだに国際的な評価を受ける文学作品を生み出すまでに至ったことに、この言語がシオニズム運動から受けた並々ならぬ圧力を見て取っている。

カナファーニーがまず取り上げるのは、ウォルター・スコットの『アイヴァンホー』（一八二〇）やベンジャミン・ディズレーリの『アルロイの驚異的物語（*The Wondrous Tales of Alroy*）』（一八三三）

など、シオニズムの呼びかけが始まる以前の時期に書かれた作品だ。ユダヤ人が否定的に描かれるだけでなく、高潔な人物像として描かれる場合もあるが、いずれにせよ文学が平等と社会的統合を妨げ、人種差別主義的なイデオロギーに貢献した実例である、という。その後の時代に登場したジョージ・エリオットの『ダニエル・デロンダ』(一八七六)は、主人公であるモルデハイをユダヤ人シオニストの英雄として描くことに成功し、これに続く数多くの類似作品を生んだ。そして『古くて新しい国』(一九〇二)を書いたテオドール・ヘルツルは、エリオット以上に人種差別的な大義を人道主義的な衣で作品を飾り立て、洗練させることに成功した、と述べる。

イスラエル建国から一〇年後に刊行されたレオン・ユーリスの『エクソダス』(一九五八)は、カナファーニーが取り上げている作品のなかではもっとも新しいものであり、またもっとも大衆的に広く読まれたものである。シオニストの物語と「セックスと成功」という通俗性を調和させつつ、事実とフィクションのつながりは不調和で歴史考証上多くの難点をもつが、だからこそ聖書以上に流通し、イスラエル建国に関する「公式報告書」となった、とカナファーニーは言う[15]。

彼はこのように、シオニスト文学を徹底的に政治的に解釈する。というよりも、パレスチナの植民地化運動に貢献している文学は、そのような見かけが施されていない場合であってもきわめて政治的な文学なのだ。この「政治的な解釈」が否定的な評価として響くのを牽制するためか、英語版に寄稿した序文のなかでスティーブン・サライタは、本作が「その後の一〇年間の、とくにイギリスにおけるカルチュラル・スタディーズの出現と展開を予見」したと述べる[16]。スチュアート・ホールやレイモンド・ウィリアムズといったマルクス主義の学者の影響を受けた批評家たちが「客観性」という建前による束縛を感じなくなり、文学をイデオロギー的な商品として探求するようになったからだ。しかしここで、西洋における文学理論がわざわざ言及されているのは余計なことかもしれない。パレスチナ人による知的営みを文脈の異なる西洋の理論によって権威づけたり擁護したりする誘惑や行為は、パレスチナが世界的な植民地権力のなかで置き去りにされてきた事実をかえって見えにくくしてしまう。

いま行うべきは、カナファーニーの論考そのものを読み返すにとどまらず、さまざまな情報へのアクセスが以前よりはるかに容易になった環境と新たな視座を生かしながら、カナファーニーが物理的な制約のなかで書いたテキストの余白を埋め、深めてゆくことだろう。前節までに言及した入植者植民地主義の観点から、カナファーニーが取り上げた作品を批判的に再読することは、その一つである。以下ではそのための試みとして、カナファーニーが特に後半で繰り返し取り上げている『夜の盗賊』に焦点を当てたい。

四　アーサー・ケストラー『夜の盗賊』の手法

1　ケストラーと作品の舞台

『夜の盗賊』はアーサー・ケストラー（一九〇五―一九八三）による長編小説で、一九四六年に発表された作品である。ハンガリー生まれでのちイギリスに帰化したケストラーは、ジョージ・オーウェルやレイ・ブラッドベリらと並び称される作品をもつだけでなく、ホロン（全体子）概念など、「ケストラー思想」は思想・哲学・科学論など分野を越えた影響を与えた。そのケストラーがシオニストでもあったことは、日本ではあまり知られていないだろう。

自伝によればケストラーは、ウィーン工科大学在学中に学業を放棄し、二一歳でパレスチナに向かいシオニストの入植運動に参加した。現地でドイツの通信社に採用され三年後にフランスに移ったが、その後一九三八年に中東取材の一環としてパレスチナに一か月半滞在している。さらにその後、ユダヤ国家建国に向けた動きが活発になるなかでパレスチナ問題は彼の主要な関心となり、一九四二年から四八年まで、現地に計一年半滞在したという。『夜の盗賊』はこのかんに書き上げられた[17]。

『シオニスト文学について』の特に後半で、『夜の盗賊』は怒りを込めた批判の対象として繰り返し言及される。シオニスト文学が事実を誇張し、捏造し、アラブ社会を見下し、蔑視し、そして問題の本質を徹底的に曖昧にするといった問題点が三か所に分けて指摘され、そうした例の一つとして続くのが本作からの引用だ。しかしカナファーニーの筆致はやや性急であり、そこから本作の全体像はなかなか見渡せない。また、重要な登場人物として設定されているディナの死の背景が間違って説明されるなどの不備も見られる。

『夜の盗賊』は、一九三七年から一九三九年までのパレスチナにおけるシオニスト移民コミュニティを主要舞台としている。主人公ジョセフはかつてオックスフォード大学に通っていた若者だが、当時思いを寄せた女性の抱く反ユダヤ感情を知りシオニズムに目覚め、パレスチナに向かったという建て付けである。周囲から孤立した共同体で、社会主義思想を背景とする若者たちは私有財産を拒否し、収入、食料、衣類などすべてを共有しながらストイックな生活を行っている。

作品中で「エズラの塔のコミュニティ」と呼ばれているこの入植村については、ケストラーの自伝の中に「私のパレスチナ小説のなかの架空の共同体の主要なモデルとなった共同入植村エイン・ハショフェット」という記述が見られる[18]。ハイファの約二五キロメートル南東に位置するキブツである。対してその近隣に存在するアラブ人の村「クファル・タビーエ」については、むろんケストラーは何も言及していない。エイン・ハショフェットの近隣のアラブ村を探そうとしても、イスラエルの地図には掲載されていないため、容易にはいかない。エイン・ハショフェットの設立から一〇年の経緯を入植者の視点からまとめた小冊子に登場するいくつかのアラブの村の名前から、それがアル＝コフレイン村だと推測するしかないだろう[19]。パレスチナ側の資料によれば、ここは十字軍時代にはCaforanaとして記録され、一九四五年に人口九二〇人、一九四七年には一〇二〇人の人口をもつ村だった。一九四八年四月一二日、シオニストのパルマッハ軍の部隊によって攻撃を受け、約三〇の家屋が爆破された後、村は無人化された[20]。

『夜の盗賊』のなかでケストラーは、その作家的力量を存分に駆使しながら、この村がいかに後進的であり精神的に退廃しているかについて、そうした直接的な言葉を使うことなく執拗に描き出した。その二年後に村は破壊されたことになるが、イスラエル建国の出来事のなかで、ケストラーがこの村の運命について思いをはせる瞬間はあっただろうか。

2　植民地下の人々への目線

『夜の盗賊』のテキストに目を通すと、事実の誇張や捏造、アラブ社会への蔑視の正当化、問題の本質の曖昧化といったカナファーニーの指摘する手法が巧みかつ自然に用いられていることは容易に気がつく。彼はある箇所で、ケストナーは「耐えがたいほど見下した傲慢な態度でアラブの村の風習を一七ページにわたって描写」していると非難する。しかしその耐えがたさのためだろうか、具体的な内容については言及しないまま先を急いでいる。クファル・タビーエにおける「和解の儀式」を描いた第二部第三章がそれだ。

「和解の儀式」の背景として設定されているのは、かつてのトルコ(オスマン帝国)支配下で確執のあったハムダーン家とアブー・シャウィーシュ家のあいだで一五年前に起きた殺人事件である。その報復として七年前にも殺人事件があり、両家の間には諍いが絶えない。しかしこのたび委任統治政府によって任命されたアラブ人行政官トゥバーシーが調停を行い、和解の儀式が取り持たれることになった、と説明されている。歴史的事実とフィクションの境界は不明であることをさておいても、まずこうした設定自体が問題含みである。殺人に対する同害報復(いわゆる「血の報復」)がアラブ社会固有の事象として外部の目から特権的に興味を引く対象とされ、アラブ社会を他者化する記号として機能して来た点を無視できないからである(21)。

主人公ジョセフの視点から離れたこの章では、儀式に招待されエルサレムからやってきたイギリス人一行メンバーそれぞれが、やや類型的でありながら巧みに描き分けられ、立ち位置に応じた振る舞いやセリフを与えられている。史実に場を借りたフィクションでありながら、刊行当時の英語による読者なら、おそらくそれぞれの人物のモデルを想像しながら読み進めることが出来ただろう。そうした読者にとって、この場面はアラブの村の実情に添って記述されたものだと信じうるような体裁となっている。

アラブ社会には、盗みや殺害が起きたさいに、それを個人に対する処罰に委ねるのではなく、家父長的な社会集団の問題としてとらえ、被害者側と加害者側双方の集団的な名誉回復のプロセスのなかで解決しようとするプロセスや儀式（スルハ）が存在する。[22] それはきわめて慎重に扱われるべき題材であるはずだが、ケストラーはそこにずかずかと立ち入り、滑稽な見世物として描き出す。犯人と考えられているハムダーン家のムフタール（村の伝統的指導者）の父親ではなく、別の人間が犯人の代役を務めると決定された上で「和解」が演じられる。「お歳を召したご老人が儀式の手順に従うのは不都合です。この貧しい男はムフタールの親類でして、彼が殺人犯になるべきだと決まったのです[23]」。問題はこうした手法の実在の真偽ではなく、外部の人間の立ち入りを拒むはずの微妙な問題が仲介者によって分かりやすく（乱暴に）説明され、当事者たちは茶番劇を演じる役者として卑小化されていることにある。

儀式の開始を待つあいだに一行が村のなかを案内されながら目にし耳にするあれこれは、彼らのうちの誰かしらを黙ってはおかせない。村は貧しいというのに、ムフタールが三か月前に娘を結婚させたさい、「婚礼の部屋にポンド札を敷き詰めた」と聞く噂について口にする者が出る。また、貧しい女の住む泥の小屋の中をハンカチで鼻をおさえながら眺めた一行の一人は、その女の夫がどんな仕事をしているのかを知りたがる（一行を案内するムフタールの説明は、夫は鉄道員であり、前妻に死なれたあと彼女を五ポンドという「最安値で買った」のだというものである）。その場で子どもの一人が泣き出したが、「その目はエジプト病でべとべとし、その上をハエが群がり這いまわっていた」。「エジプト病」とは眼病を指す以上に、貧困を背景とした低栄養や不衛生を含意し、アラブ社会の後進性や無知に対するスティグマとして機能している（別の場面でユダヤ人入植社会も経済的に困窮していることが描かれるが、「エジプト病」によって刻印されることはない）。同情心からか嫌悪感のためかはさておき、一行の一人はここで「なぜ協力の仕方をユダヤ人から学ばないのだ」と声を荒げるが、通訳を介したムフタールに「我々は神の御心のみ信じ、社会主義は信じない」という頑迷な返答をさせている。また、エルサレムのブリティッシュ・カウンシルで講師として勤めるシリル・ワトソンは、話を聞いた夫人がいたたまれずにそれを中断させるほど、アラブ社会における男女関係や婚姻のあり方について露骨な話をする。

この後ケストナーは、ムフタールの家に戻った一行がユダヤ人・アラブ人を含む他の招待客の前で、ムフタールによって執り行われる「和解」の儀式を描く。「儀式中のすべてのことが、ムハンマドの時代に遡る特別な意味を持っている」とシリルは満足げに説明する。それはアラブ人を完全に非歴史化・他者化した視線である一方、ケストラーはイギリス人の口からこの儀式の愚かしさを罵倒させることはしない。代わりにこの役をあてがわれるのは、町や村に住むアラブ人を「混血児・雑種犬」と呼んで軽蔑するベドウィンの長老スィルミーである。スィルミーがこの儀式に「卒倒しそうなほど憤慨」していることを彼と親しいユダヤ人地区担当官に説明させ、スィルミー自身には「猿がアラブ人になりきって遊んでいるようだった」と言わせている。(24) つまり彼らの「後進性」は、帝国の支配層に属する人々によってではなく、対立し蔑視し合う同じアラブ人の証言をとおして描き出されるという仕組みである。

腐敗した支配層と貧苦におかれながら変化を望まない人々が住み、理解を超越した風習を維持するアラブ村。それは、ユダヤ人入植者コミュニティを中心軸にストーリーが進む本作全体のなかで、まったく異質な空間として繰り返し登場する。「エズラの塔」の若者たちは、経済状況が厳しくなると、クファル・タビーエに労働力とトラクターを提供することで現金収入を得ることで生き延びるしかない。しかしヨーロッパからの入植者である彼らの文化的・精神的優越は議論の余地のない前提であり、彼らはアラブ女性の「解放」について議論し、宗教を問題にしたり、バースコントロールの必要性を論じさえする。

3　ユダヤ人による暴力の擁護

入植村が深夜突然アラブ人たちの襲撃に遭い、若いメンバーが銃弾に当たって殺されるという事態を経ても、「エズラの塔のコミュニティ」とクファル・タビーエの関係は、表面的には平穏なものとして維持されてゆく。バウマンという人物が三千人の信奉者と大量の違法武器を携え、公認の軍事組織であるハガナーから分裂し「過激派の側に寝返った」というニュースが届いても、都市部から離れたこの入植村のなかでそれは遠い出来事として受け止められる。共同体内でバウマンの思想や行動はさまざまに論じられるが、自分たちとは異質なアプローチをとるファシストの行動として非難される。

事態が急速に進展するのは、主人公ジョセフとかつてプラトニックな恋愛関係にあったディナが、夜間の一人歩きのさなか、クファル・タビーエの住民によって殺害されたあとのことである。その後、村のムフタールは何者かに巧みにおびき寄せられて殺されるのだが、一方のジョセフは手記に次のように記す。「この三年間、アラブ人は断続的な部族抗争を我々に仕掛けてきた。生き残りたければ、彼らのルールに従って報復しなければならない(25)」。

入植村の任務としてエルサレムに出たジョセフは、同志であるシメオンとともにエルサレムでバウマンに接触する。非合法軍事組織の活動方針に忠誠を誓ったジョセフに対してバウマンが提案したのは、表向き何ごともなかったかのように共同体に戻り、合間に破壊活動に関する扇動活動を行うことだった。ジョセフはその役目を受け入れ、それまでとは異なる目で共同体やそのメンバーと接することになる。

ケストラーが描いたのは、アラブ村に対し「人間的なアプローチ」を心がけ、過酷な環境のなかを生きる若者たちだった。カナファーニーが端的に喝破しているように、ジョセフという真面目で知的な若者がテロ行為に参加する道程のなかで、問題の本質は徹底的に曖昧化されている。彼はその信念の強さゆえに、アラブ人の暴力的排除に協力することになるのだが、それが実現する手前で作品は終わる。数年後、現実の歴史のなかでそれは実現したはずだが、作品において若者たちは無垢なまま読者の共感を掬いとる。

ケストナーは自伝のなかで、「もうテロや暴力はたくさんだ、と一方では思いながらも、他方ではやはり、ユダヤ人テロリストたちの大義を説明し、弁護せずにはいられなかった」と書く。ケストナー自身は自身の永住の地をイギリスと決め、一九四八年以後は一度もイスラエルを訪問していないというが、一九四七年の「ユダヤ人国家の創設に関して歴史的勧告を行ったあの委員会」（パレスチナ分割決議案を作成した国連における臨時委員会を指す）の何人かが『夜の盗賊』を読み、そこから何らかの影響を受けたことを彼に知らせたというエピソードを記す。彼はそのことに「深い満足を覚え」、さらに「作家として、これ以上の報酬があるだろうか」とさえ付け加える[26]。ケストナーはつまり、シオニズムの推進という政治的目的のために文学を用いることに、はっきりと自覚的だった。

カナファーニーは『夜の盗賊』中で、パレスチナは自分の家だと主張する「穏健な」アラビア語紙のジャーナリスト（カーメル・エフェンディ）に向けて反論するアメリカ人ジャーナリスト（リチャード・マシュウ）の言葉を引用する。「そんなお前の家の話はどうでもいい……この五百年間、それはお前のものではなく、トルコのものだったんだ[27]」。カナファーニーの指摘を待つまでもなく、これはパレスチナが五百年間トルコ（オスマン朝）の支配下あったことを理由に、現在のパレスチナ人の権利は無視され、その一方で、「二千年前」に住んでいたとされるユダヤ人の権利が正当化されるという「馬鹿げた」ロジックである。しかしさらに重要なのは、その発言が肯定も否定もされずに、作中で一見無目的に放置されることだろう。シオニズムの正当化はあくまで自然でさりげない。『ダニエル・デロンダ』のなかでシオニストの主人公が長弁舌をふるうような押しつけがましさは、ここには見られない。

当初マシュウは、一〇日間だけパレスチナを訪問中のジャーナリストであり、シオニズムに違和感をもつ傍観者として登場している。しかし二年後の一九三九年にはヘブライ語を多少学んだ上でこの地を再訪しており、「この血なまぐさい国が好きになって来たよ」とジョセフにさりげなく語る[28]。登場頻度が低く、目立った役目も果たさない外部者のマシュウはこのように、そうであるからこそ、読者の心をシオニズムに近づける役割を果たしていると言える。

カナファーニーは政治的目的のために文学を用いることを非難しているのではない。カナファーニー自身の生み出した作品はまさに、ほかならずパレスチナ人の解放闘争に寄与するために書かれたと言ってよい。シオニズムが人種差別に基づくイデオロギーであるからこそ、それに奉仕するシオニスト文学は批判の対象であり、あたかも政治性など存在しないかのようにそれを権威づけ、あるいは娯楽として流通・消費させる世界的な知の権力構造こそが、組み換えられなくてはないのである。

五　おわりに――パレスチナ人の経験の共有

二〇二三年一〇月にガザの事態が始まって二か月後というタイミングで、高名な在米パレスチナ人歴史研究者であるラシード・ハーリディーによる著作が、『パレスチナ戦争――入植者植民地主義と抵抗の百年史』として翻訳刊行された[29]。本書はハーリディーの曾祖父の叔父（ユースフ・ディヤー）から始まり、祖父（ハーッジ・ラーギブ）、伯父（フサイン）、父（イスマーイール）、ハーリディー自身と妻（モナ）という四代にわたる、文書資料研究に重層的な一人称を重ねたパレスチナ百年の歴史書である。ハーリディー家はパレスチナの名家の一つであり、エルサレム旧市街に今も残る私設図書館「アル＝ハーリディー図書館」は、ハーリディーの祖父ハーッジ・ラーギブが一八九九年に設立した。そこには一一世紀初頭にまでさかのぼる古い写本とともに、ハーリディー家にまつわる文書も二千点ほど所蔵されている。曾祖父の叔父であるユースフ・ディヤーがシオニズム運動を立ち上げたテオドール・ヘルツルとのあいだで交わした手紙は、その一つである。

パレスチナ史のさまざまな側面から大著をものにして来たハーリディーは、本書においてはあえてパレスチナの歴史の転換点となった六つの出来事に焦点をあて、いずれにも自分の親族や自身が関わったり目撃したりした記憶を盛り込んでいる。一族の歴史が、そのまま入植者植民地主義によって奪われ続けたパレスチナ人の集団的歴史に重なる。しかし本書の意義は何よりも、入植者自身の経験や視点に焦点が与えられがちな入植者植民地主義を、パレスチナ人の経験に即して記述していることにあるだろう。

同時に指摘されなくてはならないのは、その中心はもはやパレスチナの領域の外であるという点だ。アラブ高等委員会メンバーであった叔父フサインの流刑地セーシェル島、父イスマーイールが臨席していたニューヨークの国連安保理の審議場、イスラエルの侵攻当時ハーリディー自身が暮らしていたレバノンのベイルート。本書は、もはやパレスチナ領域内で生きることを許されないパレスチナ人が、〈パレスチナを生きること〉を実践して来た記録ともいえる。

ハーリディーは入植者植民地主義終結の世界史的先例のなかから、パレスチナの展望を見い出そうとする。北米のように先住民が完全に抹殺・服従させられるか、アルジェリアのように植民者が追放されるか、南アフリカやジンバブエ、アイルランドのように和解の文脈で入植者植民地主義が放棄されるか。そのために必要なのは、むろん脱植民地化に向かわないままのイスラエルとパレスチナ間の交渉などではない。イスラエルが自然で普通の国民国家であり、頑迷で反ユダヤ的なムスリムの敵意にさらされているというイメージの普及こそがシオニズムの成功の理由であり、シオニズムの功績であるとハーリディーは述べる。であればやるべきことは見えてくる。歴史研究者であるハーリディーは、カナファーニーにも彼の著作にも言及することはないが、この点において両者は共鳴している。
すでにパレスチナ人が生み出して来た歴史記述、証言、記録、文学は膨大なものであり、近年ではすぐれた国際法学者や社会学者を生み出している。とりわけナクバ以降、八〇年代までの刊行物、なかでもアラビア語によるものはグローバルな国際研究の場で光を当てられることがなく、限られた者のあいだだけで知られるままになって来た。そのなかで繰り返されたのは、イスラエルによるパレスチナの研究機関での資料押収や爆撃による資料収集施設そのものの破壊である。そうした経緯にあって、パレスチナ内外の研究者による連携だけでなく、特にアラビア語の刊行物の国外での復刊や翻訳、再読、再評価は極めて重要な課題になっている。入植者植民地主義にさらされ、抵抗し続けて来たパレスチナ人の経験の中から生み出された知の蓄積を共有することは、この世界を脱植民地化に向かわせる動きに知の現場から加わることであるに違いない。

用語
オスロ和平プロセス　アパルトヘイト　シオニズム　ナクバ

註
（1）Wolfe（2006）.
（2）Veracini（2006）.
（3）Veracini（2006）, pp.6–7.

（4）Lentin (2018), p.62. ここで引用されているズレイクの著作『*The meaning of Disaster*（災厄の意味）』のアラビア語原著のタイトルは『ナクバの意味』であり、本書はイスラエル建国によって一九四八年にパレスチナ人が経験した「ナクバ（大災厄）」をタイトルに入れた最初の刊行物と見なされている。Zurayq (1948).

（5）Sayegh (1965).

（6）Said (1979). 引用元は (1992), p.119.［杉田英明訳『パレスチナ問題』二〇〇四年、みすず書房］

（7）Stein, Rebacca L. "How one Palestine University is Remaking 'Israel Studies'". 2019.9.21.

（8）ハルペリンらの声明は Scholars of Jewish Studies and Israel Studies の連名により、Statement on Israel/Palestine と題し、二〇二一年五月二一日付で公開された。

（9）Poliakoff, Michael. "Controversy over Israel Studies at university of Washington did not have to happen". Forbes, April 12, 2022.

（10）ただしこのブログ記事の要約は、やや不十分に見える。オードレ・ロードは、白人フェミニストが女性のなかの人種や階級、セクシュアリティなどの差異を無視すれば、家父長制が女性を抑圧したのと同じ道具を使うことになると指摘し、差異を定義することを主張した。一九八四年発表のロードのエッセー "The Master's Tools Will Never Dismantle the Master's House（主人の道具は主人の家を解体しない）" は、ネット上で簡単に読むことが出来る。

（11）Kanafāni (1967) およびその英訳書 Kanafani (2022)

（12）日本語訳初版は、黒田寿郎、奴田原睦明訳『太陽の男たち／ハイファに戻って』（一九七八年、河出書房）として刊行された。文庫化は同社より、二〇一七年。

（13）Kanafani (2022) における Anni Kanafani による序文より。

（14）Kanafāni (1967), p.470 = Kanafani (2022), p.33.

（15）Kanafānī（1967）, p.581 = Kanafani（2022）, p.90.

（16）Kanafani（2022, p15）.

（17）Koestler（1946）.

（18）Koestler（1949, p.339）による。『夜の盗賊』発表後の一九四六年の六月に、この入植村を再訪したという。他の複数の記事によって、ケストラーがここで取材をしたことが裏付けられる。例えば Feuer（1950）。

（19）Wilfand（1947, p54）には、コフレイン（Kufrein）との「境界争い」の記述がある。

（20）al-Dabbāgh（2018）, p.650.

（21）イスラエルにおけるパレスチナ社会の他者化を「血の報復」への視線において表現した研究書として、Ginat（1987）。

（22）パレスチナのアラブ社会におけるスルハをめぐる言説と実践については Lang（2002）。また、パレスチナの市民社会構築の文脈で、スルハを社会内部の紛争解決に生かそうとする思想と試みについては、「パレスチナ紛争変容支援センター」のウェブサイト（www.alaslah.org）が参考になる。

（23）Koestler（1946）, p.148.

（24）Koestler（1946）, p.164.

（25）Koestler（1946）, p.313.

（26）Koestler（1954）, pp.464.

（27）Koestler（1946）, p.241.

（28）Koestler（1946）, p.231.

（29）Khalidi（2020）.

参考文献

al- Dabbāgh, Musṭafā Murād（2018）*Mawsū'a Bilādnā Falasṭīn*. Institute for Palestine Studies.

Feuer, Lewis S.（1950）"The Quality of Life in Israel's Collectives: Pioneering a Socialism Without Regimentation". June 1950, Commentary.

Ginat, Joseph（1987）*Blood disputes among Bedouin and rural Arabs in Israel*. University of Pittsburgh press.

Kanafānī, Ghasān（1967）*Fī al-'adab al- ṣahyūnī* 底本としたのは以下である。（1977）*al-Āthār al-kāmila, al-Mujallad al-rābi'. Mu'assat Ghasān Kanafānī al-thaqāfīya*.［Kanafani, Ghassan（2022）On Zionist Literature（translated by Mohmoud Najib）. Ebb Books.］

Khalidi, Rashid（2020）*The Hundred years of Palestine: A history of settler colonialism and resistance, 1917–2017*. Picador.［鈴木啓之、山本健介、金城美幸訳『パレスチナ戦争――入植者植民地主義と抵抗の百年史』二〇二三年、法政大学出版会］

Koestler（1946）*Thieves in the night: Chronicle of an experiment*. Macmillan.

――――（1949）*Promise and Fulfilment: Palestine 1917–1949*.

――――（1954）*The Invisible Writing*. Collins with Hamish Hamilton.

Lang, Sharon（2002）"Sulha peace making and the politics of persecution". Journal of Palestine Studies. vol.31, no.3.（spring 2002）, pp.52–66.

Lentin, Ronit.（2018）*Traces of Racial Exception: Racializing Israeli Setter Colonialism*. Bloomsday Academic.

Said, Edward W.（1979）*The Question of Palestine*. Times Books.（=1992, Vintage Books.）

Sayegh, Fayez A.（1965）*Zionist Colonialism in Palestine*. Research Center, Palestine Liberation

Organization.

Veracini, Lorenzo（2006）*Israel and Settler Society*. Pluto Press.

———（2010）*Settler Colonialism: A Theoretical Overview.*（*Cambridge Imperial and Post-Colonial Studies*）.

Wilfand, Yosef（1947）*Ein Hashofet: A Decade of Pioneering.*（Lion the Printer）.

Wolfe, Patrick（2006）Settler colonialism and the elimination of the native, Journal of Genocide Research, 8: 4, pp.387–409.

Zurayq, Qusṭanṭīn（1948）*Ma'anā al-Nakba. Dār al-'ulm li al-malāyīn.* [Zurayk, Constantine K.（1956）*The meaning of the DISASTER*. Khayat's College Book Cooperative.]

【大衆文化】

第七章　アメリカの「大衆文化」をどう捉えるか

――一九七〇年代から八〇年代の亀井俊介の著作を読む

長　史　隆

本章では、戦後日本を代表するアメリカ研究者の一人であり、アメリカ大衆文化の研究に先鞭をつけた亀井俊介（一九三二年生・二〇二三年没）をとりあげる。彼が大衆文化の研究にとりわけ注力した一九七〇年代から八〇年代にかけての著作を読み解くことで、本書のテーマである「地域研究」の一つのあり方が浮かびあがると考えるからである。

一　アメリカによる「自己解放」

亀井俊介は、一九三二年に岐阜県の中津川に生を受け、一三歳で太平洋戦争の敗戦を迎えた。戦中は当時のご多分にもれずいっぱしの軍国少年であった亀井は、敗戦により「アメリカ」と「文化」に魅せられてゆく。二〇一七年に刊行されたオーラル・ヒストリーでの回顧によると、敗戦を境に「日本は平和国家とか文化国家とかをスローガンにし、国中が文化、文化と言い始め」、「この転換のすごさは、文字通り筆舌につくし難い」ものとして彼の心に焼きついた。「文化熱に煽られっぱなし」となった亀井は、「軍国少年から文化少年に急転換させられ」、「文化のことを知りたくて、夢中に」なったのである。その感慨を彼は以下のようにふりかえる。「しかし嫌ではなかったですね。軍国よりは文化国家の方がどんなに軽薄でもどんなによかったか。生活がようやく自分のものになった感じですからね(1)」。

そしてその転換をもたらした最大の存在が「アメリカ」であった。「文化」を奉じた亀井少年にとっての「一番のお手本がアメリカ」であり、「敵であったあのアメリカがこんどはお手本となって、圧倒的な力をもって迫って」きた。そんな少年にとって、アメリカ文化への窓口は文学であった。「アメリカ文学を読み始めたとき、日本文学とこんなに違うのかということを、いつも痛感していました。（中略）日本の小説と違う圧倒的なスケールの大きさを感じ（中略）こんなにすごい文学が存在するのかと思いました」。文学を通してアメリカ文化に親しむようになるにつれ、亀井はそこに「解放」の感覚を見いだすようになる。「そういう大転換をして、戦争中の自分とは違う解放された自分の存在を感じ出しましたね。アメリカに違和感や対抗心を感じることはあっても、アメリカの文化に解放の力の根源といったようなものを感じるのですね」。それほどまでの変化を自身や日本にもたらした「アメリカ」という存在は、彼にとって「生涯の探求材料」となった。そしてアメリカ文化が亀井に植えつけた「解放」の感覚を、亀井は終生大切にした(2)。

東京大学英文学科に入学した亀井は、研究者を志し、大学院への進学を考えてはいたものの、英文学科の大学院にそのまま進みはしなかった。同学科の雰囲気になじめずにいたからである。彼によれば、東大英文学科は文献学的な英文学を重視しており、「文学の面白みといったものは、ともすれば二の次にされがちな学風」であった。また、文学や思想の知識をひけらかすような都会育ちの同学たちにも気おくれしていた。一方、ちょうどその頃は日本の比較文学・比較文化研究が緒についた時期であり、東大大学院にもその専門課程（人文科学研究科比較文学比較文化専門課程、いわゆる比較文学科）ができたばかりであった。英文学科の雰囲気に不満をもち、日本文学などもあわせて学びたいと考えていた亀井は、三期生としてそこに飛びこんだのである(3)。

大学院在学中の亀井は、アメリカ中西部ミズーリ州セントルイスの私立ワシントン大学にて一九五九年秋から六一年夏までの二年間を過ごし、その後さらに一年間ワシントンDC郊外にあるメリーランド大学で研究をつづけた。とりわけセントルイスでの日々は亀井に大きな影響を与えた。そこは亀井の眼に「田舎」として映った。人びとの「素直な田舎人の態度」にふれるにつけ、「その単純さが好きに」なり、中津川出身の「田舎者」としての自意識とも呼応するものを感じた。東大の同学たちに感じていた「都会コンプレックス」からも自由になり、自分の研究についても「ある種の安堵感を得」、「学問がたのしく、自信がもて」るようになった。ここでも、アメリカ経験は亀井に「解放」をもたらしたのである(4)。

さらに、アメリカの「田舎」で暮らしたことによって、亀井はこれまでの日本の知識人によるアメリカ理解の偏りに目を向けるようになった。彼らは、ニューイングランドに代表される「高度な精神文化」にもっぱら着目するあまり、アメリカの「農村的、田舎的な面」を軽視してきたのではないか。アメリカ文化の理解を深めるためには、草の根の「素朴な大衆」も視野に入れなければならないのではないか。そのような問題意識は、亀井がのちに大衆文化研究に乗りだす伏線となる。[5]

この留学経験は、それまで文学研究に専心してきた亀井の学問スタイルに変化をもたらした。アメリカ滞在中は、長距離の移動は飛行機ではなくバスで行い、ホテルは「裏街の安宿」ですまし、タクシーには乗らず「あちこちを歩いて見てまわ」り、文献調査では大学図書館よりも大衆的な本をより多く所蔵する市や町の公共図書館を愛用し、美術館やオペラの鑑賞よりも「場末の劇場で破廉恥なショーを眺めることの方に情熱を燃やす」というものになったのである。そのほうが、土地ごとの違いや実態を把握でき、「アメリカの息吹を感ずる」ことができると彼は考えるようになった。[6]

一九六二年末に帰国した亀井は、翌年から東大教養学部で教鞭をとりながら、博士論文の執筆に注力した。そして六九年に「近代文学におけるホイットマンの運命」によって博士号を取得し、翌年それを書籍として刊行した。これは、一九世紀アメリカの国民的詩人であるホイットマン（Walt Whitman）が、アメリカはもちろんフランス・ドイツ・イギリス・日本の文学にいかなる影響を与えたのかを論じた比較文学史の業績であった。同書によって亀井は日本学士院賞を受賞し、一躍学界の寵児となったのである。[7]

博士論文が十二分に評価された亀井は、新たな学問領域、すなわち大衆文化研究へと漕ぎだした。その直接的なきっかけは、一九六〇年代なかば以降のアメリカの社会・文化的変容を目のあたりにしたことにあった。六九年夏に、亀井は留学から帰国して以来ひさかたぶりに短期間アメリカを訪れ、「わずか七年間の間の社会や文化の変化に驚嘆」することとなる。その頃のアメリカはいわゆる**対抗文化**（カウンターカルチャー）〔→巻末用語解説〕のるつぼのなかにあった。亀井は、「ベトナム反戦運動や黒人の市民権運動などがきっかけで、既成の価値観が崩れ去って、一種の文化革命が起こっていた」とふりかえる。この滞米経験によって、彼は文学研究「ばっかりではやっぱりアメリカというものは分からないんだ、ということをたいへん痛感」するようになった(8)。

新たな方向を模索していた亀井に、好機が舞いこんだ。日本学術振興会が派遣在外研究員の制度を一九七三年にはじめることになり、第一回の派遣者にならないかと同会が亀井に打診してきたのである。わたりに船とばかりに亀井はそれを受諾し、申請書のテーマ、したがって在米研究のテーマに「大衆文化研究」を選んだ。しかしその際、東大の先輩や同僚の「何人も」から「大衆文化なんてものを研究目的にしない方がいいんじゃないか、ホイットマンというようなしっかりしたテーマの研究で申請した方が、君の将来のためにもなるんじゃないか」と忠告されたという。それは彼によれば、「大衆文化なんて、とても学問の対象とはならぬと思われていた」からであった。しかし亀井の意思は揺るがず、七三年二月から九月にかけてニューヨーク州立大学アルバニー校を拠点に大衆文化の研究を行うこととなった。彼の目的は、大学の研究室や図書館にこもることではなく、ニューヨーク市内で生きたアメリカ文化の展開を見聞することであった。そこで大学とニューヨーク市との中間に位置し、セントルイス時代の知人も暮らしているポキープシーに居をかまえ、「週末にはニューヨーク市へ行ってあちらこちら観察する」という滞米生活を送った(9)。

亀井が大衆文化研究という当時の学界では異端視されていた分野へと突進した背景には、当時のアカデミズムへの反発心もあった。彼はのちにその点をつぎのように語っている。

アカデミズムがなにか一種、形式の尊重みたいな、よろいかぶとで身を固めたような研究に没頭し、その種の研究成果を重々しく見せつけている有様に接して、アカデミズムが嫌になってしまって、どうかしてこれをぶっ壊したいという気持ちにもなったわけです。（中略）もっと生き生きした本当の「生きた」アカデミズムを実現したいという、途方もない気持ちにもなったわけです。

アメリカ行きの直前に書いた論考で亀井は、「最も真実を重んじるはずの学問の世界で、無責任な権威主義が横行している」ことや、「もっともらしい権威主義や嘘のつみ重ねが通用している日本の学問や出版の世界」を難詰し、そのような「なれあいの世界」から身を離すべく「しばらく外の世界に旅立ちたい」と宣言している。つまり亀井にとって、大衆文化研究への傾注は、閉塞的なアカデミズムからみずからを「解放」する方途なのであった。亀井は「大衆文化研究にのめりこんで」いったことについて、「これは僕自身にも一種の文化革命、自己解放の仕事でした」とふりかえる。(10)

その「自己解放」は、このアメリカ滞在で着手した大衆文化研究の成果である『サーカスが来た！――アメリカ大衆文化覚書』（東京大学出版会、一九七六年）の全体に表れている。まず文体について、亀井は「博士論文的な文章」から脱却して「自由な文体」をつくるべく模索を重ねた。そして同書では、「旅行記的なスタイルで自分の体験をもとに学問を綴っていった」のである。その楽しげな書名もまた、「学問的研究の重々しさを斥け、大衆的ムードを出したくて」つけたものであり、表紙のデザインも、東大出版会が提示した三つの候補から「道化の顔のどぎついデザイン」を「『これだ！』と選んだ」。そこには、「学界、あるいは学界的なものに挑戦したいという思い」が「かなり明瞭に」込められていた。それは「冒険と言えば冒険だった」と彼は回顧する。[11]

このような、およそ東大の研究者の著書らしからぬ『サーカスが来た！』は、日本エッセイストクラブ賞を受賞することになり、亀井はそれをおおいに「喜んだ」。また同書は、「新聞その他の書評に続々と取り上げられ」、亀井は「思いがけない反響、いい反響にびっくりすることに」なった。『サーカスが来た！』は、一九七六年の刊行後、八〇年に文藝春秋社の文春文庫として、九二年に岩波書店の同時代ライブラリーの一冊として、そして二〇一三年には平凡社ライブラリーの一冊としてくりかえし出版され、アメリカ史の著作としては異例のロングセラーとなった。亀井の「冒険」は十二分に報われたといえよう。[12]

二　大衆文化研究ことはじめ

そもそも亀井は、文化および大衆文化をどのように理解していたのであろうか。彼によれば、「文化」とは人びとの「『心』の自己表現」であり、その「心」とは、日常生活の営みのなかで表現される「生きた人間の感情、思考、態度などの総合体」なのであった。亀井が『サーカスが来た！』でサーカスをはじめとするショービジネスをとりあげたのも、そこに「アメリカ人の心の直接的な反映が見られる」と考えたからである。[13]

そして亀井は、人間同士のつながりを求めるアメリカ人の心の反映としてアメリカ文化を捉えていた。彼はそれをつぎのように論じている。「アメリカには世界中の人が集まってきている。彼らの肌の色も、背負ってきた文化的伝統もさまざまであり、生活習慣となるとてんでばらばらだ。こういう雑多な人間が、高い移動率をもって行動するのであるから、人と人との接触は、つきつめていうと『見知らぬ人《ストレンジャー》』同士といった趣がある」。「人間関係はおのずから緊張をはら」み、そこから「自己を強く主張する個人主義のたかまりも生じる」。しかし、だからこそ、「アメリカにおける文化創造のエネルギー」は、「自己をひろげて、他人と心をつなげ」というある広告のキャッチコピーが示すような希求から発するものとなるのであった(14)。

「大衆文化」について亀井は、つぎのように説明している。大衆文化の発達のためには、多数の大衆が周密な集団をつくり、一定の経済力を有し、「自分たち本位に生きうる、政治的、社会的、あるいは精神的な自由が認められている」ことなどが重要である。したがって、資本主義・自由主義・民主主義の発展にともなう、「近代市民階級、とくにミドル・クラスと呼ばれる広い意味での独立・自活の力をもった階層の成長」が不可欠であった。それは、「世俗的で合理的な人間中心の文化」としての大衆文化を生みだし、近代産業と機械技術、マスメディアの発展によって、より広くより多くの人びとに広がった。また、大衆文化は売買関係を媒介とするがゆえに、「自由で開かれた」ものとして創造性を高めた。その意味で、アメリカにおける大衆文化が本格的に花開いたのは、資本主義と産業化が急速に進んだ南北戦争後の一九世紀後半であった。そして「二〇世紀には世界に向けてアメリカを代表するものとなった」のである(15)。

亀井が『サーカスが来た！』で描いたのは、主として南北戦争後の一九世紀後半以降に発展したサーカスに代表される大衆文化の姿であった。それは、この時期におこった「一種の生活革命」がもたらしたものであった。これによって「私たちが今日ふつうに『アメリカ的』と呼んでいるものが、ようやく文化としての形をとってきた」のである。この「生活革命」とは、「教会堂が支配する文化の様々な束縛から解放されて、現実的で合理的で自由な生活が」可能になったということであった。そのことは、サーカスをはじめとする娯楽文化や、ハンバーグ・コーラ飲料・アイスクリームといった食品文化、着やすさ重視の衣服文化、さらにはボクシング・フットボール・野球といったスポーツ文化などが、すべて一九世紀後半に普及したことからもうかがえる。伝統的な道徳秩序を重んじる人びとからの抵抗を受けながらも、「文化は、はじめてだれでも楽しめるものに」なり、「ピューリタン的重々しさをすて、陽気で派手やかな、あの『アメリカ的』なものになってきた」。この時期にはアメリカの読書層も飛躍的に拡大し、トウェイン（Mark Twain）をはじめとする「読んで楽しい、生気に満ちた」文学が「アメリカの国民文学」として誕生した。総じて、一九世紀後半に、われわれが「アメリカ的」という言葉で自然に思い浮かべる文化が誕生したというのが亀井の理解である。[16]

亀井が大衆文化研究に乗りだした一九七〇年代初頭は、「ポピュラー・カルチャー」――「民衆文化」ないし大衆社会におけるそれをさす場合には「大衆文化」という日本語を当てることが通例である――に着目した歴史研究の胎動期であった。一九六〇年代以降、英米の歴史研究者らが「文化を社会的・経済的条件に還元して説明する古典的マルクス主義を拒否し、歴史的変化に際して文化の果たす役割を重視する」研究を発表するようになっていた。エリートではない「ふつうの人びと」による文書記録には残りづらい日々の暮らしを「下から（from the bottom up）」とらえる一つの視座として、民衆文化ないし大衆文化が注目されるようになったのである。[17]

アメリカでそれを主導した一人でミシガン州立大学の英文学教授であったナイ（Russel B. Nye）は、一九七〇年に *The Unembarrassed Muse: The Popular Arts in America* を刊行し、翌年には大衆文化学会（Popular Culture Association）を設立するなど、アメリカにおける大衆文化研究に先鞭をつけていた。ナイらがそれを主導したのは、従来のアメリカ文化の研究がメルヴィル（Herman Melville）・ホーソン（Nathaniel Hawthorne）・ホイットマンといった文学者の著作を過度に重視し、物質文化（material culture）・音楽・映画・マンガといった領域に十分な学問的関心を向けてこなかったことへの反省からであった[18]。

日本でも、亀井の『サーカスが来た！』と相前後して、ふつうの人びとの暮らしを彼らの目線に立ってとらえようとする、総じて「社会史」と呼ばれる歴史研究が注目をあつめるようになった。たとえば、ヨーロッパ中世史が専門の阿部謹也が『ハーメルンの笛吹き男——伝説とその世界』（平凡社、一九七四年）や『中世を旅する人びと——ヨーロッパ庶民生活点描』（平凡社、一九七八年）を著し、後者は八〇年にサントリー学芸賞を受賞した。同時期に日本中世史家の網野善彦が上梓した『無縁・公界・楽——日本中世の自由と平和』（平凡社、一九七八年）も社会史研究として注目された。亀井の『サーカスが来た！』をふくめ、これらの著作の特徴は、学界の枠をこえて一般読者層をも対象としていたことである。これらの著作によって、日本では「社会史ブーム」と呼びうる現象がおこった。そしてこれらの学者たちは、これ以降も広い読者層にむけて旺盛な執筆活動を展開した。亀井の大衆文化研究は、日本の内外での新たな歴史研究の趨勢に与するものだったのである[19]。

三　『サーカスが来た！』の世界

亀井は、一九七三年二月からのアメリカ滞在中に、のちに『サーカスが来た！』に結実する論考の連載をはじめた。彼はそれを「体験主義的」な執筆スタイルによって進めた。アトランタに着き、北上して目的のニューヨークへ向かう途上、亀井は何度もサーカスに出くわし、はじめてみるアメリカのサーカスの「面白さにびっくり」することになる。それは「地上最大のショー（The Greatest Show on Earth）」をうたい文句にしていた有名サーカスであり、亀井とおなじ旅路で北上していた。何度もサーカスを見物するうちに、亀井は、サーカスが「もはや昔日の文化的価値」を失ったことはたしかであるものの、それは「まだ大衆のあいだで生きている」ことを実感した[20]。

亀井が実際に見たサーカスは、「大都市の公会堂などで、華麗なショー（だけ）を見せていた」のであるが、「全盛期のサーカスは、はるかにもっと総合的」（傍点原文）であり、「俗の俗なる形をとりながら、生きた広い世界の認識を観客に与える機関だった」という。サーカスの全盛期は一九世紀後半であり、一八六九年の大陸横断鉄道の開通とともに、アメリカ全土を駆けめぐることとなった。サーカス全盛時代の立役者である興行師のバーナム（P. T. Barnum）――二〇一七年公開の映画『グレイテスト・ショーマン』の主人公である――が率いたサーカスは、アフリカから輸入した象などの珍しい動物や真偽とりまぜた珍妙な文物――猿の上半身と魚の下半身をたくみにつないだ「フィジーの人魚」などが有名――を見せる博物館的側面と、人馬によるアクロバティックなパフォーマンスを融合したものであった。それが「地上最大のショー」をうたうアメリカの代表的なサーカスとなったのである。全盛期のサーカスは、娯楽と教育を融合させた総合的なエンターテイメントとして人気を博した。サーカスが教育的側面を強調したのには、旧来のピューリタン的な道徳秩序を重視する人びとからの批判をかわすねらいもあった。サーカスをふくむ大衆文化は、このような道徳秩序派との角逐のなかで発展したのである。(21)

『サーカスが来た！』がつぎにとりあげるのが、「オペラ・ハウス」と呼ばれたホールで催された大衆演芸である。一九世紀の後半には、キリスト教信仰にもとづき奴隷制の悪を告発したストー（Harriet Beecher Stowe）の『アンクル・トムの小屋』（一八五二年）を素朴なメロドラマに仕立てた「トム劇」や、顔を黒く塗って黒人になりきった白人がおかしな会話やしぐさをして見せるミンストレルショーが流行した。また同じころにはイギリスから入ってきた寄席演芸をアメリカ流に発展させたヴォードヴィルやミュージカルもはじまり、二〇世紀初頭にはアメリカの代表的な演芸となった。これらは、急速に増えてくる**中流階級**〔↓巻末用語解説〕にアピールする必要から、道徳性や適度な上品さを備えたものとなった。重要なことに、この種の劇場ないし演芸場は市議会室や選挙の投票所にも使われるなど、市民活動の舞台だったのであり、「日常生活とダイナミックに連なっていた」という意味で「アメリカ文化の基本の型を示すもの」であった。(22)

亀井はつづけて、一九世紀のアメリカで広まった講演運動を論じる。これは文学者などが集まった大衆に講演を聞かせるものであり、テーマは教養的なものから雑学的なものまで幅広かった。アメリカの文学・思想における巨人と目されるエマソン（Ralph W. Emerson）・ソロー（Henry D. Thoreau）・

ホイットマン・トウェインといった面々も足しげく講演活動を行ったのである。ここで重要なことは、この運動によって「話し言葉による独特の文化的雰囲気が形成」されたことである。亀井は、「活字的で書斎的」な視点のみではアメリカ文化の精髄は理解できないと強調する。アメリカ文化の「基底にあった」のは「おしゃべり文化」であり、「それを知ることは、アメリカの文学や思想の生きた姿を理解することにつながる」のであった。みずからも講演活動を行っていたホイットマンは、一八五六年頃に書いた詩「さすらいの教師たち」(草稿)のなかで、「われらはすすんで万人から学び、万人に教え、万人を愛する者だ」と講演活動の理想をうたいあげた。亀井は、「この詩の根底にあるのは、人と人とが直接まじわり『対等な立場で語りあう』ことによって、自己の内容を豊かにすることができるというデモクラティックな信念である」と述べる。そして彼によれば、講演運動がアメリカで活況を呈したのは、この時代のアメリカ人には「書物などによっては得られない人間どうしの接触と、その接触がかもしだす文化的雰囲気を愛する気持があったからに違いない」のであった。講演運動の広がりは、一九世紀に急速に台頭した新興中流階級の教養志向にそうものであり、それは「一種の文化的な雰囲気のなかで、知人や友人とあい、デートをし、語りあえる機会」、すなわち中流階級の人びとに「社交の場」を提供したのである。亀井は、人びとにつながりをもたらすという大衆文化の機能を重視していた[23]。

そのほかにも、亀井は、一九世紀に読書階層の拡大とともに広がったダイムノヴェルと呼ばれる大衆小説や、一九一二年の原作小説以来アメリカ大衆のヒーローとして長く愛されたターザン、そして二〇世紀にアメリカ大衆文化の主役となった映画などをとりあげている[24]。

亀井がとりわけ強調したのは、南北戦争後の一九世紀後半に発展した大衆文化の重要性である。亀井によれば、それは「資本主義と産業主義に毒された俗悪文化の時代だとされ」、「正統的なアメリカ文化史家が『金ぴか時代』と呼んで軽蔑」してきた時代であった。しかし彼の見るところ、「大衆が、自分自身の文化を持った」のはこの時代であり、「この時代にこそ、アメリカ文化は全国に普及し、ヨーロッパ文化から隔絶した民衆の活力を吸収して、多彩で、動的で、日常的なものになった」のであった[25]。

これらの大衆文化に共通する特徴は、普遍的な価値観を打ち出そうとするあまり、その保守性がきわだつ点であった。大衆文化は総じて、「万人むきのにぎやかさと、万人むきのモラルとの調和をはかりながら」発展した。そして特定の人種や階層の価値観に訴えるのではなく、誰にでも理解でき、共感をさそう愛・誠意・勇気といった普遍的な徳目を打ち出すことに腐心した。いきおい、大衆文化が「普通さ」や「善良さ」を尊ぶ「世間的モラルに密着するのは、避けられないことであった」。たとえば、ダイムノヴェルや映画の多くが描くのは、結婚の神聖な価値であり、女性は不幸に見舞われようとも誠実に生きていれば結婚によって幸福を得るという結末であった[26]。

亀井が重視した大衆文化は、一九世紀に中流階級（ミドルクラス）が拡大するとともに花開いた文化であり、そうであるがゆえに、それは「保守性」を基調とするのであった。亀井は、中流階級を「保守的階層」――ただし政治的な意味での保守主義ではない――と形容したうえで、そのイメージを以下のように示す。それは、「どうやらこうやら社会に適応し、ぜいたくはできないが生活を一応たのしみ、不平不満をいいながらもとにかくこの国に生まれたことを決定的な不幸とはせず、進歩と自由を愛しながら混乱と不和を恐れ、なお多少の成功や貯蓄に心がけている、大多数の日本人と同じような大多数のアメリカ人」であった。そして亀井は、このようなアメリカの人びとの姿が、日本人のアメリカ認識から抜け落ちていることを憂慮していた[27]。

四　デモクラシーの基礎としての文化

亀井は、大衆文化の人と人をつなぐ側面を重んじた。そもそも、すでに述べたように、アメリカ文化の基底には「自己をひろげて、他人と心をつなげ」という希求があると彼は考えていた。亀井は、一九世紀に発展した大衆文化が人びとに「社交の場」を提供したことを強調し、講演運動に対するホイットマンの「デモクラティックな信念」への言及からもわかるように、その「社交の場」がデモクラシーの基礎となっていたことを示唆している。『サーカスが来た！』より後の著作においても、みずからの経験にもとづいてつぎのような見立てを示している。たとえば、ハンバーガーショップがオートメーション化と画一化を進め、「都市郊外に住む中流階級を重んじ、ファンシーで清潔な店を増やした」ことにより、「誰でもどこでも安心して入れる店」が増えたことは、「デモクラティック」な趨勢であった。またソーダ・ファウンテン――ドラッグストアなどにあったカウンター式のバーのようなもので、ソーダ水だけでなくコーヒーやサンドイッチなども出していた――も、「若者だけでなく老人たちも出入りする街角の社交場となっている」と論じる。また、アメリカの一般的な住宅の正面にあるポーチは、子供の遊び場でもあり、「若い男女の恋の語らいの場」でもあり、近所の人びとの

「社交場」でもあると述べる。このように亀井は、文化が人びとのあいだにつながりをつくっていたことを重視し、それがデモクラシーを支えていると考えていた。彼によれば、「デモクラシーの経験とは、結局、開かれたライフを生きること」なのであり、それには人間同士のつながりが重要な意味をもつのである。ただし、後に詳述するように、亀井の見るところ、それは一九七〇年代には減退しているようであった。「ポーチも、いまやだんだん少なくなってきているよう」であり、「冷暖房が普及し、団欒はテレビを一緒に見ることになりはて、恋の語らいは車の中でする時代となっては、すべてが密室化してしまった」のであった(28)。

亀井が『サーカスが来た!』で描いた一九世紀に発展した大衆文化は、その後、道徳秩序派の巻き返しにもあいながら、「ジャズエイジ」と呼ばれる一九二〇年代に第二の開花期をむかえ、アメリカの文化はより自由な色彩をつよめた。ただし、「その繁栄は基本的に物質主義を奉じる中流階級のもの」であり、依然としてWASP(白人・アングロサクソン・プロテスタント)および男性による「文化支配体制はいっこうに崩れていなかった」。それに動揺をもたらしたのが、一九六〇年代における対抗文化の進展であった。それは、「白人中流階級本位の型にはまった体制文化に対し、個人の自由と解放された愛をもとうとする文化を主張した」のである(29)。

その動揺のまえの一九五〇年代に、アメリカの大衆文化は絶頂期をむかえ、それはグローバルな影響力を有するものとなった。その象徴として亀井が着目したのが、女優・モデル・歌手として活躍したマリリン・モンロー(Marilyn Monroe)であり、彼は一九八七年に『マリリン・モンロー』(岩波新書)を刊行することとなる。

マリリン・モンローは、端境期にあるアメリカ社会の価値観を映し出す人物であった。大恐慌時代に薄幸の幼少期を過ごした彼女が戦後にスターダムにかけあがった姿は、アメリカン・ドリームを体現していた。また、彼女は生涯に三度結婚しながらも、「つねに夫を自分のヒーローとし、真剣に愛していた」。そんな「彼女の態度はアメリカの伝統的あるいは大衆的なモラルと合致して」おり、「むしろそれを重んじ、守ることに懸命だった」。亀井によれば、彼女の生き方は「（ウーマン・リブ時代以前の）普通の女性が素直になった時の願望を代表して」おり、「しかもその願望に誠実に生きたのである」。同時に彼女は、一九五三年一二月の雑誌『プレイボーイ』創刊号で表紙を飾るとともにヌードを披露したことを皮きりに、「セックス・シンボル」として「性の解放」の動きの先端に立つこととなった[30]。

亀井の見るところ、マリリンは「セックス・シンボル」を演じながらも、読書や演技の研鑽に励み、「魂の向上」につとめていた。そして、「天真爛漫」に、「自然で自由」に、「はつらつとした性の力」を振りまきながら、「自己を解放する努力をくりひろげていた」。まさにそれゆえに、マリリンには「文化的な力」が宿ったのである[31]。亀井はつぎのように、詩的とすらいえる表現でマリリンの「文化的な力」を語っている。

マリリンの時代は、一九世紀の後半から発達してきたアメリカ文化が、最後の、しかも豪奢な花を咲かせた時代だった。デモクラシーはまだアメリカ人の誇りであり、ピューリタン的な秩序はまだ根底において信頼され、人間的な思いやりはまだ美徳であり、女と男の関係にはまだ甘美な愛情が前提となっていた時代——、マリリンはそういう時代のルールの上に立って、自由に大胆に正直に自然な肉体と魂の力を示した。基本的には無垢な女の美徳にのっとりながら、奔放に性的な魅力を発揮した。(32)

亀井にとって、マリリンはデモクラティックな生き方——亀井流にいえば「デモクラティックなライフ」——を体現する存在であった。亀井は、マリリンと懇意であった詩人のサンドバーグ（Carl A. Sandburg）が、彼女を評したつぎの言葉を紹介している。「彼女はありきたりのアイドル・スターではなかった。彼女には何かデモクラティックなところがあった。別に頼まれなくても夕食の皿洗いに加わるようなタイプだった。彼女はすぐれた話し手だった」。そして亀井は、マリリンのように「いささかお頭《つむ》が弱いと思われるほど自分をさらけ、相手をやさしくつつむ態度」が人と人の交わりの原点であり、彼女のそういう「率直さ《オープネス》」や「心を開いた態度」が、彼女と大衆の間に「心のつながり」をつくったと指摘する。亀井にとっては、そのような「自己を解放」した生き方こそが、「デモクラティックなライフ」と呼べるものであった。(33)

五　対抗文化における性革命

亀井が『サーカスが来た！』や『マリリン・モンロー』で描いたのは、アメリカの大衆向けのエンターテイメント文化であった。それに加えて亀井は、一九六〇年代以降に進展した**性革命**（↓巻末用語解説）に着目していた。それは対抗文化の一側面をなすものであった。彼は、一九七〇年代前半からそれを追いはじめ、歴史をひもときつつ考察をすすめた。それは『ピューリタンの末裔たち――アメリカ文化と性』（一九八七年）および『性革命のアメリカ――ユートピアはどこに』（一九八九年）の二冊に結実することとなる。前者は歴史の展開を追うものであり、後者は同時代的評論をまとめたものであった。亀井の見るところ、六〇年代なかば以降、「男女関係という社会の秩序の基本、たとえば結婚を神聖視し、絶対視しておった社会の制度が、みるみる崩壊していく」といった「文化社会の変貌」が進行していた。(34)

亀井の考えるところ、六〇年代なかば以降「性の解放」につき進むアメリカ社会の「ひたむきさ」は、それまで性を抑圧してきた態度の裏がえしといえるもの、すなわち「性革命」は「逆転したピューリタニズム」とも呼べるものであった。彼が論じるように、「『ピューリタニズムの伝統』というとき、私たちは性を抑圧する態度としてのみそれをうけとめがちだが、じつは性を直視し、その理想的なあり方を積極的に追求する態度としても理解しなければならない」というのが彼の基本的な考えであった。(35)

そのような視座にもとづいて書かれた『ピューリタンの末裔たち』は、一七世紀のピューリタンたちの性認識から説きおこす。一八世紀には啓蒙思想の祖であるフランクリン（Benjamin Franklin）が男女の平等な立場での婚姻を近代市民生活の基礎と位置づけた。一九世紀になると、そのような厳格な結婚制度への挑戦の動きがあらわれる。宗教コミュニティなどにおいて一夫一婦制にとどまらない多様な性関係のあり方の模索がなされ、また結婚制度を否定する「フリー・ラブ」の思想も現れた。しかし南北戦争後の一九世紀後半には、「品行方正（respectability）」を重んじる「上品な伝統（genteel tradition)」とよばれるものが確立した。これは「自然なままの人間性の現実と取り組むのと逆に、人工的な上品ぶりを重んじる生き方の伝統」であった。南北戦争後に、社会の産業化や都市化が進むとともにスラムも出現するなど社会や道徳の混乱が起こるなかで、指導者や新興中流階級は安定した道徳秩序を求めたのである。それにより、女性は人前では肌を隠し、性に関する言葉を発するのを慎むべきとされ、「性はタブーとなった」。一八七三年のいわゆるコムストック法に象徴されるような「わいせつ」とみなされる出版物などへの弾圧も進んだ。「性を圧殺した、世間でいう意味の『ピューリタン的』アメリカは、こうしてこの時代にでき上った」のであった(36)。

たしかに、その後二〇世紀に入ると女性参政権の実現や「風俗としての性の自由化」は大幅に進んだものの、「家庭や社会の道徳の根底に関する問題になると、伝統的な秩序の権威が守られ続けていた」。亀井はここでも、大衆文化の「保守性」を強調する。「とくに大衆文化の分野で、そのことがいちじるしかった。大衆文化は大衆の低級な欲望にこたえるものだから、道徳的に堕落している、というのはとんでもない誤解だと思う。映画も演芸も、お色気サービスのようなことはしながらも、積極的には古くからのモラルをセンチメンタルな形で押し出していた」。「大衆小説も、この時代を支配したハリウッド映画も、相変わらずピュアー(に見える)恋愛を美化し、結婚を道徳的な善男善女にだけ与えられる褒美として神聖視していた(37)」。

つづけて亀井は、一九六〇年代から七〇年代にかけて進展した性革命を捉えるべく、文学研究者らしく、「わいせつ」とみなされた文学作品についての訴訟の展開を中心に性革命の進展を論じている。一九五九年にある出版社が完本を出版したロレンス(D. H. Lawrence)の『チャタレー夫人の恋人』や六一年に出版されたミラー（Henry V. Miller）の『北回帰線』といった性描写を豊富にふくむ作品をめぐる訴訟の結果、前者は六〇年に、後者は六四年に無罪を勝ちとった。六三年には、一八世紀半ばにイギリスで刊行されアメリカでも厳しく禁止されてきた小説であるクレランド（John Cleland）の『ある遊女の回想』（通称『ファニー・ヒル』）がついに出版され、あちこちで訴訟が起こったものの、六十六年三月に連邦最高裁判所が無罪をいいわたした。このとき最高裁は、「わいせつ」と認定する条件の一つとして「埋め合わせになる社会的価値がぜんぜんないこと」という厳しい基準を新たに設定した。こうして、実質的にアメリカでは「ポルノ解禁」の様相を呈し、文化全般において、大胆な性描写が氾濫することとなった。(38)

これらと同時に、フェミニズムも唱えられはじめた。六〇年に連邦食品医薬品局（ＦＤＡ）が経口避妊薬いわゆるピルを無害として承認し、六三年にはフリーダン（Betty Friedan）が『女らしさの神話』を発表した。これらを契機としてはじまったフェミニズムは、亀井の見るところ、女性の「人間的な自立――受け身の立場を脱し、独立の能力を育て、自分にとって価値ある生を実現すること」を求める思想であった。(39)

一九六〇年代なかば以降、性革命やフェミニズムは、泥沼化するベトナム戦争への反対や黒人差別の是正を求める公民権運動などとあいまって、亀井によれば、中産階級中心の既存の秩序への対抗を標榜する「対抗文化」を生みだした。旧来の政治・社会・文化の秩序や価値観が大きく動揺するなかで、対抗文化の主唱者たちは「性」こそが「人間らしさ」の根源であると考え、「男女関係の因習的な秩序の拒否」と「自由な性の実現」を求めた。「人間の性的要素を肯定して公然と議論すること自体が、反体制のための有力な武器」となり、旧来的な秩序に抑圧されている人間らしい「生」をとりもどす方途として、「性の解放」が唱えられたのである。[40]

ポルノ小説やポルノ映画などが氾濫したことに対し、伝統的な道徳秩序をおもんじる保守派は黙っていなかった。保守派の反撃の一つの到達点と亀井が考えるのが、一九七三年六月の連邦最高裁判決である。このとき、最高裁はいくつかの事件をめぐって新たな判断を示した。「埋め合わせになる社会的価値がぜんぜんないこと」という六六年に示した「わいせつ」認定基準を撤回し、憲法の保護を受けるためには「真剣な文学的、芸術的、政治的、科学的価値」が必要であることを示し、かつ「現在の社会の標準に公然と背く」か否かという従来の基準についても、その判断をそれぞれの地方にゆだねると決めたのである。これにより、作品等に対する「憲法による保護の条件が一挙に厳しく」なり、同時に「ポルノ製作者たちは、地方ごとにどのような規制をうけるか分からなくなり、戦々兢々としなければならなくなった」のであった。[41]

亀井は、このようなポルノ推進派と反対派の角逐について、一方に「愚直なまでに真っ正直なセックス解放への突進があれば、他方に、同じく愚直なまでに真っ正直なそれへの反撃があるのも、またアメリカ的な特色」と論じ、双方が「真っ向から四つに組んで、生真面目に押しあっている」さまに感嘆していた。彼の見るところ、このような「生真面目さ」ないし「ひたむきさ」が、「アメリカ文化に独特の迫力をもたらした」のであり、それは八〇年代後半になっても続いていた。亀井によれば、「時代が閉塞的になればなるほど、それを乗り越える努力が真剣になされるのが、アメリカの社会と文化の強み」であり、「性の問題は、まさにそういう動向の中心につながって」いた。「アメリカの性革命には、よくも悪しくも、日本の社会や文化からは感じとることの難しい実験的な生の迫力がみなぎっている」のであった(42)。

六　今日につづくデモクラシーの動揺

しかし亀井は、一九八〇年代に進んだアメリカの保守化傾向には憂慮を見せていた。その頃には性革命への反撃が「時代の趨勢」となり、「生活レベルでは、男女関係、家庭、社会などのあり方において、伝統的な秩序を回復する主張や行動がくりひろげられ」、「文化的にも、宗教、教育、芸能、ファッション、その他いろんな分野でその傾向が見られる」ようになった。八六年には「家族の価値」など旧来的な道徳秩序を重視するレーガン（Ronald W. Reagan）政権の司法長官諮問委員会である「ポルノグラフィー委員会」が、ポルノを「有害」と断定し、その処罰を勧告した(43)。

さらに亀井は、性革命の展開のゆくえに少なからぬ懸念も感じていた。その一つは、性革命の推進派と保守派の角逐が熾烈になり、「文化戦争」とも呼びうる状況を呈してきたことである。それが明瞭に現れたのが人工妊娠中絶をめぐる論争であった。一九八四年の大統領選挙における共和党候補のレーガンと民主党候補のモンデール（Walter F. Mondale）が、テレビ討論でこの問題をめぐって論戦を交わしたことについて、亀井は、「国の最高の指導者たろうとする人たちがこういう問題で正面からわたり合うところに、私などはアメリカの政治が市民の生活と結びついていることのあらわれをみて、感動をおぼえる」との感慨を吐露している。その一方で、この問題については「両陣営とも自分を正義の士として任じ、妥協の余地がない」状態であり、「国民の間に深刻な対立を生んできている」ことにも論及した(44)。

亀井の憂慮は、この時期に進んだ禁書や反ポルノの動きにも及んでいた。一九八〇年代に入って各地の学校やその他の公共図書館での禁書が増加した。トウェインの『ハックルベリー・フィンの冒険』やヘミングウェイ(Ernest M. Hemingway)の『武器よさらば』、スタインベック(John E. Steinbeck)の『怒りの葡萄』などの名作もその対象となった。それをおし進めたのは卑語や内容の不道徳性を問題視する保守派であった。アメリカの図書館をこよなく愛する亀井は、もちろん禁書の動きに反対であった。彼は、「アメリカ人が自分たちの信念をかけて戦う姿を私はいつも讃嘆して見ているが、他人の信念を認めない独善的な態度が支配的になったら、アメリカの魅力は根本的に崩れてしまう」と記している。一方で、進歩派が禁書を進めることもあり、またポルノを女性差別だと考えるフェミニストと「古き良きアメリカ」への回帰のためにポルノに反対する保守派が、ジェンダーについては考えを異にしているにもかかわらず反ポルノでは手を組むという事態も起こっていた(45)。

亀井が性革命のゆくえに感じていたもう一つの懸念は、それによって、アメリカ大衆文化がつちかってきた「人と人とのつながり」が見失われてしまうことであった。彼は、「自然で自由な人間性の回復を目指してはじまった」対抗文化や性革命が帰着しつつある状況をつぎのように嘆いている。

解放されたはずの人間は、人間同士の暖かい結びつきを見失いがちになってきた趣がある。人間関係はしらけて機械化したものになり、男女間の愛情はセックスにとって代わられ、しかもそのセックスは魂のまじわりを無視した末端器官の行為に還元されている。家庭は崩壊し、これから建設されるべき新しい家庭のヴィジョンはまだ出来ていない。（中略）
フェミニズム運動についていえば、男女の平等や女性の自立は大いに主張され、社会的な成果もあげてきた。だがその裏で、男女関係の機械化ないし技術化もしのび込んできたのではないか。（中略）避妊薬《ピル》や試験管ベビーによって女性は子宮から解放されたとか、女性のオーガズムに男性器は不要とかいって、まるで解剖学的な局限された見地から女性の独立を叫ぶ議論も、一部では大真面目になされる始末。性革命なるものも、ただ性器の快楽の探求にひた走る傾きが目立ってきた。(46)

亀井は、新たな社会や人間関係のあり方の構築を目指した対抗文化の勢いが衰えた一九七〇年代なかば以降、人と人とのつながりが失われ、人びとが孤独感を強めていることを問題視していた。彼の考えるところ、その背景には、六〇年代以降の政治・経済・社会の混乱によって、アメリカのデモクラシーや経済的前途への人びとの自恃がおおきく動揺したことがあった。彼は七九年における鶴見俊輔との対談において、「アメリカ人の孤独感というものを、ここ数年とくにつよく感じる」と述べ、「心のなかの不満感、あるいは不安感」が高まっており、「エスタブリッシュメントが信頼できず、自分の帰属するところが見出せ」なくなっているのではないかと語っている。それぞれのマイノリティグループは帰属感を育てている一方で、アメリカ社会の全体において「人間としての連帯感」がもてない状況にあると彼は感じていた。その一つの要因として亀井は、人間の営みが「巨大な機構のなかに埋没し」、そのなかでデモクラシーも人びとの主体的な参加からなるものではなく「単なる政治機構と化した」ことを指摘した[47]。

このような亀井の同時代的な指摘は、まさしく慧眼であった。一九六〇年代以降、デモクラシーのあり方が人びとの主体的な参加から遊離したこと、また人びとのあいだの「つながり」や「信頼」が希薄化し、「孤独」が広がったことは、二〇〇〇年代に入って以降パットナム（Robert D. Putnam）やスコッチポル（Theda Skocpol）といったすぐれた政治学者が実証的に指摘するようになった。また亀井が憂慮した「文化戦争」は、今日も熾烈をきわめており、人びとの分断を助長している。ソーシャルメディアの普及とコロナ禍をへた今日、アメリカでは人びとの「孤独」が社会問題となっている。「分断」や「孤独」をいかに克服し、それによって人びとのつながりに根ざすデモクラシーをいかに蘇生させるかということが、今日のアメリカの学界やジャーナリズムにおける重要なテーマといえよう[48]。

亀井が、その保守性を指摘しつつもデモクラシーの基礎としてとらえたのは、中流階級（ミドルクラス）であった。今日、アメリカのみならず先進民主主義国における中流階級の衰退が指摘されるようになり、それがポピュリズムの台頭や政治社会の分断の要因であるとも指摘されている。とりわけアメリカでは格差の拡大と固定化が深刻化しており、著名なアメリカ研究者をして、「巨大企業や利益団体の影響力が極度に増した米国はもはや民主制というよりも寡頭制に近いのかもしれない」と言わしめる状況である。高学歴上流階級と労働者階級のあいだの「新しい階級闘争」を語る論者もいる。今日の文化の舞台の一つとなっているソーシャルメディアは、むしろ人びとのあいだに分断をもたらしており、つながりをつくりだす作用を求めるのは困難な様相である[49]。このような状況は日本にとっても対岸の火事ではないはずであり、人びとにつながりをもたらす文化と、それを基盤とするデモクラシーとをいかに再生させるかが、われわれが直面する課題であろう。

七　人生をかけての学び

亀井俊介の知的活動をふりかえることで見えてくる「地域研究」のあり方とはどのようなものであろうか。もっとも基本的なことは、自分が「面白い」と感じることをひたむきに追求する姿勢であろう。彼はその点を次のように語っている。

文学の学問というのは、自分が面白いと思ったことを深く広く人に伝える努力なんです。この作品にこんなに感動したよということを人になんとか訴えたい、納得して味わってほしい、それが研究の「もと」なんだ、とそういう素朴な発想が僕には基本的にあるんです。（中略）で、この、自分が面白いと思ったことを人に伝える努力——これが実はなかなか大変な仕事なんですね。（中略）それを人に伝えるためには、自分とその作品との関係を摑んでいないと十分には出来ません。その作品がどうして自分にアピールするかを理解するには、自分自身を知らなければならない。つまり文学研究というのは一種総合的な仕事です。

ここでは文学について語っているものの、この姿勢は亀井の学問をつらぬくものであった。「面白い」という実感を大切にしない「学問のための学問」に、彼はことのほか厳しかった。(50)

同時に大切なことは、自分とは異質な対象を理解しようとする姿勢であろう。亀井は、フランクリンとソローという対照的な思想家の著作を学生に読ませたところ、学生たちが両者の思想を「ご都合主義」的に批判しがちであることを嘆き、以下のように述べている。

私は批判的精神をもつことは尊いとおもう。しかしその前に大切なのは、まず相手をよく理解することではなかろうか。相手の立場に立ち、その心の中にまで入っていって、相手の動きを理解してみることだ。これは自分の主張を弱めることではない。むしろ自分を固定化しないで、拡大し、発展させることになると思う。そしてそれは心たのしいことである。(51)

亀井のきびしい表現をかりれば、「理解する前に批評に走る」のは「心の貧しいもの」のすることなのである。(52)

そのような姿勢を大切にしたうえで、亀井は、研究対象を「自分の『生』で受け止め」ることを後進に期待していた。若い人には、「自由な姿勢で、自分の自由な生き方を大事にしながら、作品を読んで、それに自分の『生』を呼応させる姿勢で、読んだ感想を素直に表現する──そういう文学の勉強を進めてほしいなあと思います」というのが、彼が晩年に言いのこしたことである。(53) 以上のような亀井の研究姿勢は、地域研究であれ他の研究であれ、なにかを学ぼうとするすべての者にとって傾聴に値しよう。亀井は終生それらを大切にした。アメリカの文学や文化を見つめながら、そこにみずからを「解放」する「自由」で「デモクラティック」な力を見出していた。そのようなアメリカにみずからの「生」を呼応させながら、「デモクラティックなライフ」を生き通したのが、亀井俊介の学究人生であった。

用語
中流階級　対抗文化　性革命

註
(1) 亀井（二〇一七）三—四、一九八—一九九頁。
(2) 亀井（二〇一七）五—六、一九八—一九九、二六一頁。
(3) 亀井（二〇一七）三一—三二、三九、四三—四四、二六二、三三〇頁。
(4) 亀井（一九八六）一一—一五頁。
(5) 亀井（一九八六）一五—一九頁。
(6) 亀井（一九八六）二三頁。
(7) 亀井（二〇一七）八六頁、亀井（一九七〇）。
(8) 亀井（二〇一七）八五頁。
(9) 亀井（二〇一七）一〇五—一〇六、一六一—一六二頁、亀井（二〇〇三a）五〇—五一頁。
(10) 亀井（一九七九）二一〇—二一一頁、亀井（二〇一七）一〇九頁。
(11) 亀井（二〇一七）一七二—一七四頁。
(12) 亀井（二〇一七）一七五—一七六頁、亀井（二〇一三）三六二—三六三頁。

(13) 亀井（一九八六）三頁、亀井（二〇一三）二七三頁。
(14) 亀井（二〇〇三ｂ）三―九頁。
(15) 亀井（二〇〇三ｂ）九六―一一四頁。
(16) 亀井（一九七八）一一、一七―二一、二五四頁、亀井（一九七九）七七頁。
(17) 柴田（一九九〇）一―三頁、長谷川（二〇一三）八―九頁、Franz and Smulyan (2011), p.1; Cullen (2013), p. xii.
(18) Nye (1970); Michigan State University Archives and Historical Collections; Popular Culture Association; Ashby (2010).
(19) 山内（二〇〇七）二一九頁。
(20) 亀井（二〇一三）七―一一頁、亀井（二〇一七）一六六頁。
(21) 亀井（二〇一三）第一章、亀井（一九七九）一〇五頁。
(22) 亀井（二〇一三）第二章。
(23) 亀井（二〇一三）第三章。
(24) 亀井（二〇一三）第四―六章。
(25) 亀井（二〇一三）二七五―二七六頁。
(26) 亀井（二〇一三）三一六、三四六頁、亀井（二〇〇三ｂ）九―一〇頁。
(27) 亀井（一九八六）二〇〇―二〇一頁。
(28) 亀井（一九七九）一六七、一七〇―一七一、一八一頁、亀井（一九八二）一九―二〇頁。
(29) 亀井（一九七八）三三、一〇五―一〇六頁、亀井（一九七九）八八頁。
(30) 亀井（一九八七ａ）二一―三六、四六、五六、五二頁。
(31) 亀井（一九八七ａ）六三―六七、一八〇頁。

(32) 亀井(一九八七a)七五―七六頁。
(33) 亀井(一九八七a)八五、一六〇―一六五、一八〇頁。
(34) 亀井(二〇一七)一〇五頁。
(35) 亀井(一九八七b)七頁。
(36) 亀井(一九八七b)三―一〇五頁。
(37) 亀井(一九八七b)一八三頁、亀井(一九八九)一二頁。
(38) 亀井(一九八七b)二一一―二二〇頁。
(39) 亀井(一九八七b)二二八―二二九頁。
(40) 亀井(一九八七b)二二八―二二九頁、亀井(一九八九)二一頁。
(41) 亀井(一九八七b)二二〇―二二三頁、亀井(一九八九)二〇〇―二〇一頁。
(42) 亀井(一九八六)一四二―一四五頁、亀井(一九八七b)二五六―二五頁、亀井(一九八九)二〇四―二二八頁。
(43) 亀井(一九八九)一八二、二〇〇―二〇一頁、亀井(一九八七b)二二〇―二二三頁。
(44) 亀井(一九九一)一二二―一二三、一七八頁。
(45) 亀井(一九九一)一六七―一七三頁。
(46) 亀井(一九八七a)七七―七八、一八三頁
(47) 鶴見・亀井(一九八〇)一六一―一六二頁、亀井(一九八二)二〇一頁、亀井(一九八六)八一頁。
(48) パットナム(二〇〇六)、パットナム・ギャレット(二〇二三)、スコッチポル(二〇〇七)、クリネンバーグ(二〇二一)、カクタニ(二〇一九)、Thompson (2024)。
(49) 日本経済新聞社(二〇二一)、渡辺(二〇二四)、リンド(二〇二二)。
(50) 亀井(二〇一七)一一六、一四八―一五〇頁。

(51) 亀井（一九七九）二三八頁。
(52) 亀井（一九八二）二七四頁。
(53) 亀井（二〇一七）二一四、二二三頁。

参考文献

カクタニ、ミチコ（二〇一九）『真実の終わり（*The Death of Truth: Notes on Falsehood in the Age of Trump*）』（岡崎玲子訳）集英社。

亀井俊介（一九七〇）『近代文学におけるホイットマンの運命』研究社。

――（一九七九）『バスのアメリカ』冬樹堂。

――（一九八六）『アメリカの心　日本の心』講談社学術文庫〔単行本初版は一九七五年〕。

――（一九七八）『摩天楼は荒野にそびえ』日本経済新聞社。

――（一九八二）『本のアメリカ』冬樹社。

――（一九八七a）『マリリン・モンロー』岩波新書。

――（一九八七b）『ピューリタンの末裔たち――アメリカ文化と性』研究社出版。

――（一九八九）『性革命のアメリカ――ユートピアはどこに』講談社。

――（一九九一）『ハックルベリー・フィンは、いま――アメリカ文化の夢』講談社学術文庫〔単行本初版は一九八五年〕。

――（二〇〇三a）『ひそかにラディカル？――わが人生ノート』南雲堂。

――（二〇〇三b）『わがアメリカ文化誌』岩波書店。

――（二〇一三）『サーカスが来た！――アメリカ大衆文化覚書』平凡社ライブラリー〔単行本初版は一九七六年〕。

――――（二〇一七）『亀井俊介オーラル・ヒストリー――戦後日本における一文学研究者の軌跡』研究社。

クリネンバーグ、エリック（二〇二一）『集まる場所が必要だ――孤立を防ぎ、暮らしを守る「開かれた場」の社会学（*Palaces for the People: How Social Infrastructure Can Help Fight Inequality, Polarization, and the Decline of Civic Life*）』（藤原朝子訳）英治出版。

柴田三千雄（一九九〇）「序章」柴田三千雄ほか『民衆文化』シリーズ世界史への問い六、岩波書店。

スコッチポル、シーダ（二〇〇七）『失われた民主主義――メンバーシップからマネージメントへ（*Diminished Democracy: From Membership to Management in American Civic Life*）』（河田潤一訳）慶應義塾大学出版会。

鶴見俊輔・亀井俊介（一九八〇）『アメリカ』文藝春秋。

日本経済新聞社編（二〇二一）『パクスなき世界――コロナ後の正義と自由とは』日本経済新聞出版。

長谷川貴彦（二〇一三）「文化史研究の射程――「転回」以降の歴史学のなかで」『思想』第一〇七四号。

パットナム、ロバート・D.（二〇〇六）『孤独なボウリング――米国コミュニティの崩壊と再生（*Bowling Alone: The Collapse and Revival of American Community*）』（柴内康文訳）柏書房。

パットナム、ロバート・D＝シェイリン・ロムニー・ギャレット（二〇二三）『上昇（アップスウィング）――アメリカは再び〈団結〉できるのか（*The Upswing: How America Came Together a Century Ago and How We Can Do It Again*）』（柴内康文訳）創元社。

山内進（二〇〇七）「解説『ヨーロッパ中世世界』との出会い――小樽での会話から」阿部謹也『自分のなかに歴史をよむ』ちくま文庫。

リンド、マイケル（二〇二二）『新しい階級闘争――大都市エリートから民主主義を守る（*The New Class War: Saving Democracy from the Managerial Elite*）』（施光恒監訳、寺下滝郎訳）東洋経済新報社。

渡辺靖（二〇二四）「書評『ワイルドランド（上・下）』エヴァン・オズノス著」『日本経済新聞』二〇二四年七

月二〇日。
Ashby, LeRoy.（2010）. “The Rising of Popular Culture: A Historiographical Sketch,” *OAH Magazine of History*, 24（2）.
Cullen, Jim, ed.（2013）. *Popular Culture in American History*, second edition, Hoboken: Wiley-Blackwell.
Franz, Kathleen, and Susan Smulyan, eds.（2011）. *Major Problems in American Popular Culture*, Boston: Cengage Learning.
Nye, Russel.（1970）. *The Unembarrassed Muse: The Popular Arts in America*, New York: Dial Press／亀井俊介ほか訳（一九七九）『アメリカ大衆芸術物語』一―三巻、研究社。
Michigan State University Archives and Historical Collections, “Russel B. Nye Papers,” https://archive.lib.msu.edu/uahc/FindingAids/ua17-171.html, accessed on September 3, 2024.
Popular Culture Association, https://pcaaca.org/page/About, accessed on September 3, 2024.
Thompson, Derek（2024）. “Why Americans Suddenly Stopped Hanging Out.” *The Atlantic*, February 14, 2024.

【亡命者】

第八章　亡命者が目指した北極海航路のゆくえ

――A・バイカロフの協同組合論とシベリア論を紡ぐ

斎藤　祥平

一　シベリアからイギリスへ――地域を跨ぐ亡命者

本章は、**シベリア**〔↓巻末用語解説〕出身者であり、一九一七年のロシア革命直後に**亡命者**〔↓巻末用語解説〕となったA・バイカロフの協同組合論とシベリア論に着目し、彼の**北極海航路**〔↓巻末用語解説〕構想の特徴を明らかにしようとするものである。A・バイカロフ（一八八二年―一九六四年）はエニセイ・コサック（クラスノヤルスク、イルクーツク地方）出身の政治家、ジャーナリストであり、カザン大学では数学、物理学、薬学を学ぶとともに社会主義運動に参加した。政府から迫害を受け、逮捕され、シベリアのエニセイ県北部のトゥルハンスクに流刑された。一九〇五年のロシア革命に際して釈放され、北極海へとつながるシベリアの河川を探検した[1]。

亡命前のバイカロフは、ノヴォニコラエフスク（現ノヴォシビルスク）、ウラル、北カザフスタン、極東にいたる二九の協同組合を中心に活動したが、中でもエニセイ地方消費者団体連合の理事を務め、第一次世界大戦中はロシア軍への食糧の調達を組織した。また、一九一七年のロシア革命と内戦によってヨーロッパ・ロシア地域からの物資の調達が難しくなると、在ロンドンの協同組合組織と協力し、シベリアの毛皮などの製品をカナダやアメリカといった北米などの世界市場へ輸出することで打開した。こうした経験は亡命後においてバイカロフの言論の根拠となり、構築された人脈はイギリスへ亡命する際の伝手となった。亡命前においては、ロシア社会民主労働者党のメンシェヴィキ派に属していたとされるが、ボリシェヴィキ派との対立により同党と決別する。(2)

一九一八年の初め、バイカロフはシベリア協同組合連合の全権代表として海外に派遣され、翌年にかけて彼は中国(上海)と日本(神戸)に滞在し、シベリア地方政府の外交任務も遂行した。そして一九一九年末に、彼はカナダとアメリカを経てロンドンに到着し、亡くなるまでそこで暮らした。一九二三年まで、バイカロフはロンドンにあったロシアの協同組合組織(シベリア協同組合連合有限会社、モスクワ人民銀行有限会社、亜麻育種組合有限会社など)の理事や合同委員会の会長職を務めた。(3)

亡命後のバイカロフの言論はロシアの協同組合運動について執筆し、それを亡命地であるイギリスや西側諸国に紹介することから始まる。具体的には、一九二〇年から一九二二年の期間にロンドン大学スラブ学講座の雑誌 *The Slavonic Review* や、ロンドンのロシア協同組合組織合同委員会が出版し、バイカロフ自身も編集に携わった英字新聞『ロシアの協同組合員(*The Russian Cooperator*)』に、ロシアの協同組合やシベリアとヨーロッパをつなぐ北極海航路に関する論文を発表する。バイカロフを個別的に扱ったボグツキーの研究では、第二次世界大戦後のロシア語によるバイカロフの言論を重視し、バイカロフが**亡命ロシア人**〔↓巻末用語解説〕を結集させてソ連国家への闘争を挑む強固な反共産主義者として結論付けている[4]。一方、本章ではシベリア出身者であり、ロシア革命期からボリシェヴィキの反対者であった彼の立場に着目し、亡命直後の一九二〇年代初頭におけるバイカロフの協同組合論と北極海航路構想について検討するとともに、それ以降のソ連批判の原点を確認する一助としたい。

ここではまず、主として一九二〇年代のイギリスの社会・政治状況との関係に着目しながら、バイカロフが英語で言論活動を行った場としての亡命地イギリスの特徴と現地での彼の役割を示しておきたい。

アルハンゲリスクやムルマンスクなどでイギリス人と共にロシア内戦を闘った白軍関係者はイギリスの戦艦に乗って国外へと逃れた。彼らは、出身地域はもちろんのこと、農民や労働者から軍の将校までとその社会構成や職業は極めて多様であった。また、ボリシェヴィキ体制の反対者を中心としながら、政治的立場も様々であった[5]。

イギリスは世界に植民地を持つ強国であり、亡命ロシア人にも植民地出身者と同様になることを求めた。つまり、イギリスの亡命ロシア人は自らの創作物を表現・発表する際、現地のコミュニティに入っていく必要があった[6]。本稿で論じるように亡命初期のバイカロフが英語で自らの主張を発信していたのにはこうした事情があったと考えられる。それができなければ、他の国へと移る場合も多く、イギリスの亡命ロシア人の数については諸説あるが、例えばロシア内戦後にアルハンゲリスクから一万五〇〇〇人がイギリスに亡命したという数字が知られている[7]。

イギリスにおける亡命ロシア人は、国内の政治経済や国際関係の状況によって、その生活が大きく左右された。一九二一年にイギリス政府はソ連との貿易を開始したが、事実上のソ連承認は亡命者の境遇を悪化させた。一九二四年に労働党のマクドナルド首相はソ連を公式に承認し、その結果、反ボリシェヴィキの亡命者の状況はさらに難しくなった[8]。これは後述するように、バイカロフがそれ以前の段階までに協同組合を通じた貿易を実現しようとした理由であろう。その後、政権交代によって、一九二六年から一九二七年ごろにおいては、イギリスとソ連の関係の冷却化によって状況は若干改善された[9]。だが、一九三〇年代になり、イギリスとソ連の外交関係が活発化すると、逆戻りとなった。

カズニーナやボグツッキーの先行研究によれば、一九三〇年代においてバイカロフは亡命ロシアの文化人をロンドンに招き、公演やコンサートを行うとともに、文化活動を幅広く紹介するロシア語の雑誌を編集するなど、伝統的ロシア文化の保持するために亡命ロシア人の活動を記録することにも力を入れていた[10]。このように先行研究では、ロシア文化保持のための活動として、あるいは、先述のように戦後の冷戦期の文脈における反ソ運動としてバイカロフの活動を捉えてきたが、亡命直後の一九二〇年代初頭においてバイカロフの言論がいかなる目的で展開されたのかは謎に包まれている。そこで本稿では、そうしたバイカロフの言論の中でも、*The Slavonic Review* や『ロシアの協同組合員』におけるる亡命初期のバイカロフの論考を中心に分析し、その特徴を明らかにする[11]。特に、ロシア内戦が終結し、ソ連が成立する一九二二年までのバイカロフの論考には、この時期特有のソヴィエト・ロシアへの批判的視点が見られ、それが彼の協同組合論に還元されていると考えられる。

二　バイカロフの協同組合論――個人主義と集団主義のあいだで

個別の論文を検討する前に、ロシア社会思想史における協同組合論について確認しておきたい。今井は帝政ロシア時代のナロードニキの社会改革思想と協同組合思想との関連を確認したうえで、ソ連時代の農業協同組合思想へのつながりを示している。なかでも、ロシアの協同組合思想の重要な原点として、エゴイズムや競争に代わる相互扶助の精神があると述べている[12]。この指摘は、後述するバイカロフの思想における集団と個人の問題にも関係するが、ロシアの思想家は専制や農奴制を克服する手段として相互扶助や財産の共有に活路を見出そうとしたのである。例えば、ロシアの専制政治との対決によってロンドンに亡命し、ロバート・オーウェンの思想をロシアに紹介したゲルツェンや、ロシアの伝統的農村共同体を基礎としてロシアに独自の社会主義を創出しようとしたチェルヌィシェフスキーなどが挙げられ、その活動は帝国政府の弾圧や妨害を度々受けることになる[13]。

ロシアの協同組合論はバイカロフの故郷シベリアとも深く関わっている。一九世紀前半に流刑地に送られたデカブリストがその先駆者として、収容所内に独自の生活協同組合を作り、その後もシベリアに残った人々が現地の住民の間にも協同組合組織を広め、二十世紀初頭にはシベリア全土に広がった[14]。さらに第一次ロシア革命の一九〇五年以降、ロシアにおける協同組合運動は急成長し、一九一七年の革命前夜に、全国的な組織に拡大したのである。

その一方で、ロシア革命後の協同組合の状況はどのようなものだったのだろうか。ロシア二月革命後の臨時政府のもとで協同組合法案が作成され、協同組合を土台としたロシアの農業再建が目指されたが、戦時共産主義によって、協同組合は著しく活動を狭められるなど、その後ロシアの協同組合が辿った道は険しいものであった。新生ソヴィエト政権による協同組合への対応については様々な見方があるが、全ての市民に対し協同組合への加入が義務化され、自由な加入脱退の権利を剝奪されるなど、階級闘争や社会主義国家建設のプロセスに市民を統合するための手段となった側面が指摘されている(15)。

また、従来からの協同組合の指導部が社会革命党やメンシェヴィキの影響下にあったことから、ボリシェヴィキは協同組合の政権からの独立には否定的であり、国家との緊密な結合を求めた(16)。政府から独立した自治組織としての協同組合の性質が損なわれることや、かつての協同組合指導者への処遇に対してソヴィエト国内でも反発があったが、早期に亡命を果たしたバイカロフもまた、協同組合そのものにロシア経済を進歩させる力があると信じ、海外でボリシェヴィキ批判としての協同組合論を展開したのであった。

小島の研究によれば、ソ連の農業集団化に至るまで、亡命者を含む様々な農業経済学者や社会学者が協同組合を基盤とした農村変革を考案した(17)。彼らのソ連論は、一様ではなく、複雑かつ多様で屈折に満ちたものであった。彼らの多くが帰国の可能性を真剣に考えていたために一九二〇年代ではソ連の体制変化を予想・期待した者も少なくなかったためだ(18)。著作物の言語に関しても、ソヴィエト政権を短命と見て帰国を期待する亡命ロシア人に向けてロシア語が使われた一方で、亡命先の欧米諸国ではソヴィエト・ロシアへの関心が極めて高く、ソヴィエト経済研究はロシア人学者が欧米の知的世界の中で優位を発揮できる分野であったため、ドイツ語、フランス語、英語でも情報発信を行っていた[19]。

結果的にソ連に帰国しなかったバイカロフが、亡命直後の一九二〇年代初頭という早期において、ロシア革命後の協同組合の在り方について批判的な視点を有していたことに加えて、多くの論考を英語で発表していたことにも着目する必要がある。彼はイギリスを中心とする欧州の読者に、何を訴えようとしたのだろうか。

実は、ロンドン大学のロシア・スラヴ研究科の機関紙 *Slavonic Review* の創刊号において、当時のイギリスのロシア・東欧研究の創始者の中心であったバーナード・ペアズらとともに執筆者として名を連ねていたのがバイカロフだ。初代研究科長であったペアズは「イギリスにおけるロシア研究の目的」と題する論考にて、第一次世界大戦後においてイギリスのロンドンにロシア・スラヴ研究を新たに立ち上げることになった経緯を述べるとともに、戦後のロシア研究の目的として、ロシアの戦後復興とその国際協力に貢献する人材の育成を挙げたが、ロシアの将来を担う存在としてロシアの農民と協同組合への期待を表明してこの論考を結んだ[20]。

ペアズに続くかたちで、バイカロフは同じ *Slavonic Review* の創刊号で「ロシアの協同組合運動の概略」（一九二二年）と題する論文を発表した。革命と内戦で損害を受けたロシアをどのように復興させるかについては様々な提案があるものの、その内容は分断されているとして自身の問題意識を表明したうえで、ロシア協同組合運動のこれまでを振り返っている[21]。

バイカロフは革命前後のロシアの協同組合運動の歴史を次のように叙述した。ロシア帝国の専制下で協同組合運動は発展を阻害されてきたが、一九〇五年の革命によって政治状況が好転し、それ以降においては協同組合運動も成功をおさめた。シベリア移住の援助や、地主から土地を借りやすくする農民銀行など政府による重要な政策が行われたことを認めつつも、それは革命によって皇帝が人民に一定の自由を与えなければならなかったという事情によるとする。[22] バイカロフは一九〇五年以降のロシアの産業の大部分を占めていた農業の形態が、小規模農家（自作農）であったことを指摘し、彼らの間の協力を促進する組織として協同組合を論じている。[23] こうした小規模自作農の発展を支援し、また、国家による農業集団化から農村の自治を防衛するための戦略として、協同組合を位置付けたのである。

その後の戦争と革命がロシアの協同組合に与えた影響は大きかったが、戦中には協同組合による人の結びつきが国防や物資の分配に貢献した。バイカロフが特に否定的に捉えたのは、一九一九年から一九二〇年にかけて、国家組織として改編されるなど政府化が進み、協同組合が担っていた役割のみならず、かつての協同組合そのものさえも政府の組織に取って代わったことであった。協同組合と地方政府、政府組織を区別していたものが消失したとし、ボリシェヴィキによる改革は経済的観点からも、協同組合の理念からしても「苦痛である」と表現する。[24] バイカロフによれば、協同組合の根幹を成しているのは、自発・自主の精神であったが、自由な企画が国家化され、人々の協力的な関係は義務的なメンバーシップによって破壊された。それゆえ、執筆時の一九二一年初めにおいてロシアの協同組合の状態は悲惨であり、「帝政の官僚による支配の最悪の時期よりも望みがない」と断じた。[25] 亡命知識人の中には一定の評価を与えたネップについても、協同組合は、依然として国家から独立しているとは言えず、義務的な参加を強制され、個人の自主性が欠如し、政府が諸団体の幹部の任命権を持ち、政府からの指示への拒否権がないなど、政治的に圧力を受けていると指摘する。[26]

こうした状況にもかかわらず、バイカロフは「将来、ロシアの経済的復興がなされた際には、協同組合の役割は非常に大きいと断言できる」とした[27]。それはいかなる理由だろうか。バイカロフによると、その生命線は外国との協力関係の構築であった。ロシア自身の資本が回復するまでは経済的に豊かな国々からの援助が不可避であり、ロシアの将来において協同組合が海外からの投資や信用債権の問題と関連して重要な役割を果たすと指摘している。中でも、戦争と革命の後でロシアに残るものは様々な経済分野の中でこれまでもこの国の主要な位置を占めてきた農業であるとし、この分野はロシア自体のためだけではなく、世界の食糧の問題にも貢献できると主張する[28]。ただし、外国の投資家はロシアの個人の農家と直接コンタクトを取り、投資することは難しい。バイカロフは「解決策は一つだ。小規模農家の組織に投資すれば良い。それは協同組合だ」とした[29]。

こうした農業に関して、『ロシアの協同組合員』に掲載された別の論文「ロシア農業と協同組合運動」ではロシアの農業分野における実情を踏まえたうえでの協同組合論が具体的に展開されていた。それによれば、ロシアは常に農業国であり、国民のほとんどが農業に携わり、国家収益のほとんどが農業とその関連産業で占められている。戦争と革命はロシアに多くの打撃をもたらしたが、むしろ農業は戦前と比べてさらに重要な役割を果たしている。その理由は、戦争に加えて現在の統治者であるボリシェヴィキによる「非常識な経済政策」により、あらゆる産業が破壊され、その後の組織化は進んでいないものの、農民による個人事業に近い農業は相対的にその弊害を受けずに穀物を生産し続けることができているためだとする[30]。

ボリシェヴィキが権力を手に入れた時、彼らは私有財産の廃止と生産の国有化を宣言した。全ての個人事業は共産主義国家の憎き敵と見なされた。しかし、農民は個人事業主であり、彼らは土地、馬、家畜、農業機械などを有しており、自分が生産したもの全ては、個人の財産だと考えていた。ボリシェヴィキは当初、農民に国家のために働くことを強制したが、共産主義の理念を浸透させることに失敗した。農民たちに共産主義が世界で最も素晴らしいということを説得しようとしたが、農民はかえって不信感を募らせ、時に反乱を起こしたのである。そこでバイカロフは農民の個人所有や生産物に対する権利が保障される一方、農作物の生産や市場への供給の手段を共有するなど会員どうしの協力も可能だという点で、協同組合の「個人主義と集団主義の融合」の有効性を強調する。[31] ソ連経済の大部分を個人経営の小規模農家が担っているという実情を指摘したうえで、彼らの自由意志と個人の所有権の不可侵性を重視しつつ、個人活動の生産性を集団の相互扶助によって高めるという協同組合の利点を提唱した。すなわち、協同組合が農作物の販売や機械と物資の購入などを一括して担い、小規模農家にとって不利な業務を補完するのである。

ただし、こうした自由意志の原則に基づくかつての協同組合はボリシェヴィキの政策によって消失しつつあることがこの論文でも批判されている。「ボリシェヴィキは、自由意志の原則に基づいた『古い』ロシアの協同組合組織を破壊し、その代わりに純粋に官僚的な『新しい』組織に置き換えた。というのも、これらの組織への参加は強制的であり、もはや、自治の体裁をとっていない。この『新しい』協同組合組織の全ての経済活動は国家機構に従属している。ボリシェヴィキの協同組合組織は、今や、完全なソヴィエト経済システムの一部である。その行動によって、ボリシェヴィキはロシアの農民から農業分野の成長のための素晴らしい武器を奪ったのだ[32]」。つまり、バイカロフは集団性の利を否定しないが、それは国家権力による農民の組織化とは全く異なる意味を持っていた。

一方、ソヴィエト権力側にとっては、生産物の収集などにおいて農民世帯を個別に扱うのは難しいため、協同組合をむしろ農民統合のための装置として政治利用していると指摘する。ロシアが経済的に復活するためには、その主要な産業である農業の発展が不可欠だが、ボリシェヴィキの政策では個人の権利が著しく制限され、農民の労働意欲の低下を招き、それは不可能だとする。「膨大な害が、ロシアの国民経済にもたらされている。農民は共産主義者ではない。彼らは集団主義の理念を理解するに十分な教育を受けていない。そしてすでに見てきたように、彼らは全体としての社会の利益の為に働かないだろう。理念というものは、彼らにとっては遠すぎるのだ。ロシアの経済生活、そして特にロシア農業は、自由意志による協同組合の基盤によってのみ復活しうる。それゆえにロシアがもう一度立ち上がるのを見たいと望むものは皆、ロシア協同組合組織の破壊に対し、抗議しなければならない(33)」。

以上がバイカロフの農民論および協同組合論を通したボリシェヴィキへの批判であったが、こうした批判の背景には、従来の協同組合運動の特徴が失われてしまうことに加え、新旧の協同組合が混同されてしまうことへの危惧もあったと考えられる。実際、『ロシアの協同組合員』の別記事では、在外ロシアの協同組合員の立場が確認されている。ロシアで今権力を手にしているボリシェヴィキは古い協同組合をもはや必要としていないとし、海外にいるロシアの協同組合員は、共産主義国家や彼らによる協同組合に屈しないと表明された(34)。

この問題は、バイカロフが志向したイギリスを初めとする西欧諸国との貿易とも関係していた。イギリスや他国の協同組合は、ロシアの協同組合がその自由と独立を剥奪され、強制的に政府機関に成り代わろうとしている事実を無視してソヴィエトの貿易部門と貿易を開始しようとしているが、国内の状況を鑑みると、取引の実務をロシアの協同組合員が担当していても、実質的には政府が相手であることが忠告されている。(35)

三　バイカロフのシベリア復興論と北極海航路構想

バイカロフは、ロシアの経済復興は世界中にとって必要であり、外国の政府と資本家がロシアの協同組合の重要性を理解し、ロシアが不幸を乗り越えることを望んでいるとして、先の論文「ロシアの協同組合運動の概略」を結んでいる。(36)一九二一年に執筆され、翌年に刊行されたこの論文は、政府による協同組合の改革が進んだ現状を悲観し、将来に期待をかける内容となっている。しかし、前年一九二〇年の論文では自身の構想が目の前のロシアにおいて実現するという希望をまだ捨てていなかった。それこそが北極海航路構想であった。沿北極海地域を探検したことから分かるように、亡命前からの彼の関心であったが、亡命後においては論文「シベリアの協同組合とヨーロッパからシベリアへの北方航路の商業的利用」にて戦争と革命からの復興の手段として位置づけられている。

第一次世界大戦によって、国民の経済生活が破壊され、ロシア社会の構造が暴力的なまでに変化したこと、やがて勃発した内戦が政治のみならず未曽有の経済的危機をもたらしたことを指摘する。ロシア革命によって工業、貿易、金融、投資といった各分野における帝政時代の前提が崩れ去る中で残されているのは、協同組合だとバイカロフは強調する。とりわけ、シベリアの協同組合員たちは、組織を維持するに留まらず成長させ、一九一九年の終わりには、およそ一〇〇〇万人の会員がおり、多くは農民であったと紹介している。バイカロフは次のように述べる。「シベリアの協同組合が、広範な無秩序と壊滅的状況の中で生き残っているという事実は、その生命力を間違いなく証明している」[37]。

では戦争と革命を経た厳しい状況下でシベリアの協同組合には何ができるのだろうか。「シベリア協同組合の最優先の目的は、シベリアの経済生活を再構築し、シベリアでの全般的な福祉を促進することである。この目標に到達するための最も強力な手段の一つは、疑いなく、シベリアと西欧諸国の間の友好的な関係を確立することである」[38]。バイカロフは協同組合によって、戦争と革命の数年間停滞していた西欧諸国との関係構築を目指す。シベリアの原材料をイギリスやアメリカに、一方でそうした外国で製造される道具、農業機械、ウール、綿、その他の既製品との交換を行うことができると主張する。ただし、ロシアの金融システムが破壊されており、ロシア・ルーブルは価値を失っていて、鉄道は機能していないなどの課題を認める。さらには、イギリスやアメリカの物品をバルト海や白海の航路でロシアへ運んだとしても、ロシア国内の鉄道の状況が悲惨であるために、そこからシベリアに輸送できないという問題も指摘する。そこで代案として登場するのが海上でヨーロッパ方面からシベリアを直接結ぶルート、すなわち北極海航路であった[39]。

バイカロフは北極海、カラ海、バレンツ海を経由し、シベリアの河川へと到達するこの航路の課題について、八月中旬から十月中旬という夏季しか開放されていない点、航路の終着地であるオビ川やエニセイ川の港や船団が十分に整備されていない点などを挙げる一方で、こうした困難だけに目を向けるのは賢明ではないとし、その利点について強調している。シベリアと西欧諸国の港をつなぐ、最も短く効率的な航路であること、北極海航路に関わるオビ川とエニセイ川流域はシベリアの中では最も土地が肥沃で人口が多いことを挙げる。この流域は、およそ五百万平方キロメートルに及ぶが、この地域の南側は、農業、牛の飼育などに適し、中央部は未開の森林に覆われていて、毛皮用の動物が多く住んでおり、最北部は海産物が豊かであるというその広大さと多彩さを強調した。さらに、この地域が世界で最も河川が多く、安価な水上輸送に向いており、オビ川はその支流も含めて四万キロメートル、エニセイ川は二万五〇〇〇キロメートルという距離の航行が可能であることを述べた[40]。

しかし、この航路の利用をめぐっては、実際には過去に数々の困難があったことが分かっている。西欧諸国とシベリアの間で商業的関係を構築しようとする試みは三五〇年前にまで遡る。バイカロフはそうした北極海航路に関する調査や遠征を振り返ったうえで、十九世紀後半になって、様々な外国企業がシベリアに通じる北極海航路を商業目的で利用しようとしたが、望むような結果を得られずに失敗に終わったこと、その原因は、外国人がシベリアの条件に慣れていないことや、彼らがシベリアの人々のことをよく知らないことだと指摘する[41]。すなわち、製品開発のための設備の状況、自然条件、シベリアの住民が何を求めているのかといった市場についての知識が無く、そもそもシベリアの環境を考慮して貿易を行おうとしてきたわけではないことが課題であった。中でも、シベリアの住民の大半は広大な地域に散らばって居住しているのにもかかわらず、通信の手段や製品と材料の分配・集荷のための拠点を欠いていたことがシベリアと貿易をするうえでの大きな問題であったとする[42]。

これらを踏まえて、シベリアの協同組合の活用こそが有効だというのがバイカロフの主張だ。自由な協同組合組織だけが、シベリアの原材料を西欧諸国の製造品と交換する貿易に対応できると断言する。シベリアの協同組合組織が有している利点として、特にネットワークを挙げる。シベリア協同組合の各組織には、必要な経験を持った雇用者がかなりいること、農業の様々な部署の専門家や指導者は各地域の間で強固な結びつきを形成していること、このシベリアに広がった綿密なネットワークによって人々に製品を分配し、また同時に、輸出するシベリアの日常品や資源を集めることが可能となる。さらには、シベリア協同組合の商業活動は海外でも存在しており、それらのオフィスには、よく訓練された経験豊かなスタッフがおり、世界中の工業中心地の近くに設立されている(43)。

そして、シベリアとの大規模な貿易を希望する全ての組織は、この協同組合と何らかの合意を取り付けなければ、成功を期待するのは難しいとバイカロフは主張する。シベリアのバターの輸出に取り組んだ外国の企業が、結局は市場での優先的立場を協同組合に譲らなければならなかった事例から証明できるとしている(44)。

ただし一九一九年には、外国製品を積んだ蒸気船がリバプールからオビ川河口に向かったものの、ロシア内戦に巻き込まれ、赤軍と白軍双方に川船や港での積荷を譲らざるを得ない状況に陥るなどのトラブルが生じた(45)。内戦が終焉に向かうにつれ、戦争に遭遇するというリスクは低減したが、政治権力の介入という新たな障害が浮上した。一九二〇年には、シベリア協同組合連合と全ロシア消費者中央連合会の外国事務所はシベリアに必要な物品を購入し、輸送に向けて準備を行うだけでなく、イギリス政府による資金援助を取り付けようとしていたが、この時期になると、ソヴィエト政府の承諾なしに外国の物資をロシアに輸入し、河川を利用することが難しくなっていた。そこで、交渉の末、シベリア協同組合連合および全ロシア消費者協同組合中央連合英国有限会社とコペンハーゲンのソヴィエト政府貿易代表部の間で、カラ海経由でシベリアへの貿易遠征を行うことに合意したが、直ぐにソヴィエト政府からこの遠征を認めないという通達がなされた。背景にはモスクワでは全ロシア消費者中央連合はすでに国家機関となっていたことがあり、この通達は政府が直接に遠征を行うことを意味した(46)。

再度の交渉の結果、ソヴィエト貿易代表部は、一旦は協同組合側の提案を受け入れたものの、その後、全ロシア消費者中央連合英国有限会社はこの遠征への参加を取り下げ、すべてをソ連国内の組織であるシベリア協同組合連合に委ねるように要請した。この要請は大きな混乱を招いた。在英のロシア協同組合はこの遠征のすべての準備作業に参加しており、特にイギリス企業との交渉において大きな役割を果たしていた。ソ連政府の介入を不安視したイギリス政府やアメリカ政府はカラ海経由でのシベリアへの輸送を禁止するなどして事業と距離を取り始め、結局、この貿易事業は取り下げられることになった(47)。

このような政治的困難に直面し、ヨーロッパとシベリアをつなぐ航路が閉鎖されている状況にあることは間違いなかった。バイカロフ自身もそのことを認めつつも、協同組合組織の仕組みを通じて北極海航路を商業的に利用することは、シベリアの再生と結びついているために将来は活用されるはずだと強調する。「シベリアは、世界でも最も豊かな土地の一つだ。原材料の貯蓄は、その自然の豊かさからして、実際に無限であり、消費者としての能力も高い。様々な理由のせいで、シベリアは現在のところ国際的な物資の交換に参加できていないが、シベリアが世界貿易から除外されないことは、シベリアだけでなく西欧諸国にとっても絶大に重要である」[48]。

バイカロフはこう述べている。北極海の状態は、現在ではよく知られており、氷を破壊するための確かな方法も考案されている。適切な機械・装置があれば船舶から川船への物品を下ろすことも、その逆も比較的容易に解決する。つまり、北極海航路の自然の障害は克服可能であり、それらは解決すべきである。そして、大量の物品をシベリアに輸入し、西欧諸国の高度に発展した産業にとって必要な原材料を輸出することを可能にする唯一の方法は、北極海航路なのだと最後にも念を押している[49]。バイカロフの北極海航路構想は現居住地である西欧と故郷シベリアをつなぐ手段だったのである。

この北極海航路論においてバイカロフは協同組合の利点としてネットワークと相互扶助を強調している。先に見たように、バイカロフは海外の開拓者の失敗が、分配や集荷のための拠点を持っていなかったことに起因するとした。それは、シベリア住民の大半は、広大な地域のあちこちに散らばった村落に住んでおり、そうした村落どうし、そして村落から商業拠点までの距離が非常に長いうえ、連絡の手段も乏しいために、住民の間に輸入した製品を分配したり、輸出のために集荷を行う際には協同組合を通じた住民相互の協力なしでは限界があると述べていた[50]。バイカロフが個人の自由な企画や自主性を重んじながら、集団の利を否定しないのは、シベリア出身者として現地の厳しい環境下で活動し、外国との貿易に従事してきた経験という根拠があるからに他ならない。前節で見たような協同組合論における個人主義と集団主義の融合の主張は、こうしたシベリアにおける協同組合の実態と、その復活のために構想した北極海航路論を踏まえたものでもあったと考えられる。

四　バイカロフの言論と故郷――その後

協同組合が国家機関となることで、かつての協同組合の指導者が身体的にも排除された。『ロシアの協同組合員』の記事では「無慈悲で、闇雲で、復讐的な裁判」が執り行われ、全ロシア消費者中央連合の理事に選出されていた「古い」協同組合員が強制収容所に投獄され、一五年間の懲役刑に処されたことは、本来の協同組合精神の体現者である協同組合員を排除し、ソヴィエトの産物である偽協同組合の方針を明確化するためだとして批判がなされた[51]。このような指導者の逮捕や裁判によってロシアの協同組合者が計画していた英露間の交易は「全てが水の泡となった」と表現され、ボリシェヴィキ政府が、「ブルジョワジーの運動」というレッテルを貼ることで協同組合による国内外での貿易を許さないことは、人民の利益を無視しているとして糾弾された[52]。西側諸国との貿易を政府に独占されることで、バイカロフの構想の実現は非常に難しくなったと言える。

ここでは、バイカロフの思想の位置づけを確認するために、同時代の他の議論にも触れておきたい。イギリス政府の信用供与の実務を担っていた経済学者ケインズによるロシア支援構想もまた、一九一九年から一九二二年にかけて発表されており、バイカロフの論文と時期が部分的に重なる。小島によると、イギリス政府がロシアに信用を供与し、ドイツから技術導入や工業製品の輸入を行うことで、ロシアの農機具や輸送手段の状態を改善し、それによりロシアの農業生産を増大させ、飢饉の緩和や穀物輸出を促進し、ヨーロッパの食糧不足をも解決する。やがて民間レベルでも取引が進み、ロシアは食糧輸出国として世界経済に復帰し、ヨーロッパとの経済関係が復活するというのがその概要であった[53]。

亡命経済学者ブルツクスの議論もまた一部バイカロフと重なるところがある。ブルツクスは、現リトアニア出身のユダヤ系で、一九二二年にソ連から国外追放処分を受け、ベルリンを拠点としていた知識人である[54]。ボリシェヴィキらが社会主義運動に民衆を動員するための道具として協同組合を利用したことや、その後のソ連政府による弾圧を批判するとともに、農作物の海外市場への輸出をロシア再生の鍵だとして、貿易の国家独占を批判し、その権利を協同組合に委ねるべきだと主張している[55]。ただしブルツクスは一九二二年の国外追放までは国内で農学者として活躍しており、ソヴィエト政府の関連機関でも務めていたという違いがある。森岡によれば、亡命後の一九二四年に書かれた『農業経済学』がソ連で刊行される際、協同組合に関する章が全面的に削除された。それは自発的な結合に基づく協同組合が、社会主義とは異なる独自の経済建設の原理であり、両立が難しいと主張していたためだったという[56]。このような批判は政府の根幹を揺るがすとしてボリシェヴィキが警戒していたことを示している。

バイカロフは一九二一年の論文「ソヴィエト・ロシアは社会主義国家なのか」で「ヨーロッパの社会主義者、そして協同組合サークルの中でさえ、今日のロシアでは社会主義が夢ではなく、現実となっているという意見が広まっている」ことを認める。しかし、人民のメンタリティは集団主義へと切り替わっておらず、公的には禁止されている個人所有が農業の原則として残っており、政府の方針に反発する農民は蜂起を起こす一方で、新しいブルジョワジーとしての特権階級が出現しているとして、社会主義を支えるはずの諸原則がソヴィエト・ロシアにおいて実現していないと根本的に批判する。[57]

まずバイカロフは、革命以前からの協同組合員であり、ボリシェヴィキへの強固な批判者であった。その観点からロシア国内の協同組合を注視し、また、ソ連が国際的に承認され始めていることを感知し、最後の望みを賭けて外国との協力を模索した。バイカロフは一九二〇年代初頭の時点では中央権力が及びにくいシベリアの協同組合に可能性を見出していたが、後にも政治権力に抵抗した者の流刑地としてのシベリアの歴史を踏まえて、ソヴィエトがシベリアで権力を確立するのが困難であったこと、後にもシベリアの農民が経済的自立性を守り、農業の集団化に強く抵抗したことを述べている。[58]バイカロフの構想は、一九二二年のソ連の成立までは故郷シベリアを突破口として、現居住地のイギリスとの架け橋となろうとしていたこと、その手段として協同組合に加えて北極海航路を活用しようとしていたことが特徴的である。ソ連そのものの変化やボリシェヴィキ権力の崩壊を期待し、やがてロシアが再生することを望んでいた亡命者は多かったが、バイカロフは差し迫った状況を踏まえて大胆な積極策を構想した一人であった。こうした国際的な協力が実を結べば、北極海航路は無数の目的地をつなぐはずだっただろう。

実際、一九二〇年代末からの全面的農業集団化により、ソ連内では農業経済論を担う研究者の多くが政治的に攻撃を受け、さらに一九三〇年代初頭には逮捕されるなど、急速に姿を消すことになった。それ以降、ソ連本国はもとより欧米諸国においても彼らの仕事はほとんど未解明のままに残されているという。[59]バイカロフが著名な経済学者だとして言及しているプロコポーヴィチは亡命を果たしたが、一九二〇年代の著作はロシア語での雑誌論文が占めていた。[60]協同組合の活動家たちの多くは亡命せず、ソヴィエト体制内に身を置いている状況において、亡命先で英語を中心としてソ連の政策批判を行ったバイカロフは貴重な存在であったと言える。

本章は一九二二年までに分析対象を絞ることで、こうしたバイカロフの思想の一側面を明らかにしようとしてきたが、この時期の論考に見られる個人主義と集団主義の融合論は、一九二〇年代末以降のソ連の農業集団化への批判的言説の基盤として、その後の彼の思想へと受け継がれている。それは、集団における個の重要性に目を向けたバイカロフこその批判でもあった。一九二一年に発表された論文にてバイカロフは「協同組合の原則に基づいてのみ、ロシア国民経済の基盤であり、将来のロシア民主国家の経済的支柱である我が国の小農民経済を回復し、繁栄させることができる」と主張した[61]。一方、この「小農的な国」の克服こそがスターリンによる全面的な農業集団化の一つの動機であった。「わが国は革命後最も小農民的な国になった」としてスターリンは、帝政期の個人農民経営が一九二八年までに激増したこと踏まえ、放っておけばさらに小農的な国になってしまうと問題視した[62]。

個人農の自主性や意欲を育み、そのサポート体制として協同組合を位置付けたバイカロフがスターリンの農業集団化を批判することになるのは自然なことであった。一九三〇年にバイカロフは「ボリシェヴィキの農業政策」と題する論文の中で、一九二一年から一九二二年の飢饉は、レーニンによって徹底的に遂行された戦時共産主義によってもたらされたものであり、スターリンはまさに同じ政策に回帰したと指摘し、災難がくり返されると警笛を鳴らした。バイカロフにとって農業集団化が意味するのは、政府の独裁的な手法によって、農民が管理下に置かれ、彼らの長年の夢であった土地、生産手段の所有権、そして生産物を奪われるということであった。また、不作の場合には政府との間で闘争が起き、その場合には、集団化された農民は、皮肉にも個人農家よりも強大な抵抗力を持つことになるとバイカロフは予告した[63]。

実は同じ論文の中で、バイカロフはロシアにとって農業問題と並んで海運が重要であることについても念を押している[64]。バイカロフによれば、広大な土地に離れて暮らしているシベリア住民にとって通信手段とネットワーク、相互扶助こそが人々の生存のための必要不可欠な原則であるからこそ、協同組合が重要であったが、ロシア革命以降は専制の官僚によって妨害されてきた。そして、協同組合こそがロシアの復興のための北極海航路の運用を担うはずであった。実際、一九三三年のシベリアに関する論文でも、協同組合論とともに北極海航路構想について言及している[65]。両者が相乗効果を生み、故郷が復興を果たすという未来を描いたバイカロフにとって、全面的農業集団化は最悪の結果であっただろう。

だが、イギリスのソ連研究の創成期において、ロシアの周縁から発出し、国家の狭間に置かれたバイカロフの議論は独特の存在感を示していた。シベリアと協同組合というテーマからの一貫した批判は、英ソ関係が接近し、ソ連国内ではスターリン体制が強化されていく荒波の中でも泡沫には消えることなく、ロシア国家権力論として西側のソ連研究の中・長期的な視座に少なからず寄与した。この時期のバイカロフについての詳細は別の機会に譲ることにしたい。

用語
亡命者、亡命ロシア人　シベリア　北極海航路

註

（1） *Богуцкий А. Е.* Енисейский казак А. В. Байкалов - деятель российской эмиграции в Великобритании // Исторические, философские, политические и юридические науки, культурология и искусствоведение. Вопросы теории и практики. Тамбов: Грамота. 2013. С. 25–26.

（2） *Богуцкий.* Енисейский казак А. В. Байкалов. С. 25–26; *Орехов В. А.* В. Байкалов // Часовой. Париж – Брюссель, 1964. No. 458–459. С. 33; *Казнина О.А.* Русские в Англии: русская эмиграция в контексте русско-английских литературных связей в XX-м веке. М. 1997.С.8.

（3） *Богуцкий.* Енисейский казак А. В. Байкалов. С. 26.

（4） *Богуцкий.* Енисейский казак А. В. Байкалов. С. 27–29. また、カズニーナによれば、特に一九三〇年代においてはバイカロフは亡命ロシアの文化人をロンドンに招き、公演やコンサートを行うとともに、文化活動を幅広く紹介するロシア語の雑誌を編集するなど、伝統的ロシア文化を保護する活動にも力を入れていた。*Казнина.* Русские в Англии. С. 8, 52-53. 本稿で論じるバイカロフの言論とイギリス社会の関係については、紙面の都合上、別の機会に譲ることにしたい。

（5） *Журавлев В. В.* Общественная мысль Русского зарубежья: энциклопедия. М., 2009. С. 43.

（6） *Журавлев.* Общественная мысль Русского зарубежья С. 43.

（7） 内戦後の数年で十万人の亡命ロシア人がイギリスにやってきて、その半数以上がロンドンに居住していたというアーカイブに基づいた数字もある。*Журавлев.* Общественная мысль Русского зарубежья. С. 43.

（8） マックス・ベア『イギリス社会主義史（四）』岩波書店、一九七五年、三二三頁。イギリスはソヴィエト・ロシアとの通商協定を他の資本主義国に先駆けて締結し、労働党内閣のもとでソ連承認に踏み切った。木畑洋一、村岡健次編『イギリス史　三　近現代』山川出版社、一九九一年、二八四―二九六頁。

（9） *Журавлев.* Общественная мысль Русского зарубежья С. 43.

(10) *Богуцкий.* Енисейский казак А. В. Байкалов. С. 27-29; *Казнина.* Русские в Англии. С. 8, 52-53.

(11) 『ロシアの協同組合員』は一九一六年一二月にロシアの協同組合情報を伝える英字新聞としてロンドンで発行され、創刊号にはフェビアン協会のシドニー・ウェッブなど各界の知名人から祝辞も寄せられた。今井義夫『協同組合と社会主義』新評論、一九八八年三三四頁。

(12) 今井義夫『国際協同組合運動と基本的価値』日本経済評論社、一九九二年、一〇四―一〇六頁：今井『協同組合と社会主義』二八一―二九三頁。

(13) 今井『協同組合と社会主義』二二四―二六五頁。ゲルツェンやチェルヌィシェフスキーについては数多くの研究がなされてきたが、ロシアの思想家はその受容において西欧に現存していた協同組合への批判的視点を有していたことも重要である。下里俊行「政治革命を要求するアソツィアーツィヤ――ピョートル・トカチョーフ」杉原四郎編『アソシアシオンの想像力――初期社会主義思想への新視角』平凡社、一九八九年、二八三―二九九頁。

(14) 今井『協同組合と社会主義』二一六頁。

(15) 同書、三三八―三四三頁：穴見博「マルクス主義の協同組合観」『農業綜合研究』第一号、一九六六年、一九三―一九五頁。全市民を唯一の全国家的な分配機関の協同組合員にするために、一九一九年に各地方の協同組合の中央への統合機関としての消費協同組合中央連合（ツェントロソユース）の改編、強化が図られた。川野重任編『協同組合事典』光の家協会、一九八六年、六〇―六一頁。また、一九一九年のボリシェヴィキによる布告によって、住民が義務的な加入する組織となり自由と自治を失い、協同組合は国家への従属状態を強いられた。森岡真史『ボリス・ブルツクスの生涯と思想――民衆の自由主義を求めて』成文社、二〇一二年、一六一頁。

(16) 今井『協同組合と社会主義』三三二頁。

(17) 小島修一『ロシア農業思想史の研究』ミネルヴァ書房、一九八七年、一―一一頁。

（18）小島修一『二十世紀初頭ロシアの経済学者群像――リヴァイアサンと格闘する知性』ミネルヴァ書房、二〇〇八年、一五頁。

（19）同書、一七一―一七二頁。

（20）Barnard Pares, "The Objectives of Russian Study in Britain," *The Slavonic Review*, Vol.1, No.1 (Jun., 1922), pp.59-72. ペアズは後にも一九三〇年代ソ連の農民政策への批判の際に、バイカロフの論文を紹介している。Bernard Pares, The Present Crisis in Russia, *The Slavonic and East European Review*, Vol9, No.25, 1930, pp.9-10. ペアズについては、Michael Karpovich, "Sir Bernard Pares,"*The Russian Review*, Vol8, No3, 1949, pp.183-185.

（21）A. Baykalov, "A Brief Outline of the Russian Co-operative Movement," *The Slavonic Review* 1, no.1 (1922), pp.130-131.

（22）Ibid., pp.134-136.

（23）Ibid., pp.135.

（24）Ibid., pp.140-141.

（25）Ibid., p.141.

（26）Ibid. ただし、亡命経済学者の中には、ネップにおいても重要分野は依然としてソヴィエト政権が掌握しており、政治的にも独裁を維持していると批判した者もいた。小島『二十世紀初頭ロシアの経済学者群像』一九五―一九六頁。限界を認めつつも、ネップによって復興が進んだことは確かであるとしたブルックスも、ボリシェヴィキが協同組合の自治という約束を守らず、共産党員を協同組合の各組織の幹部に据えるなどの介入を行ったことを指摘した。森岡『ボリス・ブルックスの生涯と思想――民衆の自由主義を求めて』成文社、二〇一二年、二六九―二七一頁。

（27）Baykalov, "A Brief Outline of the Russian Co-operative Movement," p.142.

(28) Ibid.
(29) Ibid., pp.142–143.
(30) A. V. Baikaloff, "Russian Agriculture and the Co-operative Movement," *The Russian Co-operator* 4, no.12 (Dec 1920), p.149.
(31) Ibid.
(32) Ibid., p.150.
(33) Ibid.
(34) Anonymous, "Our Differences," *The Russian Co-operator* 4, no.6 (Jun 1920), p.81.
(35) Anonymous, "The Russian Question at the ICA Conference," *The Russian Co-operator* 4, no.10–11 (Oct-Nov 1920), p.131.
(36) Baykalov, "A Brief Outline of the Russian Co-operative Movement,"p143.
(37) A. V. Baikalov, "Siberian Co-operation and the Commercial Exploitation of the Northern Route from Europe and Siberia," *The Russian Co-operator* 4, no.6 (Jun1920), p.86.
(38) Ibid.
(39) Ibid.
(40) Ibid.
(41) Ibid., pp.86–87.
(42) Ibid., p.87.
(43) Ibid.
(44) Ibid.
(45) Ibid., pp.87–88.

(46) Ibid., p.88.

(47) Ibid., pp.88-89. イギリス政府はこの遠征の損害保険は無効だと通達した。イギリス企業もまた、輸送される製品がソ連政府から独立した協同組合組織によって取り扱われることを条件としていたために、政治介入を不安視した。

(48) Ibid., p.89.

(49) Ibid., pp.86, 89.

(50) Ibid., p.87.

(51) Anonymous, "A Tribunal of Vengeance," *The Russian Co-operator* 4, no.8-9（Aug-Sep 1920）, p.113.

(52) Anonymous, "The Crime of Co-operation," *The Russian Co-operator* 4, no.12（Dec 1920）, p.152.

(53) 小島『二十世紀初頭ロシアの経済学者群像』二六六―二六七頁。

(54) 同書、五四―五六頁。一九二二年秋にソ連政府は二百人を超える知識人追放を行った。それ以降は、亡命者の中にも元ボリシェヴィキ関係者も多くなる。諫早勇一『ロシア人たちのベルリン』東洋書店、二〇一四年、二八頁。

(55) 一九二五年の著作では、一九二四年の凶作を踏まえ、外国貿易独占の廃止こそが、ロシアの農業再生や国民経済全体にとっての条件であると指摘した。森岡『ボリス・ブルツクスの生涯と思想』二〇〇―二〇二頁：森岡真史「国外追放直後の時期におけるブルツクスのロシア革命論（一九二二―一九二四年）」五二―五八頁。

(56) 森岡『ボリス・ブルツクスの生涯と思想』五一頁。ブルツクスは一九二五年の著作において、ソヴィエト政府が協同組合の中央権力からの独立を認めず、政府機関へと統合していく一九一九年から一九二〇年ごろにかけての過程を批判している。同書、一六一頁。

(57) A. V. Baikaloff, "Is the Soviet Russia a Socialist State?" *The Russian Cooperator* 5, no.1（Ap. 1921）,

pp.3-4.

（58）Anatole V. Baikalov, "Siberia since 1984", *The Slavonic and East European Review*11, no.32 (Jan 1933), pp.339-340. バイカロフのシベリア論の詳細については別の機会に譲りたい。

（59）小島修一『ロシア農業思想史の研究』ミネルヴァ書房、一九八七年、i、一〇頁：小島『二十世紀初頭ロシアの経済学者群像』一五頁。

（60）小島『二十世紀初頭ロシアの経済学者群像』一七七頁。バイカロフによるプロコポーヴィチの言及は、Baykalov, "A Brief Outline of the Russian Co-operative Movement,"p134などに見られる。

（61）*Байкалов А. В.* **Кооперация и экономическое возрождение России// Современные записки.** 1921. **Кн.** VIII. **Культура и жизнь.** С. 318.

（62）佐藤芳行『帝政ロシアの農業問題——土地不足・村落共同体・農村工業』未来社、二〇〇〇年、三七一頁。

（63）Anatole V. Baikalov, "Bolshevist Agrarian Policy," *The Slavonic and East European Review* 8, no.24 (Mar 1930), pp.546-547.

（64）Ibid., p.533.

（65）Baikalov, "Siberia since 1984,"pp.333-339.

【附記】 本稿はＪＳＰＳ科研費 20KK0273 の助成を受けた研究成果の一部である。

【周辺】

第九章　「バルカン」へのまなざし――田中一生の地域研究

大庭　千恵子

一　「バルカン」と二〇世紀のユーゴスラヴィアをどう見るか

「**バルカン**[1]〔→巻末用語解説〕」といえば、ヨーロッパの火薬庫あるいは後進地域というイメージと結びついて論じられることが多い。**ユーゴスラヴィア**[2]〔→巻末用語解説〕といえば、第一次世界大戦のきっかけとなったサラエヴォ事件や一九九〇年代の民族紛争が、世界史で必ず触れられる出来事のひとつであろう。しかし、日本で初めて現地語からの本格的な翻訳業績を多く残した田中一生（一九三五―二〇〇七）は、あえて政治や経済ではなく、「バルカン」やユーゴスラヴィアの歴史や文化について、在野から語り続けた。その特徴に思いを馳せるためには、まずは日本では、いつ頃から「バルカン」やユーゴスラヴィアについて関心を持たれ始めたか押さえておいた方がいいだろう。

日本では「バルカン」の塞爾維（セルビア）や蒙的尼[3]（モンテネグロ：現地語名ツルナゴラ）という国名は幕末から知られていたが、一八七七（明治一〇）年の露土戦争以降はロシアを念頭に置いた軍事

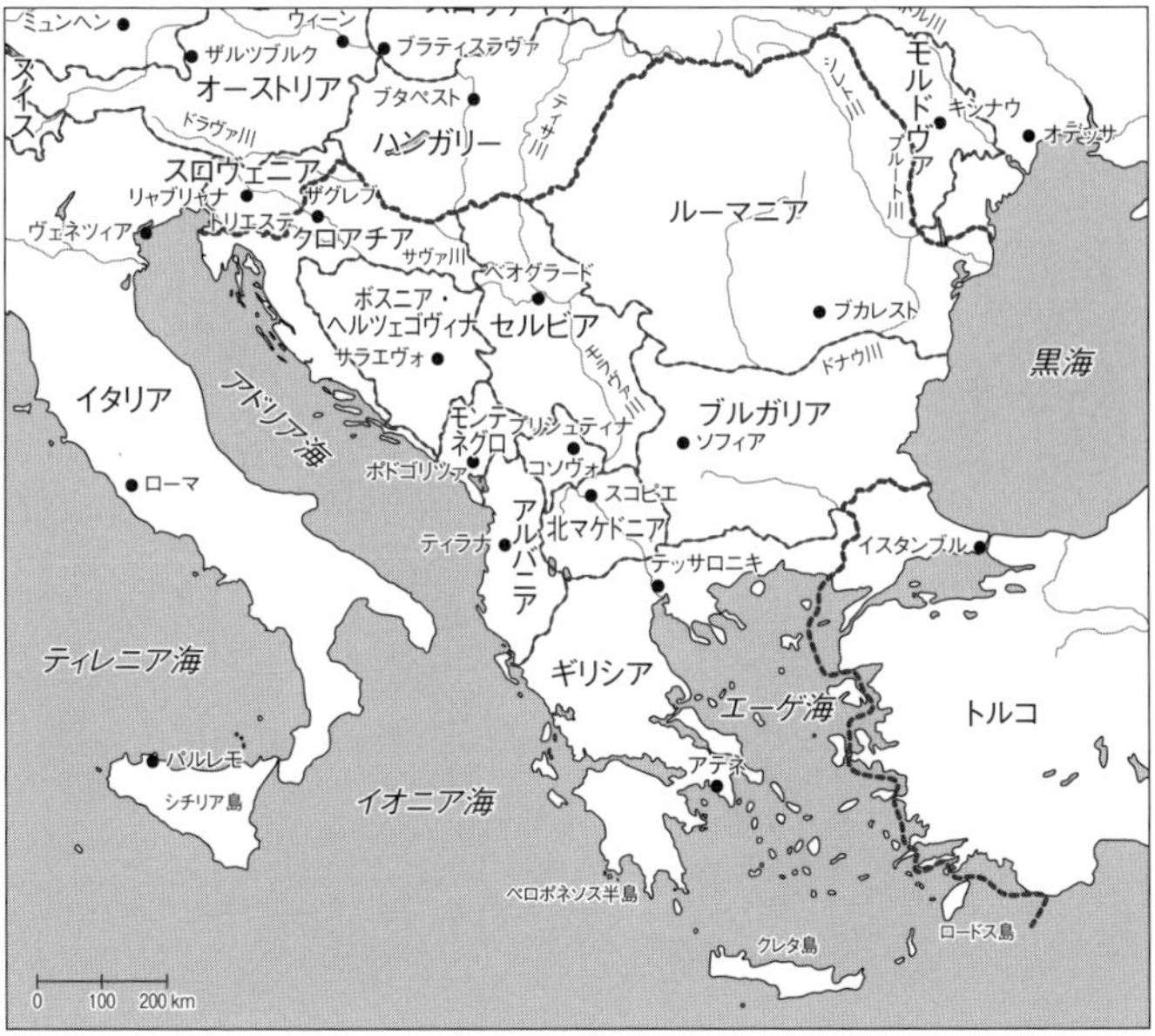

図1　現在のバルカン（南東欧）諸国とその周辺（出典：柴（2019）、2頁）

的観点から見るという方向性が現れた。一八二一年にモルドヴァでの蜂起で火蓋を切ったギリシア独立戦争以後、欧州国際政治史において「東方問題」と呼ばれた状況が生まれ、諸民族によるオスマン帝国からの独立運動と欧州列強による介入が交錯した。とりわけ一八七五年にボスニア・ヘルツェゴヴィナにおける農民反乱が周辺へ波及すると、バルカンの危機とも呼ばれる状況が出来し、一八五三年のクリミア戦争で英仏に敗北したロシアも、宗教的影響力拡大を踏まえバルカン半島への関与を強めた。

そうした中、一八七七年四月に開戦した露土戦争は、ロシア優勢の状況下で翌年三月、イスタンブル郊外のサンステファノで講和条約を締結するにいたった。同条約は、モンテネグロ王国、セルビア

図２　ベルリン条約後のバルカン（出典：菅原（2016）、57頁）

王国、ルーマニア王国の独立を承認し、ボスニア・ヘルツェゴヴィナに自治権を付与し、またロシアを後ろ盾としたブルガリア公国の設立をバルカン半島中央部からエーゲ海にいたるまでの広範な領域とともに規定した。しかし、これによりロシアの影響力がバルカン半島へ急速に拡大することを懸念した英国とオーストリア＝ハンガリー帝国が反対し、ビスマルクの仲介で一八七八年七月にベルリン条約が再締結された。ベルリン条約は三か国の完全独立を承認したが、ブルガリア公国領域については三分割し、ドナウ沿岸にブルガリア公国を、その南部に行政自治権を持つ東ルメリ州を組織し、その他のマケドニア地域等をオスマン帝国領に戻した。他方で、ボスニア・ヘルツェゴヴィナから自治権をはく奪してオーストリア＝ハンガリー帝国の統治下に置き、英国にはキプロス島を与えた。以後、バルカン半島情勢はロシアと欧州列強の狭間で、第二次世界大戦まで大きく揺れ動くことになる。

日本とのかかわりについては、露土戦争により完全独立を承認されたモンテネグロが一八八四年に井上馨外務大臣へ、セルビアは一八九四年に陸奥宗光外務大臣等へ叙勲した記録がある。(4) 日清戦争直後の一八九五年には、こうした露土戦争の経緯とオスマン帝国領の処遇をめぐる列強外交について詳述した文献が出版されており、(5) 日本でも露土戦争をひとつの契機としてバルカン情勢への関心が寄せられるようになったといえよう。また、一八九九年にギリシアとの修好通商航海条約を取りまとめ、第一次世界大戦後のパリ講和条約会議に日本代表次席全権大使として出席した**牧野伸顕**〔→巻末用語解説〕は、回顧録で以下のように述べている。「バルカン半島は国際間の争議の中心(6)」であり、「当時の日本の立場から言えば、バルカン半島に問題が起これば露国はスラーヴ人種の保護者として主役を務めるべく、これは日本にとって最も望ましいことなので、このバルカン半島方面に関する情報については正確を期する必要(7)」があった。また、「極東と近東との情勢は相関聯すべく」、「バルカン半島と極東の背後に露国が絶えず策動していること(8)」は、ウィーンでは常に外交官の間で話題に上っていたと想起している。日本は日清・日露戦争にいたる朝鮮半島をめぐる情勢へロシアがどの程度関与しうるかという文脈と関連させて、バルカン情勢を注視していたことがうかがえよう。

では、田中はどのような立場から、バルカンひいてはユーゴスラヴィアを見ていたのだろうか。田中は早稲田大学第一文学部露西亜文学科を卒業後、一九六二年に政府交換留学生としてベオグラード大学美術史科に籍を置き、六年半のユーゴスラヴィア滞在から帰国後は、出版社勤務および大学や市民講座の非常勤講師をしつつ、歴史、文学、文化、芸術にわたる幅広い視野で、現地語からの翻訳業績のほか、解説文や地域に根ざした論考を学会誌から映画パンフレットにいたるまで、数多く残した。田中の姿勢を最もよく理解する一人である南塚信吾は、追悼文においてこう書いている。「権力に距離を置き、非権力の世界の文化を広く吸収し、文化のあらゆるジャンルに造詣を持ち、外の文化をもつねに日本の文化にひき付けて考える広がりを持つ、「戦後の文化人」であった[9]」。また、田中はアカデミズムに職を得ず、在野にあって自由に世界を見たが、同時に発足したばかりの東欧史研究会や地中海学会へ参加し、アカデミズムにおける方法論的議論を消化し、時には先取りした。南塚は、田中を学者でも文学者でもなくユニークな「歴史家」と呼ぶ。

田中自身が編集したものの完成本を見ることがかなわなかった『バルカンの心――ユーゴスラビアと私[10]』と、同書に収録できなかった翻訳以外の文章を散逸させないために再収録された『追想のユーゴスラヴィア[11]』は、どこから読み始めても、あるいは拾い読みしながらでも、かつてユーゴスラヴィアと呼ばれた地域に生きた／生きる人々と場所について田中がどのように見ていたかに思いを馳せることができる。これらを手掛かりに、この地域が辿ってきた中世以降の歴史と多様な要素が織りなす文化について考察した田中のまなざしについて、多くの翻訳業績、それらに添えられた訳者あとがき、短いながらも洒脱で奥深い解説文などから読み解いてみよう。

二　田中一生の翻訳からみるユーゴスラヴィア

田中によるセルビア語からの最初の翻訳は、ヴィンテルハルテルが一九六八年に出版した『ヨシップ・ブローズの生涯』を訳出した邦題『チトー伝――ユーゴスラヴィア社会主義の道』である。両大戦間期のレジスタンスから戦後ユーゴスラヴィアの指導者としてのコードネーム「チトー」で知られるヨシップ・ブローズについては、戦後に多くの伝記が出版されたが、それらの源流と位置付けられるデディエによる『チトーは語る』が日本でも高橋正雄の翻訳で、一九五三年に出版されている（一九八二年に『チトーと語る』と題名を変えて恒文社から再刊）。これに対し、田中が翻訳したヴィンテルハルテルによる『チトー伝』は、原著が五〇〇ページを超える大著であったため全訳ではないが、それまでの伝記ではあまり知られていなかったヨシップ・ブローズの一九三〇年代後半の活動が詳細に訳出されており、第二次世界大戦から戦後にかけてユーゴスラヴィアの社会主義者たちが独自な方向性を模索した経緯が詳述されている。

田中は訳者あとがきで、『チトー伝』の特徴を以下のように述べている。戦後ユーゴスラヴィアを象徴したキーワードである「労働者自主管理」や「非同盟政策」「平和共存政策」は、従来いわれていたようにソ連を中心とした共産圏から追放された結果として生まれたのではなく、これらに繋がる独自性を内包していたがゆえに、やがてスターリンの逆鱗にふれたのであり、視座を一八〇度転じてそう論じたヴィンテルハルテルの真骨頂がこの本には見られる、と。ただし、田中はその指摘に続いて、『チトー伝』は、「現在を信じ未来を希望しながらも一抹の不安を感じる著者ヴィンテルハルテル氏の鎮静な遺書である、といえないだろうか[12]」と続ける。

田中が同書を訳出してから二年後の一九七四年、ユーゴスラヴィアは新憲法を採択して、緩い連邦制へと舵を切った。終身大統領となったチトー、共産主義者同盟、連邦人民軍を統合の絆としつつも、最高決定機関とされる連邦幹部会を六共和国と二自治州から各一名の構成とした。一九八〇年にチトーが死去した後は、共産主義者同盟の幹部会議長が調停者として機能するはずであった。そのわずか一〇年後にユーゴスラヴィアは連邦国家解体への道を辿り始めることなど、当時は知る由もない。にもかかわらず用いられたこの独特な表現は、田中が様々な場面で繰り返し用いたラテン語のエピグラム memento mori（死を思え）に通じるようにも思われる。

以後、田中は文学や民話、あるいは歴史とくに中世史とかかわる多くの著作を、セルビア語の原書から直接に訳出していく。

1　ユーゴスラヴィア文学の翻訳からみる田中のまなざし

田中によるセルビア語からの翻訳業績二冊目は、一九六一年にノーベル文学賞を受賞した**イヴォ・アンドリッチ**（一八九二―一九七五）（→巻末用語解説）が同年に出版した『ゴヤ随筆』を、一九七六年に翻訳出版した『ゴヤとの対話』である。アンドリッチは、ギムナジウム在学中からドイツ文学の翻訳や同人雑誌への抒情詩掲載で注目されたが、オーストリア＝ハンガリー皇位継承者を暗殺した青年ボスニア党と間接的に関係したために第一次世界大戦勃発時に二年半ほど投獄され、一九一七年に釈放されて以後、散文詩、翻訳、評論などの文筆活動を展開した。また、第一次世界大戦後に成立した「セルビア人・クロアチア人・スロヴェニア人王国」では、一九二〇年から外交官として、一九二四年からグラーツ、ローマ、ブカレスト、マドリード、ジュネーブなどに駐在し、一九三九年から四一年はベルリンで特命全権大使を務めた。『ゴヤ随筆』は、アンドリッチが一等書記官としてマドリード駐在中の一九二八年に執筆したゴヤの伝記および複製画によせた「ゴヤ」と題した小論と、一九三四年にベオグラードで執筆した「ゴヤとの対話」から成る二部構成である。

『ゴヤとの対話』は、一五〇年の時空を超えてボルドー郊外のカフェで出会った、耳の遠い老紳士ゴヤと語り合った一夜という、不思議な設定である。ゴヤの言葉として語られるアンドリッチの芸術観は、自身の生き方と芸術観を交錯させるような深い陰影を帯びている。田中は、その芸術観にふれる一節を以下のように翻訳する。「そもそも芸術家というものは《容疑者》であり、薄明に仮面《マスク》をつけた人間、偽の旅券をもった旅人なのです（中略）芸術家たちが落ち着いて幸福なのは、傍目《はため》には全然そう見えず、感じもしない時でして、反面かれらは絶えず躊躇し、絶対に繋ぐことの出来ない二つの軸を繋ごうと常に努めているのです(13)」。

著者のアンドリッチによる記述をこのように訳出した田中の翻訳は、現地語から直接に、語彙のニュアンスを踏まえた日本語に置き換えただけでない。田中は、虚実が交錯する危うさの中で普遍的な人間の生き方に繋がる芸術のあり方を浮き彫りにすべく、言葉ひとつひとつを吟味している。容疑者、仮面、偽の旅券、躊躇、絶対に繋ぐことの出来ない二つの軸。不穏さを感じさせるアンドリッチのこれらの単語を、芸術家の幸福と同時に成立するように、語りかけるように繫ぐ日本語で表現する田中の翻訳。見過ごされがちな著者の執筆当時の状況を想起するならば、一九三四年とは、ユーゴスラヴィア国王アレクサンダルが、外交訪問途中のマルセイユにて、フランス外相とともに暗殺された年であった。バルカン諸国では一九三〇年代に相次いで国王独裁体制が成立するが、中でもアレクサンダル国王はその嚆矢であり、国内の民族的多様性を時限的国王独裁体制により中央集権化し、国民統合を図ろうとした人物である。そして、その国王を暗殺したのは、クロアチアとマケドニアの民族的独立を志向する運動に関与した者であった。『ゴヤとの対話』があえてざらざらとした手触りの固い紙を用い、アンカット版で製本されていることに、翻訳者である田中のこだわりを感じるのは穿ちすぎであろうか。あたかもこの本を手に取りページをめくる読者をも、史実と時空を超えたゴヤとの対話を斜め上から垣間見るかのような、自身の関わり方に巻き込むようである。

製本時の形式にも細やかな配慮を行う方法は、田中が『ゴヤとの対話』から二年後の一九七八年に上梓したモンテネグロ出身のブラニミル・シュチェパノヴィチによる『土に還る』にも見出すことができる。原著では一人称と三人称を活字の正体とイタリック体で視覚的に区別していたため、翻訳本では二色刷りで提示して違いを強調するなどの工夫が凝らされている。とはいえ、同書は、翻訳によるユーゴスラヴィア文学の紹介にとどまらないことにこそ意義があった。田中自身は、第二次世界大戦後に国家が社会正義や国民の生き方をある意味規定することが当たり前のように受け取られ始めた中で、「本来毒を含むべき文学の可能性は奈辺にあるのかという素朴な疑問」[14]を抱えていた。そうした状況の中で田中が出会ったのが『土に還る』であり、田中は、戦後ユーゴスラヴィア文学が当時の政治的要請の枠を超え、世界に通じる可能性をこの『土に還る』に見出したと訳者解説に述べている。『土に還る』は、余命数か月と知った男の逃亡と、理由もなく彼を追跡する者たちの、好奇心、善意、意地、憎しみ、安らぎなど、「あらゆるものが対をなし、次々とフーガの戯れを展開しながら死に至る[15]」という内容であり、自死を巡るその思索はいわゆる国民文学の枠には収まらない。翻訳作業においては細部まで日本語表現の機微にこだわる田中は、このとき中原中也作「羊の歌」の「死の時には私が仰向かんことを！」から始まる一節を想起していたと記した。なお、セルビア語の原題を直訳すれば『土でいっぱいの口』であるが、日本語の書名として「口」が馴染まないため、著者の承諾を得たうえで田中が『土に還る』と意訳している。

前述のイヴォ・アンドリッチの文学作品では、ボスニア三部作と呼ばれる『ドリナの橋』（別名：ヴィシェグラード年代記）、『ボスニア物語』（別名：トラヴニク年代記）、『サラエボの女』（原題：お嬢さん）が、最も知られている。いずれも日本における東欧文学の出版に貢献した恒文社から翻訳出版されたが、このうち『サラエボの女』が田中による一九八二年の翻訳である。ボスニア三部作で最も知られる『ドリナの橋』については、一九六六年に松谷健二による英訳からの翻訳としてすでに日本で出版されており、田中は一九八〇年に解説文を書いている。同書は、ボスニアのヴィシェグラードを流れるドリナ川に、オスマン帝国統治下の一六世紀に一一のアーチを持つ石の橋が建造される過程から、第一次世界大戦によって中央部が爆破されるまでの三五〇年にわたる時間を、一二〇人にのぼる登場人物による一見脈略のないエピソードでつないだ全二四章から成る。

これを田中は、橋にまつわる物語であるばかりか、橋そのものの物語であると読む[16]。ここでいう橋とは、多くの宗教と民族が混在し、時に憎悪するボスニアにおいて、人々を結び付けるものの象徴である。田中の解説によれば、『ドリナの橋』の原題は *Na Drini ćuprija*、すなわちドリナ川というセルビア語と、チュプリヤという橋を表わすトルコ語からの借用語を結ぶことで、オスマン帝国の統治を想起させ、両者の隔絶を暗示すると同時に、スラヴ人とトルコ人の世界が同時に広がる状況を象徴的に表現している。ちなみに、初期にはラテン文字を用いてクロアチア語で小説を書いていたアンドリッチは、キリル文字を用いてセルビア語で『ドリナの橋』を書いたが、同書の巻末にはトルコ語からの借用語である約二五〇〇単語の解説を付しており、その視線はボスニアの多民族状況をあるがままに捉えていた。「(前略) 微笑みも、溜息も、まなざしも。なぜなら、この世のすべては架橋されること、向こう岸に至ることを願っているのですから。つまり、他の人々と理解し合うことを熱望しているからです (後略)[17]」。

これに対し、田中が翻訳した『サラエボの女』をイヴォ・アンドリッチが執筆したのは、ドイツ占領下のベオグラードで蟄居生活を送っていた一九四三年一〇月から一九四四年一〇月にかけてであり、サラエボで出版されたのは一九四五年一一月である。実際にあった出来事から発想を得たと言われる『サラエボの女』は、一九三五年二月のある日、外出から帰宅した一人の若い女性が繕物をしながら、心臓麻痺を起こして仆《たお》れるまでの、わずか数刻の間に想起された内的世界が舞台である。そこでは、歪められた集団倫理の中で悲劇を避けようと努力することが、次々に過ちに繋がる過程が描き出される。数百年にわたる歴史を背景とした『ドリナの橋』が三三か国語に翻訳され八四版、『ボスニア物語』が二一か国語で三八版を数えたのに比べれば、『サラエボの女』の一四か国語で二七版は少なく、ユーゴスラヴィア国内の文芸批評家たちからも必ずしも高評価を受けたわけではない。

しかし、田中は『サラエボの女』の訳者あとがきで、批評家たちによる賛否両論を踏まえたうえで、アンドリッチ自身がこの作品をどう見ていたか、紹介している。「私の幼少時代、ああいった類の人々は周囲にたくさんいました。それらすべてを、私は『サラエボの女』の中に一体化しようと努めたのです」、「『サラエボの女』は正真正銘の小説です。その点では、『ボスニア物語』や『ドリナの橋』の比ではありません（後略）『サラエボの女』の材料を私は日々の生活からしか得なかったからで、（他の二作のように）古文書館や記録文書を一切利用しませんでした[18]」。

アンドリッチがボスニアとくにサラエボに抱いた思いは生涯に共通しているものであり、これに基づいて田中が山崎洋と共編訳したものが、一九九七年に出版された『サラエボの鐘』である。ここにはアンドリッチが第一次世界大戦初期に収監された時期に制作した「エクス・ポント（黒海より）」を含む散文詩、ボスニアのオスマン帝国時代を初めて題材とした処女作「アリヤ・ジェルゼルズの旅」を含む短編、随想など計一一編が収められている。このうち翻訳書の書名となった短編「サラエボの鐘」は、アンドリッチによる原題は「一九二〇年の手紙」である。内容は、深夜の駅で出会ったギムナジウム時代の三学年上の先輩マックスが第一次世界大戦中の経験を語った後サラエボを去り、さらにトリエステからスペインへと向かう理由を、後日主人公宛に充てた書簡で説明するというものである。「然り、ボスニアは憎悪の地です。それがボスニアです。そして誠に不思議なことに（実際は大して不思議でもなく、少し注意して分析すれば容易に説明つくことかも知れませんが）、対照的に、これほど強い信頼、気高い強固な人格、これほどの優しさと激しい愛、これほどの深遠な感情、忠節、不動の献身が見られる土地、またこれほどの正義への渇望が見られる土地は少ないとも言えます[19]」。その背景にあるボスニアの日常生活に混在する多様な宗教は、サラエボに響く鐘の音によって象徴されるという。

サラエボで床について眠られぬ夜を過ごす者は、サラエボの夜の声を聞くことができます。重々しく確信をもって、カトリック大聖堂の時計が夜中の二時を打つ。一分以上も過ぎて（正確には七十五秒です。私は計ってみた。）ようやく、少し弱々しい、だが胸に響く音で、正教教会の時計が自分の夜二時を打ち鳴らす。両者に少し遅れて、ベイのモスクのサハト・ターラ（時計塔）がくぐもった遠い声で時を告げる。ところがそれは、遥か彼方、別世界の不思議な計算に基づいた幽霊のようなトルコの時間、つまり十一時を打つのです。ユダヤ人は打ち鳴らすべき自分たちの時計を持っていません。ただ神のみ、彼らにとっては今何刻《なんとき》であるか、それもセファルディム（スペイン系ユダヤ人）式に数えると何刻で、アシュケナジム（ドイツ系ユダヤ人）式では何刻であるかと知っています。こうして夜、皆が眠っている間にも、淋しい時計たちは丑《うし》三つ時の数え方の違いをとおして、眠れる人々を分つ差異を呼び覚ましている[20]。

この書簡を書いたマックスは、この多種多様な鐘の音を聞きながら、自分がボスニアの憎悪を研究し、分析し、白日の下に晒して、その撲滅に貢献することができるかどうかと自問し、あえて去ることを選択する。「それを行えば、ほかの皆さんと同様、自分も憎まれるか憎むか、いずれか一方にたたなければならない。（中略）それでも態度を決めなければならぬのなら、憎悪の犠牲となって倒れる方がまだ増しでしょう。だが憎悪の中にあって、憎悪とともに生き、人々とともに憎むことなどできないからである。ボスニアを去ったマックスは、パリ郊外で外国人や労働者の間で「うちの先生[21]」として知られる医者として働き、その後一九三八年にスペイン内戦の最中、勤務中の病院が爆撃を受け、負傷者とともに死亡する。

田中が山崎とともに『サラエボの鐘』を上梓した一九九七年は、四年間にわたったボスニア紛争の和平交渉が成立してから二年後であった。田中は訳者あとがきにおいて、きわめて印象的な鐘のエピソードが「古きよきサラエボへの弔鐘といった訳者の思い入れ[22]」であるとともに、ボスニアの憎悪についての部分が最も鋭いボスニア分析であると述べる。人々の繋がりと諸民族の共存の前提として、現実を直視しなければならないとアンドリッチが願っていたからである。そして、たとえもしアンドリッチがユーゴスラヴィアの解体を生きて目にしたとしても、彼は沈黙を守るのではないか、と田中は想像する。ただし、森鷗外が大正四年に発表した「歴史其儘と歴史離れ」や一九六〇年代の大岡昇平と井上靖との論争を引用しつつ、一部の語句や文節の言葉探しから著者の意図を忖度するやり方は、全体の文学としての面白さを無視するものであり、歴史を題材とした文学を正当に論じるものとは言えないのでは[23]、と田中が警鐘を鳴らしていたことも併せて想起しなくてはならない。

2　伝承される歴史と文化に対する田中のまなざし

田中が文学と歴史が交錯する場として注目した題材のひとつとして、一九世紀における民族独立運動と切っても切り離せない関係をもつ民話がある。たとえば、田中が栗原成郎との共編訳で日本に紹介した『ユーゴスラビアの民話Ⅰ』は、一九世紀前半にセルビア語文法やセルビア誌学を確立させたブーク・カラジッチが採録発表した民話である。ブーク・カラジッチは、一八五三年に出版した『セルビア民話』をグリム兄弟の兄ヤーコプ・グリムに献本して、ドイツでも高く評価されたことでも知られる。ちなみに、日本でセルビア民話を初めてまとまった形で紹介したのは、神話学者の松村武雄による一九三三年の『フィンランド・セルヴィア神話伝説集』であったが、英訳からの重訳であった[24]。田中は、解説文で他の英訳からの翻訳についても丁寧に紹介しているが、英語による再話は説明的でわかりやすい代わりに、単純素朴でときに論理性を欠く民話の語り口の面白さが半減すると指摘しており、日本語への翻訳の際に推敲しつつも、現地語が持つ民衆の語り口を再現することが文学としての力強さに繋がると考えていた。

ユーゴスラヴィアにおける民話すなわち口承文学の語り手として田中は、グスレという一弦琴を用いて弾き語りをするグスラルについても紹介している[25]。完全四度よりも狭い音域の一弦で、多様な語りの言語を組み合わせるグスラルは、日本の盲僧琵琶や平家琵琶に通じるところがあり、語りの内容は、一四世紀にセルビア王国の最盛期をもたらしたドゥシャン大帝の婚礼、オスマン帝国に敗北し王国衰退のきっかけのひとつとなったコソヴォの闘い、民話の主人公として頻出するクラリェヴィチ・マルコ（マルコ王子）の英雄譚、あるいはロビンフッドを想起させるような義賊たちの冒険譚、一八〇四年の第一次セルビア蜂起などであった。グスラルは、文字の読めない民衆にも伝わる豊かな口承文芸を創造していたのであり、ブーク・カラジッチが採録出版したグスラルの語る民謡をドイツ語翻訳で読んだゲーテがその豊かさに感嘆したというエピソードも伝えられている。

田中がセルビアの口承文芸に着目する理由は、民謡や民話で語られる内容と、史実（史料などで確認できる部分）には大きなズレがあり、そのズレにこそ民衆の感情生活、いわば凝縮された形の情念の一端を伺えるからである。[26] たとえば、一三八九年六月二八日（旧暦一五日、聖ヴィトゥスの日）にオスマン帝国軍にコソヴォ平原で敗れたセルビア王国は、貢納金を支払う属国となり、最終的には一四五九年にオスマン帝国直轄領となった。ただし、口承文芸としての叙事詩では、コソヴォの戦いは軍事的敗北というよりも、永遠の天上の王国を選択したラザール王の悲劇であり、味方からの裏切りの物語となる。他方で、伝承では、オスマン帝国によるバルカン半島統治の基礎を作り、コソヴォの戦いに勝利したムラト一世が直後に迎えた不慮の死について、その死をもたらした人物をミロシュ・オビリッチと特定して英雄視し、スルタンの死をもたらした戦いは必ずしも敗北ではなかったと解釈する余地を与える。

また、マケドニアのプリレプを所領としていたヴカシン王の長子とされるクラリェヴィチ・マルコは、口承文芸で最も多く登場する人物であるが、語られるエピソードの大半は史実とは係りがないことを特徴とする、と田中は指摘する。[27] 史料が極めて少ないクラリェヴィチ・マルコは一三九四年に戦死したが、民衆の語りの中では、オスマン帝国支配に追従しながらも、反抗と信頼を象徴する人物として、三百年の生涯を生きたとされる。ラマダン中でもワインを楽しみ、輪舞コロを踊る自由さ。父に縁のある剣を不正に入手した者には厳しく処してスルタンにすら反駁するが、愛馬シャラッと共にオスマン帝国軍に従軍して戦果を挙げる痛快さ。従軍中に家族を略奪されると単独で奪取し、高額な婚礼税や無理難題には抵抗する頼もしさ。その一方で、武勲よりも金貨、金貨よりも命を優先させることもあるしたたかさや、日本語には翻訳されていない話では、娘の手を切り落としたりするような粗野な残虐さを併せ持つ。超人的な力と人間的な弱さが同居するような、いわゆる英雄の理想像とはかなりかけ離れた欠点も含めて、繰り返し語られるのである。こうしたクラリェヴィチ・マルコのエピソードは当初、彼の出身地プリレプを中心に語られていたが、当時プリレプはセレスと比肩する重要な市が九月前半に開かれており、遠くドゥブロヴニクからも多くの商人が訪れる東西交易の合流点の一つであったため、そこから各地へと伝搬したと考えられている[28]。なお、妖精のお告げを受けて三百年の生涯を終えたクラリェヴィチ・マルコの遺体は、聖アトス山のヒランダル修道院へ安置されたが、敵の復讐を防ぐために墓碑は建てられなかったという。

このヒランダル修道院についても、田中による翻訳業績がある。一九九五年に上梓されたデアン・メダコヴィチ、ヴォイスラヴ・ジューリッチ、ディミトリエ・ボクダノヴィッチによる『ヒランダル修道院』は、ビザンティン美術史研究者の鐸木道剛との共訳であるが、その大きさ(二四五×三〇〇㎜)と上質紙二二三頁分のずっしりした重さで際立っている。ハルキディキ半島の東端六〇キロ、幅五〜一〇キロのアトス半島(別名：聖山)は、第一次世界大戦後のローザンヌ条約で一定の自治を認められた上でギリシア領となり、現在なお女人禁制を始めとする宗教的自治を有することで知られている。アトス半島北東の位置に、ビザンティン帝国時代の一二世紀末、中世セルビアにおけるネマーニャ朝の始祖ステファン・ネマーニャと末子サヴァにより修復建築されたのが、ヒランダル修道院である。ステファン・ネマーニャは、一一八三年にストゥデニツァ修道院の建築を命じ、ビザンツ様式とロマネスク様式を折衷させたセルビア独自のラシュカ派様式をもつ同修道院で、退位後に修道僧となり、聖シメオンとして一一九七年にヒランダル修道院へ入った。サヴァは翌年にはビザンティン皇帝アレクシオス三世から修復再建に関わる金印勅書を得、一二一九年に大主教に任命された。ヒランダル修道院は創建当初から翻訳と写本活動を中心に行い、多くの文書を残しているが、サヴァは宗教書を翻訳するとともに、父ネマーニャの伝記を著し、セルビア文語の確立に貢献した聖人とも言われる。

『ヒランダル修道院』に掲載された数多くのカラー図版や写真は、第二次世界大戦後の社会主義期にも正教会に保持された聖堂建築やフレスコ画、古代教会スラヴ語で書かれた伝記文学などがセルビア人の生活や芸術などの表現形態に色濃く残した宗教的世界観を、今に伝えている。田中は、ヒランダル修道院の宝物室に収められた約一二〇点のイコンがアトス半島随一であるとし、また主聖堂に安置されているイコン「三本手の聖母」[29]をめぐるエピソードについて、日本語版まえがきで言及している。「三本手の聖母」は、新約聖書の二番目に置かれる福音書の記者マルコが描いた四枚のマリア像のうちの一枚で、聖サヴァがエルサレムからもたらしたと伝承されている。切断された信者の手を元に戻す、ヒランダル修道院を火災から防ぐなどの奇蹟譚をもつ「三本手の聖母」は、一九九三年に初めてヒランダル修道院から持ち出されてテッサロニキで一般公開されたが、その際にはセルビアから特別列車やバスで連日多くの者が訪れたという。田中は歴史と伝説がいまだに分かちがたく結びついていると指摘したうえで、ヒランダル修道院をセルビア人にとっての「正倉院」あるいはそれ以上の、アイデンティティ保持に重大な役割を果したと見ている。というのも、アトス半島で確立された三葉型の平面図を持つ聖堂建築がヒランダル修道院をへてドナウ川からモラヴァ川流域にある一連の修道院建築と内部フレスコ画に影響を与え、同時に前述の口承文芸の主題となった史実や伝承をヒランダルの修道士もまた語り継いだはずであると考えたからである。

三　ドゥブロヴニクとモンテネグロ（ツルナゴラ）に対する田中のまなざし

歴史と文化が交錯する場への田中のまなざしは、世界的観光地として日本でも知られている世界遺産ドゥブロヴニクや、日本ではあまり知られていないモンテネグロ（ツルナゴラ）の歴史と文学へ向けられた時に、より際立ってくる。田中は、いずれについても現地語からの翻訳業績と、さまざまな解説文を残している。

1　歴史と文化が交錯する「場」――ドゥブロヴニク

ドゥブロヴニクはアドリア海東岸のほぼ中央に位置するが、現在の国境線を記載した地図で見た場合には、アドリア海沿いに細長く繋がるクロアチア領の中でも最南端、モンテネグロとの国境に近い位置にある。地質学および考古学的研究によれば、その場所はもともと半島のように海に突き出た地形で、海側は断崖、半島の内側から本土へかけて深くえぐれた入江で、船の停泊に適していた。この場所の歴史は、ローマ人が七世紀ごろにアヴァール人やスラヴ人から逃れてアドリア海上に築いた漁村ラグシウム（崖を意味するギリシア語を語源とするラグーザ）から始まる。ラグシウムは一二世紀にはレヴァント（東方）交易に乗り出してアドリア海西岸の海洋都市アンコナやピサと商業協定を締結し、

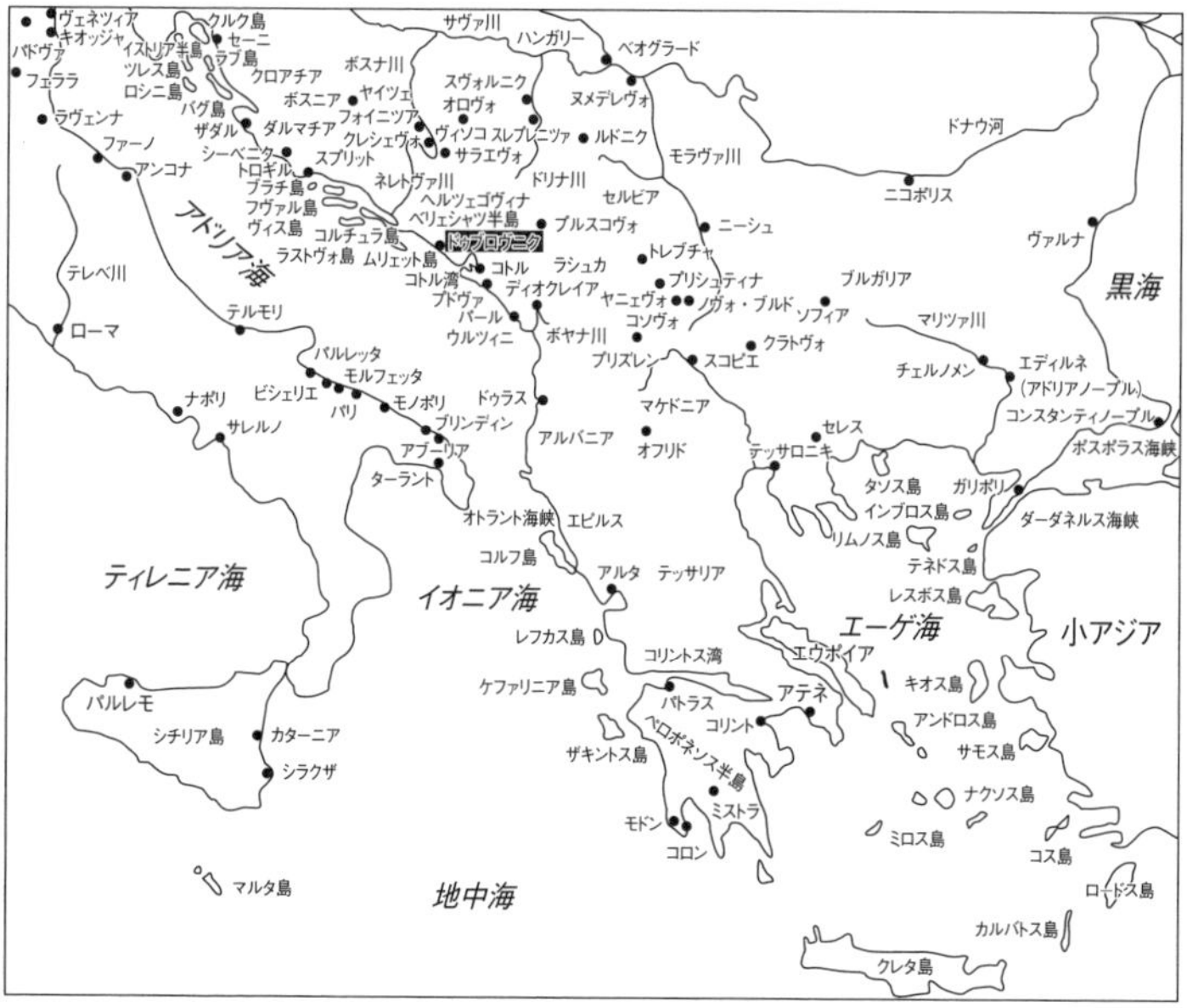

図3　ドゥブロヴニクの貿易範囲（出典：クレキッチ（1990）、63頁）

ビザンティン皇帝から黄金勅書を受けて帝国内の自由貿易を許可された。また、ドゥブロヴニクの後背地には比較的緩やかな山道があり、ヘルツェゴヴィナ、セルビア、ブルガリアを経てコンスタンティノープル（現イスタンブル）へ通じた。すなわち、アドリア海を通じた南北、後背地を通じた東西の要に位置する商業都市として、発展することができたのである。

ただし、第四次十字軍がエルサレムではなくビザンティン帝国首都コンスタンティノープルを征服した余勢で、ドゥブロヴニクも一二〇五年から一三五六年まで約一五〇年間にわたり、ヴェネツィア共和国の統治下に置かれ、大司教と二年ごとに派遣される総督を通じた支配を受け、自由な海上貿易は制限された。この間、ヴェネツィア共和国をパトロンとすることで、ドゥブロヴニクの船舶は有翼獅子の旗を掲げることができ公海での安全を保障されるとともに、レヴァント交易の往還にヴェネツィア共和国の大船団がドゥブロヴニク港へ立ち寄ることで港として潤い、後背地で採掘された銀、銅、鉛、鉄をイタリア半島へ輸出することができた。ドゥブロヴニクは、バルカン半島各地から運ばれてきた家畜、蜜蠟、羊毛、皮革、毛皮、食料、奴隷たちが、イタリア方面から持ち込まれた塩、織物、武器、貴金属細工、ガラス、絵画などと交換される場でもあった[30]。こうした仲介貿易を通じて富を得たドゥブロヴニクは、一三世紀にはヴェネツィア都市法やユスティニアヌス法典の影響を受けた都市法 *Liber statutorum civitatis Ragusii* を制定し、スラヴ人居住区（岩島の対岸に居住していたスラヴ人は、周辺に自生する樫の木にちなんで、この地をドゥブロヴニクと称した）を合体して自治都市となり、一四世紀にはほぼ現在見られるような共通の市壁で囲まれた。

田中が一九九〇年に訳出したクレキッチの『中世都市ドゥブロヴニク』は、ドゥブロヴニクがその独自性を確立したヴェネツィア共和国支配下にあった一四世紀から一五世紀にいたる時期を生き生きと描き出したものである。クレキッチによれば、一三三二年に閉鎖令により貴族層を固定して貴族民主政を導入したことを特徴とするが、名門《ノビレス》とされた家族を含む貴族人口は約一一〇〇人、市壁内の人口が一五世紀末で五〇〇〇〜六〇〇〇、域内全体で二万五〇〇〇〜三万人と推定されていることを鑑みれば、貴族層の割合が高い[31]。一般市民の中でも、商人や船長として富を得た者はアントニーニ（聖アントニウス兄弟団）を結成して市民上層部を成し、特令で貴族になる者もいた。中世都市として見た場合のドゥブロヴニクの特徴は、広場が市の中心に位置しておらず、また港に面した開口部にあるにもかかわらず海と広場を遮るように建物（軍用船造船所、現在はカフェ）が置かれ、その上部が城壁となって街を一周できる構造になっていることである。[32]この造船所が建築されたのはヴェネツィア共和国支配下にあった一三二九年であったが、一四世紀には初等教育が、一五世紀に中等教育が組織されて、イタリア人文主義の影響を受けてラテン語、ギリシア語、スラヴ語を駆使した文学者や、美術史でドゥブロヴニク派と分類される一連の画家たちを輩出した。

広場にある二つの聖堂のうち、ローマ教皇庁から大司教座として承認された聖堂《カテドラル》は、第三次十字軍の帰途にコルフ島付近で難破した英国リチャード獅子心王がドゥブロヴニク近くのロクルム島に漂流して助かり献堂したという言い伝えを持っているが、現在の聖堂は一七世紀に再建されたバロック建築である。この聖堂よりも広場の中心に近い位置に、守護聖人聖堂である聖ヴラホ（聖ブラシウス）教会がある。田中がテレビ局番組制作の通訳として一九九〇年八月から九月に訪問した際の記録を『月間百科』に連載した「ドゥブロヴニクとの付き合い方」と題した小論[33]には、一〇世紀に聖ヴラホがドゥブロヴニクの守護聖人となった経緯が紹介されている。ヴェネツィア共和国がレヴァントへの往路でこの地を水と食料の供給地としてだけでなく攻撃対象として見た際に、聖スティエパン教会の司祭の夢枕に白髪長髭の聖ヴラホが立って警告したおかげで、街が救われたのだという。また、田中は、ドゥブロヴニクを支配ではなく良好な関係維持で対応しようとしたセルビアのドゥシャン皇帝夫妻が一三五〇年に訪問した際に聖ヴラホ教会などに多大な寄進を行った、というエピソードも別の小論で紹介している。[34]ドゥブロヴニクを理解するためには、現地を訪れて滞在するだけではどこか物足りず、現在過去を問わず具体的に幾人かの市民を知り、付き合うことが彼らの都市と付き合うことの真意ではなかろうか、と田中は言う。「現在過去を問わず」という一句に、田中ならではの見方が窺えよう。なお、広場の一画を占める総督邸は、大小評議会と元老院、裁判所、大蔵局、監獄、武倉庫や火薬庫を擁する行政庁としての役割をはたし、現在は博物館となっている。別の一画には造幣局と税関を擁したスポンザ館が置かれ、現在は古文書館となっているが、七千巻の手稿本と一〇万点に及ぶ法令文等が残されており、地中海世界および中世史の専門家にとって貴重な場のひとつである。

ドゥブロヴニクは、一三五八年にヴェネツィア共和国に勝利したハンガリーの保護国となった段階から、独特な中世国家の様相を呈した。都市法を修正した法令全集 *Liber omnium reformationum* が制定され、元首にあたる総督をヴェネツィア人ではなく互選で選出し、選出された総督は任期一か月の間、総督邸にこもり無給で執務にあたり、連続再選を禁じることで独裁者の出現を予防した[35]。また、当時遠隔地間交易で基準通貨として使用されていた貨幣はヴェネツィア共和国が発行したグロッソ銀貨であり、ドゥカート金貨も流通し始めていたが、ドゥブロヴニクは一三三七年に自前銀貨の鋳造を開始し、とくにバルカン半島内陸の交易市場で使用された[36]。こうした独自な内政方式と外交権を持つドゥブロヴニクは、国章と自由 Libertas と記した国旗をもち、一五世紀初頭からはそれまでの都市国家 Comunitas Ragusina ではなく共和国 Respublica Ragusina を名乗って、東西交易の緩衝地帯としての役割を果たしている。一四六一年にはフィレンツェの建築家ミケロッツォアが招聘されて、市壁に円形のミンチェタ要塞を建築した。一四三八年にはイタリアから来た建築家により上下水道が整備されるとともに、市全域が舗装され、当時の地中海都市の中では快適さで知られる市街の一つとなった。

一五二六年からはオスマン帝国に貢納したが、約二八〇年にわたり自治を保持した。オスマン帝国がバルカン半島を平定したことでいわゆる関税障壁が一本化され、他方でローマ教皇からの特別許可状を得たことで、ドゥブロヴニクは神聖同盟とオスマン帝国の交戦中ですら、双方の仲介貿易を独占したという[37]。しかし、一六世紀にオスマン帝国が衰退期に入り、新大陸発見により地中海交易の重要性が相対的に低下したことで、ドゥブロヴニクの繁栄は次第に下降線をたどった。一六六七年の大地震による壊滅的打撃からはかろうじて復興したものの、フランス革命とその後のナポレオン戦争が波及する中、一七九七年に約千年の歴史を閉じたヴェネツィア共和国に続いて、コトル湾を制したロシア軍と対峙したフランス軍の進攻により、ドゥブロヴニクの独立性は一八〇八年に実質的に失われた。田中は、この時のフランス軍マルモン将軍の宣言を「ドゥブローヴニク共和国の独立は存在を停止せり、全ての行政機能はフランス指揮官に委譲さるべし[38]」と訳している。

最盛期ですら人口約二万五千人程度の小街でありながら一四世紀から独立性を維持し、地中海世界における東西交易の中継地として、また最盛期には八〇を数える領事館を通じて外交を繰り広げたドゥブロヴニクは、欧州列強とロシアの狭間でその独自性を失って「周辺」へ置かれ、一九世紀以降のバルカン半島における独立国家の形成過程においてもその国境の「周辺」にとどまり続けた。

2　知られざるモンテネグロ（ツルナゴラ）の歴史と文学を繋ぐ「人」――ニェゴシュ

日本ではあまり知られていないモンテネグロの歴史と文学を繋ぐ人物に深く触れることができる翻訳としては、田中が山崎洋との共訳で訳出に七年を費やし、二〇〇三年に上梓したペタル二世ペトロビッチ＝ニェゴシュ（一八一三―一八五一、以下ニェゴシュと記す）の『山の花輪――一七世紀末の歴史的事件』を欠かすことはできない。同書は二四〇×三五〇㎜の大判カラー印刷で挿絵入り、二一九頁の豪華本であるが、二〇二〇年にはニェゴシュによる『小宇宙の光』を加えて出版された叢書版が、別の出版社から出されている。

石灰岩の山々に囲まれたカルスト盆地を中心としたモンテネグロは、一五世紀からはオスマン帝国に貢納し、標高六百メートルに位置する古都ツェティニェの教会が自治を行っていた。ヴラディカと呼ばれた正教会の主教公が政治的首長を兼ねるある種の神聖政治は、近隣のボスニアやヘルツェゴヴィナ、あるいは北アルバニアを統治した総督の多くがイスラーム教に改宗した豪族の子孫であったことを鑑みれば、いかに独特な自治形態であったか推察されよう。ニェゴシュ（本名ラディボエ・トーモフ、愛称ラーデ）は、一八三〇年に逝去した主教公《ヴラディカ》ペタル一世の遺言に従って一七歳でモンテネグロの統治者に選出され、ペタル二世の名を受けたが、父がペタル一世の兄にあたる。とはいえ、部族による緩やかな連合体としてのモンテネグロは近代国家としての体制には程遠く、一八三三年にロシアで皇帝ニコライ一世の立ち合いの下で主教に叙階されたニェゴシュは、租税制度、元老院、警察制度、県令を中心とした行政機関などを整備する一方、ツェティニェ修道院に附属学校を設立し、ブーク・カラジッチを初めてモンテネグロに招くなどした(39)。ただし、部族制社会を変革する過程は「公然たる、あるいは隠然たる、だが執拗な」抵抗にあい、讒言や暗殺未遂もあったため、しばしば容赦ない対応をしたという。ちなみに、ニェゴシュという名を用い始めたのは、一八三七年のロシア再訪時に、自身がニェゴシ村の出身と意味する語をロシア風に併用した時からであるが、当時はニェゴシ村のはずれにモンテネグロとオーストリア＝ハンガリーとの国境があった。

ニェゴシュは自身を「君主の中の野蛮人で、野蛮人の中の君主」[40]と自認する一方、一八四〇年代には長編叙事詩三部作『小宇宙の光』『山の花輪』『小偽帝シュチェパン』やモンテネグロ民謡集を上梓し、モンテネグロにおける文学の基礎を作った。このうち『山の花輪』は、一八四六年にモンテネグロが干ばつによる飢饉に瀕した際、シュコダルを治めていた総督が食糧援助の引き換えに住民のイスラーム教化を図ったことへの怒りから、一七世紀末に実際に起きたイスラーム教改宗者の虐殺を題材に書かれた。ただし、虐殺事件そのものは、叙事詩約二千八百行の最後に五〇行のみで描かれているに過ぎない。全編の大部分は、むしろ虐殺を避ける手段を模索する主教公ダニロ《ヴラディカ》の悩みと、改宗者の根絶を求める首長たちや輪舞（コロ）に代表される民衆の理念との対立である[41]。両者の意見を止揚する役回りの老修道院長ステファンのみニェゴシュによる創作で、それ以外の登場人物は史料に名のみ知られている歴史上の人物、あるいは民謡や叙事詩の登場人物である。

田中は、「ほとんど文盲の十万人が不毛の山地できびしい生活を強いられていた当時、ニェゴシュは一体だれを読者に想定して書いたのか、不思議な気もする」[42]と記している。しかし、一八四〇年代に入った頃からザクセン王フリードリヒ・アウグスト二世や、クロアチアのイリュリア運動（文化的再興運動）の担い手であるリューデビット・ガイ、英国のエジプト学者たちがモンテネグロを訪れて、「バルカンの片隅に現れた一世紀遅れの啓蒙君主」[43]ニェゴシュと歓談するようになっていた。『山の花輪』に散りばめられた短い詩句は、今なお格言や諺として現地の人々の日常生活に深く浸透している[44]。そのため、田中は一九世紀半ばの日本語としても違和感のないように、七七調一四韻脚、五七調一二韻脚、五七七調一九韻脚などに配慮して訳した。たとえば一三八行目「良き時、善を為すこと易し、苦しき時に勇者は知らる！」、一一三四行目「堅き胡桃は不思議な木の実、砕かんとせば、その歯を折らん！」、一一五六行目「それ槌矛《つちほこ》を法となす者、その跡、非道の汚臭《におい》を放つ」などが印象的である。とくに、五二七行目「低き丘でも高みに立たば、下の者より見ゆるは道理、われもみなより多く見ゆべし――幸せにして、また不幸なり」を、田中はニェゴシュが一九世紀半ばを代表する知識人の一人であったことがうかがえる一句とし、日本語叢書版のオビにも記載されている。なお、田中と山崎は現地研究者による研究を踏まえて各詩行の詳細な註を付しており、その最後の確認作業はツェティニェ修道院にて行われた。

ニェゴシュは、モンテネグロを統治する主教公《ヴラディカ》として、度重なる国境侵犯事案や無法地帯をなくすために陣頭指揮をとり、一八四二年にはドゥブロヴニクでヘルツェゴヴィナ総督と国境問題で協議するなど外交活動も行った。ヨーロッパを席巻した一八四八年革命時には、ニェゴシュもまた南スラヴ人の大同団結がオーストリア＝ハンガリー帝国やオスマン帝国からの解放に繋がることを夢見て、ハンガリー支配下にあったクロアチアの独立支援やセルビアの完全独立を支援することを準備したものの実らなかった。一八四九年秋頃から結核の症状が悪化して療養を続けたが、二年後に三八歳の若さで死去。しかし、ニェゴシュが残したものは、次の世代に繋がる。

「ユーゴスラヴィア」という用語を南スラヴ人の国を意味するものとして初めて用いたのは、ドゥブロヴニク生まれの詩人マテヤ・バンとする説があるが、彼の知人であったニェゴシュが一八五一年に出版した『小偽帝シュチェパン』の見開き表紙に印刷したのが正式に用いられた最初の例[45]、と田中は述べている。ニェゴシュの後を継いだダニロ二世が主教公《ヴラディカ》制を廃止し、世俗君主による統治の下で一八五五年にモンテネグロ法典を制定して、モンテネグロは法治国家への転換を果たした。モンテネグロがオスマン帝国からの独立を国際条約で正式に承認されたのは、はじめに紹介した露土戦争後の一八七八年ベルリン条約によってであり、以後モンテネグロは現代国際関係の「周辺」に組み込まれることとなったのである。

四　田中のまなざしに寄せて

翻訳にあたっては必ず現地に滞在し、関係者の墓参を行う田中は、現地の言葉で綴られるあるがままの姿を日本語へ置き換えただけでなく、その深層に迫るために思索した自身の痕跡を随所に残した。田中は、現地語に現れる習慣や考え方、話し方、性格を、あえて書かれた／伝えられた当時の日本語にできる限り寄せていく。訳者あとがきや解説文には、現地研究者による最新の研究成果や論争について言及し、かといってそれらを踏襲するというよりは、自身の解釈を示す。わかりやすい説明や二項対立的な構図には頼らず、むしろそういったものからは距離を置く。あえて、日本の歴史と文化に関わるさまざまな文学やエピソードへと、自由に視点を飛ばす。

田中が見ていた「バルカン」やユーゴスラヴィアの文化とは、必ずしも現代の国家や国境線によって区切られるものではなく、より緩やかに広がる場と人に繋がる。三世紀末のローマ皇帝ディオクレチアヌスが導入した東西分割（正確には四分割）がその後の宗教、言語（文字を含む）、建築、絵画（ナイーブアートを含む）などの多様性に与えた影響[46]、中世の正教会や修道院、十四世紀から二〇世紀初頭までバルカン半島を統治下においたオスマン帝国とイスラーム文化、口承文芸の豊かさ、二〇世紀の文学者たちと彼らを包み込む激動の歴史そのものであった。ただし、紙幅の関係から本稿では割愛せざるを得なかった田中の業績も多く、とくに田中が「ユーモアなしのユーゴ紹介をあまり信用できない[47]」と語った部分については、ほとんど触れることができなかった。

とはいえ、田中が見ていた場と人が、二〇世紀の戦争と破壊ゆえに世界に広く知られているものの、一九九〇年代までは関係者や研究者以外にはその実態があまり知られていなかったという意味で、いわば現代世界の「周辺」にあるユーゴスラヴィアの、さらにそのまた「周辺」に位置するボスニア、モンテネグロ（ツルナゴラ）、コソヴォ、ドゥブロヴニクなどであった[48]ことは確かである。そこには、あえて在野という周辺からそれぞれの地に生きた／生きる人々を見ていた田中の姿勢が二重写しとなり、より自由な発想と選び取られた言葉の豊かさに繋がりえたのかもしれない。

用語

「バルカン」　ユーゴスラヴィア　牧野伸顕（一九八六―一九四九）　イヴォ・アンドリッチ（一八九二―一九七五）

註

（1）一九世紀に用いられ始めた地理的名称（詳しくは用語解説を参照）。両大戦間期には政治的により中立的な概念として、「バルカン」よりも「南東欧」という用語を用いる傾向も見られた。Todorova (2019), pp.84-85.

（2）一九一八年から二〇〇三年まで存在した南スラヴ人の国家が用いた国名（詳しくは用語解説を参照）。二〇〇六年にモンテネグロが独立を宣言し、ユーゴスラヴィア名称を冠した国家は、それぞれの後継諸国へと最終的に移行した。

（3）中澤（二〇二三）、六六頁。

（4）田中（一九八二a）、一二七頁。

（5）松井（一八九五）『萬國戰史　第六編：露土戰史　全』博文館。松井（一八六六―一九三七）は、一八八七年に新潟から上京して出版社博文館の創立に参画、その後中央新聞、朝報社、やまと新聞、大連新聞などをへて、一九二一年に松陽新報社編輯局長兼主筆を務めた。

（6）牧野（一九七七）、二二五頁。第一次世界大戦後のバルカン半島における国境線確定は、実態としては五大国の最高会議で決定して関係国には総会で通告したという経緯については、牧野（一九七八）一九四―一九五頁に詳しい。

（7）牧野（一九七七）、二二七頁。

（8）牧野（一九七七）、二三〇頁。

（9）南塚（二〇〇八）、一一四頁。

（10）田中（二〇〇七）『バルカンの心――ユーゴスラビアと私』彩流社。田中の経歴については、同書の最後に収録された「我、バルカンとの懸け橋とならん」（ＮＨＫラジオ第一放送、二〇〇六年九月五日、六日放送より採録）に詳しい。

（11）田中（二〇二〇）世界史研究所編『追想のユーゴスラヴィア』かりん舎。

（12）田中（二〇〇七）、五五頁。

（13）アンドリッチ（一九七六）、四四―四五頁。

(14) 田中（二〇〇七）、一三八頁。
(15) 田中（二〇〇七）、一四〇頁。
(16) 田中（二〇〇七）、一六六頁。
(17) 田中（二〇二〇）、九〇頁。
(18) 田中（二〇〇七）、一五二―一五三頁。
(19) アンドリッチ（一九九七）、一九七頁。
(20) アンドリッチ（一九九七）、二〇〇頁。
(21) アンドリッチ（一九九七）、二〇一頁。
(22) アンドリッチ（一九九七）、二六四頁。
(23) 田中（二〇〇六）、七七―八〇頁。
(24) 田中（二〇〇七）、一二六頁。
(25) 田中（一九八九）、二七五―二七七頁。
(26) 田中（一九八二b）、六三頁。
(27) 田中（一九八二b）、六四頁。
(28) 田中（一九八二b）、六八頁。
(29) メダコヴィチ、ジューリッチ、ボグダノヴィチ（一九九五）、一一四頁。「三本手の聖母」はエルサレム起源で、八世紀に聖像破壊論者《イコノクラスト》を論破したダマスケノスの腕を奇跡で癒したと伝えられている。ただし、銀製の三本目の手は、一四世紀に伝説のイコンが古びたために制作された写しに付け加えられたもので、ビザンティンの画家によるものと考えられている。
(30) 田中（一九九五）、三三二―三三三頁。
(31) クレキッチ（一九九〇）、四二頁および六〇頁。

(32) 武田(二〇二二)、七―一一頁。
(33) 田中(二〇〇七)、二一五―二五九頁。
(34) 田中(二〇二〇)、三四頁。
(35) クレキッチ(一九九〇)、四九頁、および田中(一九九五)、三三八頁。
(36) 武田(二〇二二)、一四九―一五三頁。
(37) 田中(一九九五)、三三九頁。
(38) 田中(一九九五)、三四二頁。
(39) ペタル二世(二〇〇三)、一三―一五頁。ブーク・カラジッチは、一八三八年にドイツ語で『モンテネグロとモンテネグロ人』を上梓している。
(40) ペタル二世(二〇〇三)、一六頁。
(41) ペタル二世(二〇〇三)、二八頁。
(42) 田中(二〇〇七)、七七頁。
(43) ペタル二世(二〇〇三)、一七頁。
(44) ペタル二世(二〇〇三)、二九頁。
(45) ペタル二世(二〇〇三)、二〇頁、および田中(二〇〇七)、七九頁。
(46) 田中(一九八九)二六二―二九三頁。
(47) 田中(二〇〇一)、四四三頁。
(48) 南塚(二〇〇八)、一一四―一一五頁。

参考文献

アンドリッチ(一九七六)『ゴヤとの対話(*Замиси о Гоји*)』(田中一生訳)、恒文社。

――（一九八二）『サラエボの女（*Госпоћица*）』（田中一生訳）、恒文社。

――（一九九七）『サラエボの鐘―短編集』（田中一生、山崎洋編訳）、恒文社。

ヴィンテルハルテル（一九七二）『チトー伝（*Животном стазом Јосипа Броза*）』（田中一生訳）、徳間書店。

クレキッチ（一九九〇）『中世都市ドゥブロヴニク――アドリア海の東西交易（*Dubrovnik in the* 14th *and* 15th *Centuries: A City Between East and West*）』（田中一生訳）彩流社。

柴宜弘（一九九六）『ユーゴスラヴィア現代史』岩波新書。

――（二〇一九）『バルカンの歴史（増補四訂新装版）』河出書房新社。

シュチェパノヴィチ（一九七八）『土に還る（*Уста пуна земље*）』（田中一生訳）、恒文社。

菅原淳子（二〇一六）「「東方問題」とバルカン」柴宜弘編著『バルカンを知るための六六章』第二版、明石書店。

鈴木健太（二〇二二）「新刊紹介：田中一生著『追想のユーゴスラヴィア』」『東欧史研究』第四四号、三九―四〇頁。

武田尚子（二〇二二）『世界遺産都市ドゥブロヴニクを読み解く――戦火と守護聖人』勁草書房。

田中一生（一九八二a）「日本＝ユーゴスラヴィア文化交流の歴史と現状」『日本と東欧諸国の文化交流に関する基礎的研究（トヨタ財団助成研究報告書：80-3-051）』日本東欧関係研究会。

――（一九八二b）「史実と伝説――クラリェヴィチ・マルコの場合」『東欧史研究』第五号。

――（一九八九）「ユーゴスラビアの文化」南塚信吾編著『東欧の歴史と文化』彩流社。

――（一九九五）「ドゥブローヴニク」歴史学研究会編『講座世界史1　世界史とは何か――多元的世界の接触の転機』東京大学出版会。

――（二〇〇一）「解説」木村元彦『悪者見参《わるものけんざん》――ユーゴスラビアサッカー戦記』集英社文庫。

――（二〇〇五）「世界遺産の中世都市――ドゥブロヴニクとコトル」柴宜弘編著『バルカンを知るための

六五章』明石書店。

――（二〇〇六）「アンドリッチの「アリヤ・ジェルゼレズ」」柴宜弘、佐原徹哉編著『バルカン学のフロンティア』彩流社。

――（二〇〇七）『バルカンの心――ユーゴスラビアと私』彩流社。

――（二〇一〇）世界史研究所編『追想のユーゴスラヴィア』かりん舎。

Todorova, Maria (2019) "Balkan" in *Scaling the Balkans: Essays on Eastern European Entanglements*, Leiden and Boston: Brill, pp.83-92.

中澤拓哉（二〇一三）「近代日本におけるモンテネグロの国名表記――幕末・明治期を中心に」『或問』四三号。

ペタル二世ペトロビッチ＝ニェゴシュ（二〇〇三）『山の花輪――十七世紀末の歴史的事件（*Горски Вијенац*）』（田中一生、山崎洋訳）、彩流社。

牧野伸顕（一九七七）『回顧録（上）』中央公論社。

――（一九七八）『回顧録（下）』中央公論社。

松井廣吉（一八九五）『萬國戰史　第六編：露土戰史　全』博文館。

南塚信吾（二〇〇八）「田中一生を想う――遺著『バルカンの心』によせて」『東欧史研究』創刊三〇周年記念号。

メダコヴィチ、ジューリッチ、ボグダノヴィチ（一九九五）『ヒランダル修道院（*Хиландар*）』（田中一生、鐸木道剛訳）、恒文社。

用語解説

アパルトヘイト（Apartheid）

南アフリカ共和国が一九四八年に法制化した人種隔離政策。一七世記半ばのオランダ人による入植に始まり、長期にわたって現地の黒人の土地の支配を拡大し、人種差別法を制定し続けた上で成立した。南アフリカに対する国連の非難決議や国際的なボイコットキャンペーンのなか同国では一九九一年に廃止に至ったが、アパルトヘイト犯罪は人種的集団に対する支配のなかでの非人道的行為として国際法上で定義されており、イスラエルが行っている占領政策はこの定義に当てはまる。

イヴォ・アンドリッチ（一八九二―一九七五）

ユーゴスラヴィアの文学者、詩人、外交官。一九六一年ノーベル文学賞受賞。オーストリア＝ハンガリー帝国統治下にあったボスニアのトラヴニク近郊生まれ。サラエヴォ事件との連座により第一次世界大戦初期に投獄されたが、一九一七年に釈放。一九二〇年から四一年までユーゴスラヴィアの外交官として欧州各地に駐在する傍ら、散文詩、翻訳、評論、短編を相次いで発表した。第二次世界大戦中ドイツ占領下のベオグラードにて、ボスニア三部作『ドリナの橋』『ボスニア物語』『サラエボの女』を執筆し、第二次世界大戦後は、ユーゴスラヴィア連邦議会議員や連邦作家同盟議長などを歴任。

エチオピア（Ethiopia）

北東アフリカにある内陸国。現在の正式な名称はエチオピア連邦民主共和国。人口は一億一千万人をこえており、アフリカでナイジェリアに次いで多い。宗教はエチオピア正教やプロテスタントなどのキリスト教、イスラーム、伝統宗教などである。オロモ、アムハラ、ティグライ、ソマリなど数多くの民族が居住している。近代国家としてのエチオピアの領域は一九世紀末の皇帝メネリク二世の治世に形成された。政治的には、帝政から社会主義を標榜する軍事政権、民族に基づく連邦制度を導入したエチオピア人民革命民主戦線を経て、現在、アビィ・アハマド首相が率いる繁栄党政権である。

n地域論

中東地域研究者の板垣雄三が一九七三年に「民族と民主主義」と題して歴史学研究会で報告した内容を基に提唱したもの。埋め込まれた差別体制の重層構造を拡大的に再生産する力（P）に対して、差別の克服と連帯の克服を目指す民族運動（Q）が生じるが、次にこれに対抗する反動的なクサビである、政治的・イデオロギー的組織化としての民族主義（R）が打ち込まれ、Qと拮抗する。このP×R対Qという構想が展開される場が、ｎ地域なのだという。従来の帝国主義認識では例えば「日本帝国主義—朝鮮社会」のような支配—従属的地域という固定的・直線的ベクトルになるのに対し、ｎ地域は日本、朝鮮、あるいは日本と朝鮮にまたがるものなど可変的なものとしてとらえられるという。

オスロ和平プロセス

一九九三年九月一三日に結ばれた「暫定自治合意原則宣言」（オスロⅠ）と一九九五年九月二八日に結ばれた「西岸地区およびガザ地区に関する暫定合意」（オスロⅡ）に基づき、パレスチナ問題の最終的解決を目指して交渉を進めるとされたプロセス。「最終的解決」が何を指すのか自体が曖昧であり、イスラエル・パレスチナの二国家の共存には不可欠な前提である占領地からのイスラエルの撤退さえ交渉事項として棚上げにされるなど、イスラエルの国際法違反状態を長引かせる結果を生んだと指摘されている。

オロモ（Oromo）

エチオピアで約三〇パーセントを占めるといわれる最大民族である。言語はアフロ・アジア語族低地東クシュ語系オロモ語。一六世紀にエチオピア南東部から移動を開始し先住民を取り込みながら拡大した。その結果、現在エチオピアからケニアまでオロモ系の民族が居住している。宗教的にもイスラーム、キリスト教、伝統宗教など多様であり、生業も農耕から牧畜まで幅広い。エチオピアでは一九九一年の連邦制のもとでオロミア州に多くが居住している。近代になりエチオピアではオロモという民族意識が生まれた。

開発政治体制

冷戦期の新興国において、政府が主導して国内資源の動員と、海外援助や海外投資を積極的に受け入れ、経済成長や社会インフラの整備を通じて国民生活の向上を目指す政治体制である。経済成長を国民が共有すべき目標として掲げることで、多民族・多宗教・多言語社会における国民統合を図る役割も担った。この政治体制では、国民生活の向上がその強権的な政治体制を正当化したが、冷戦の終了と経済成長に伴いその正当性が揺らぎ、多くの国で民主化が進展した。

北朝鮮の核・ミサイル開発

二〇〇六年一〇月の第一回（推定出力一kt以下）から二〇一七年九月の第六回（同一六〇kt）まで核実験を実施してきた。特に第六回は水爆実験とみられている。運搬手段としては二〇一七年一一月に発射実験を行ったＩＣＢＭ「火星一五」以降が米国全土を射程に収めるとされる。近年では、推進方式に固体燃料を採用しているほか、中距離弾道ミサイル、潜水艦発射ミサイル、極超音速ミサイル、巡航ミサイルなども開発・実験している。

公証人

現代の公証人は、私人間の契約行為（遺言、売買、贈与、代理人契約など）の公的認証や登記を遂行し、その法的効力を証明するための公証証書の作成・発行を請け負う公職者を指す。いっぽう、一九世紀以前のスペインおよびスペイン領アメリカでは、行政活動の事実証明や裁判に関する公的認証など、幅広い領域にわたる公文書管理を一手に担うことにより、行政司法や市民生活の根幹を支える重要な役割を果たした。

公証人マニュアル

公証業務の土台をなす公証技能は、通常、師から弟子への徒弟修行や証書の書写訓練などを通して実践的に習得されたが、とくに証書作成の実務において公証人たちが頼りにしたのが、スペイン語で「フォルムラリオ」と呼ばれる公証人マニュアルである。公証人マニュアルには、証書の雛形となる書式や、公証人の業務概説、公正証書の裏付けとなる法理論などが記載されており、とりわけ一六世紀以降のスペインでは多彩な作品が出版された。

公証力

公証力とは、公証人の手になる文書に法的効力を与える源となる、公けの信用を指す。そこでいう「公け」とは、もともとは中世キリスト教世界の秩序の中心をなす教皇権と王権という二つの上級権力に由来する力を指しており、一二世紀イタリア法学の編み出した「法的フィクション」に支えられた概念であった。それが近代以降、ヨーロッパやラテンアメリカへと広く継承されることにより、現代の公証人制度を支える理念的柱となっていった。

シオニズム（Zionism）

本来宗教的概念であったユダヤを民族として読み替えた近代ヨーロッパ社会において生まれた、ユダヤ人のナショナリズムの一種。もともとはユダヤ国家形成だけでなく、ヘブライ語とユダヤ教を紐帯とするユダヤ人の精神的な中心をパレスチナ内に作るとする潮流もあったが、国家建設を目指して入植し土地を支配する運動としての実践的シオニズムが中心化した。そこにおいてユダヤ教は、入植運動推進のための二義的な役割でしかなくなるため、シオニズムはユダヤ教に反すると主張するユダヤ教超正統派は少数派ながら現在まで存在する。

執政制度

行政機関の最高責任者である首相や大統領といった執政長官がどのように選出され、その他の国家機関である立法機関や司法機関とどのような関係に置かれるのかを定める制度である。司法機関はその独立性を維持するため、国民の意思が直接反映されない場合が多い。従って、立法機関と行政機関が国民とどのような関係を持つかに基づき、この制度は議院内閣制と大統領制に大別される。

シベリア

ロシア連邦の中部から東部の広大な土地に、大河や森林、ツンドラ、ステップなどの豊かな自然や動植物を有する。数十の先住少数民族が居住していたが、天然資源や豊かな土地を求めてロシア人が進出した。一八世紀からは鉱山などの開発も行われ、流刑囚も使用された。一方、農奴制を逃れて移住した農民はシベリアの農業を発展させた。ヨーロッパ・ロシアの人口増加や土地不足によって移住はさらに増加したが、それに拍車をかけたのはシベリア鉄道などの鉄道建設であった。ソ連政府はシベリアを内国植民地として扱うのではなく、生産力に期待して積極的に開発を進めたが、依然として、政治的・社会的にヨーロッパ・ロシア中心の傾向は拭いきれずに今日に至っている。

社会人類学（Social Anthropology）

「人間とは何か」という人類の普遍性を前提とした問いを追求するために、文化的他者の知と実践のあり方を探求し、自らの世界の枠組みを相対化するために、長期のフィールドワークという方法を用いることに特徴がある。社会人類学のテーマは、これまでの生業、信仰、宗教、親族、政治、経済、法、歴史といった分野に留まらず、近年では難民・移民、開発、環境、ジェンダー、医療、芸術、科学技術、動物と人の関係など多岐にわたる。このためフィールドワークを行う場所も、アフリカやアジア、ラテンアメリカの地域社会はもとより、欧米や日本の都市部まで幅広い。文化人類学ともいう。

社会文化生態力学

東南アジア研究者の立本成文が自身の地域研究の方法として一九九六年の論集のタイトルに用いたもの（その後一九九九年、二〇一三年に増補改訂されている）。共同研究の場を提唱するに過ぎないとも思われて来た地域研究が、「既成のディシプリンに還元できない成果」を蓄積してきたなかで、地域研究固有の方法論を「改めて自照的に構築する」ことを掲げている。生態、資源、生産、歴史構造が相対的に完結した一つの単位としての地域は、生態や社会、文化システムなどによる「相乗作用」である「社会文化生態力学」によってまとめられている、としている。地域研究がとらえる枠組みとしての地域は、東南アジアを事例にしながら、戦略的に作り出すことによって「ディシプリンでは見えないもの」を見るようにしなければならないと論じている。

真実・和解のための過去事整理委員会

「五・一八（光州事件）民主化運動等特別法」（一九九五年一二月）、「済州四・三事件真相糾明および犠牲者名誉回復特別法」（二〇〇〇年一月）、「老斤里事件犠牲者審査および名誉回復特別法」（二〇〇四年三月）、「日帝強占下強制動員被害真相糾明等特別法」（二〇〇四年三月）などを経て、二〇〇五年五月に制定された「真実・和解のための過去事整理基本法」に基づく独立人権調査機関。権威主義体制期から始まり日本の植民地支配や米軍政期・朝鮮戦争期にさかのぼって人権侵害を究明してきた。在日韓国人「スパイ」捏造事件の再審なども勧告する。李明博政権期の二〇〇八年に解散がいったん決められたが、文在寅政権期の二〇一八年に第二期委員会が発足した。

性革命（sex revolution）

一九六〇年代なかばから七〇年代にかけて、とりわけ性についての考え方が自由度を増した現象をいう。対抗文化の進展とともに従来の社会規範、道徳観、人生観を見直す声が高まり、夫婦どうしの交換（スワッピング）や夫婦関係を続けながら他の異性と恋愛をするなど、多様な恋愛関係や性的関係のあり方が模索された。ポルノグラフィーの解禁や社会における様々な男女の差や差別をなくそうとするフェミニズムの動きにもつながった。

想像の共同体（Imagined Communities）

一九八三年に刊行された、イギリス出身（中国・昆明生まれ）の東南アジア研究者ベネディクト・アンダーソン（一九三六—二〇一五）の著作。「出版資本主義」の発明によって新聞などのメディアが流通し、見知らぬ者の存在や出来事を想像することを通じてネーション（国民）という共同体が作られた、とする。ネーションが太古の昔から存在していたわけでなく近代化の産物であるという議論自体はそれ以前にも存在したが、こうした「出版資本主義」や、一九世紀以降国家が作り出したナショナリズムである「公定ナショナリズム」といった概念を生み出したことのなかに功績がある。多地域の共時代意識を自由に横断してゆく記述のスタイルにも力を得て世界中で話題となり、多数の言語に翻訳された。

対抗文化（counter culture）

効率や豊かさの追求を主眼とする第二次大戦後の社会・文化・価値観のあり方に反抗し、より「自由」で「人間らしい」生き方を希求する、一九六〇年代なかばから七〇年代初頭に高まった若者を主体とする思想や運動をいう。アメリカにおいては、ベトナム戦争への反対、人種差別の是正をめざす公民権運動、女性解放運動、環境保護運動などと重なりながら展開した。同時期には西欧や日本にも類似の現象が起こった。

中国語（標準中国語）

第二次世界大戦以後の国共内戦に敗れた国民党が台湾に移ったことで、台湾でも標準中国語が公用語とされるようになった。ただし昨今語学教材のタイトルとしては「台湾華語」という表現が使われるようになった。実質は中国大陸で話されている標準中国語（中国語では普通話と称する）との差異はなく、台湾の独自性と中国大陸への配慮を兼ね備えた表現といえよう。「華語」は元々東南アジアで中国語を示す表現で、「中国語」という表現はあまり用いられなかった。冷戦時代、東南アジアで「中国」という表現が共産主義を連想させるため、政治を超越した表現として中国文化の美称である「中華」の華が用いられたのだろう。

中流階級（middle class）

産業革命以降の産業と資本主義の発展により厚みを増した、比較的安定した職と所得、政治・社会的な立場を有し、将来をことさらに不安視することのない人びとの層をいう。政治的には穏健な立場をとるとされる。近年では、その存在がこれまで民主主義や政治的安定に重要な役割を果たしてきたのであり、それが衰退しつつあることによってポピュリズムの台頭などに見られるような政治の不安定化を招いているという議論がなされている。中間層ともいう。

通過儀礼 (rite of passage)

二〇世紀はじめにフランスの民族学者ヴァン・ジェネップ（Arnord Van Gennep）が提唱した用語である。一般的に人生の節目に行われる人生儀礼の意味で使われることが多い。ジェネップによれば、すべての儀礼は、人や集団がある状態から次の状態へ、ある世界から新しい世界に移行するために行われる。また、彼は、儀礼の構造にはある状態から脱する「分離」、どの状態にもない「過渡」、新しい状態へ変化する「統合」という三つの段階があることを示した。

ナクバ

「大災厄」を意味するアラビア語だが、パレスチナ問題の文脈では、一九四八年五月一四日のイスラエル建国によって少なくとも七〇万人のパレスチナ人が難民となり、パレスチナ社会が崩壊した出来事をさす。ただしすでに前年一一月二九日の国連パレスチナ分割決議によってシオニストの軍隊がパレスチナ人追放作戦を本格化させたため、ナクバを一九四八年に限定するのでは不十分である。また、その後今日に至るまでパレスチナ人の追放は繰り返されており、「継続するナクバ」という捉え方もある。

南北首脳会談（第一回・第二回）

第一回は二〇〇〇年六月に平壌で金大中と金正日が会談し、「南北共同宣言（六・一五宣言）」で南北の鉄道連結や開城工業団地の創設および統一方案について韓国の「国家連合」と北朝鮮の「連邦制」の共通点に合意した。第二回は二〇〇七年一〇月に平壌で盧武鉉と金正日の間で行われ、「南北関係の発展と平和繁栄のための宣言（一〇・四宣言）」で朝鮮戦争の終戦宣言と「西海平和協力特別地帯」の推進に合意した。

南北首脳会談（第三回・第四回・第五回）

第三回から第五回はいずれも文在寅と金正恩の間で、二〇一八年四月に板門店韓国側地域で、五月に板門店北側地域で、九月に平壌でそれぞれ行われ、「朝鮮半島の平和と繁栄、統一のための板門店宣言（四・二七宣言）」と「九月平壌共同宣言」で休戦協定の平和協定への転換と完全な非核化に向けた協力に合意し、また、「板門店宣言軍事分野履行合意書」

を付属合意書として採択した。

バルカン

現在のブルガリアを南北に分ける褶曲山脈は、ギリシア語でハイモン、ラテン語でハエムスと呼ばれていたが、一六世紀にオスマン帝国による統治が始まって以降、トルコ語で樹木が生い茂る山々の連なりを意味する「バルカン」という用語が持ち込まれた。地理的名称として「バルカン半島」という用語を初めて用いたのはドイツの地理・言語学者アウグスト・ツォイネの一八〇八年の著作であった。「バルカン半島」という名称が広く用いられるようになったのは、セルビア人地理学者ツヴィイチによる一九一八年の著作『バルカン半島』以降である。

閩南

中国では各省ごとにそれを表す一文字の略称があり、福建省は「閩（びん）」と称される。ただ福建省の特色として山地が多く省内の陸路も以前は不便であったため、一省内でも多種多様な方言集団が存在した。よって「福建方言」と一括りにできる方言は存在しない。華僑華人の歴史との関連では、福建南部方言（閩南語）が重要な役割を演じている。従来は台湾語≒閩南語というのが中国語研究者の共通認識であったが、近年はメディアの発達とともに、標準中国語が優勢となった。

文書主義

文書主義とは、口頭よりも文書を重視し、文書への信頼に基づいて人間関係の在り方や社会の仕組みを支えようとするメンタリティーを指す。そうした文書主義は、時として大衆支配の手段ともなりえた。例えば、ラテンアメリカでは、一八世紀半ばまで「聖書を読む」という行為が聖職者の独占的特権として一般には禁じられていたが、それは「書かれたもの」の権威に基づいて大衆を支配しようとする教会の政策であったからだとされている。

亡命者　亡命ロシア人

ボリシェヴィキが政権を奪取した一九一七年の一〇月革命と続く内戦によって財産を没収された富裕層、飢饉や食糧不足によって生活が困窮した人々、内戦に敗北した軍人、思想や表現の自由を懸念した知識人が自らの意志で国外へと難を逃れた。こうした人々による国家権力との対峙と亡命は、ロシアの歴史において帝政期に遡ると共に、第二次世界大戦期や冷戦期の一九六〇・七〇年代といったソ連時代はもちろんのこと、二〇二五年現在においても続いている。

ホセ・フェブレーロ

ホセ・フェブレーロは、一七三三年にスペイン北西部の街モンドニェードで生まれ、一八世紀後半にスペインの首都マドリードで国王公証人を務めた人物である。彼が一七六九年に著した『公証人の本棚』は、その完成度の高さから、スペインの公証人マニュアルの歴史の中でも金字塔に輝く最高傑作として高く評価されており、一九世紀以降のラテンアメリカやヨーロッパの公証人の仕事にも大きな影響を与えた。

北極海航路

西欧・北欧諸国から北極海、カラ海、バレンツ海を経由し、シベリアやアジア諸国を結ぶ航路。西欧諸国とシベリアの間の商業的関係を構築しようとする試みは、約四五〇年前までに遡る。自然の厳しさに加え、モスクワ公国の政府が、シベリア沿岸を訪れることを死刑に処する条件で禁止していたために、この航路は長い間忘れられたままであったが、一九世紀の半ばに、航路開発のための探検が行われ始め、一九二〇年には北極海航路委員会が発足し、ソ連も航路の開発に積極的に取り組んだ。その一方で、北極海は冷戦場ともなり、軍事的緊張も絶えなかったが、一九八七年にゴルバチョフはムルマンスクにて、軍事活動の制限、資源開発や環境保護に関する協力、北極海航路の公開などについて演説を行った。ソ連崩壊後、日本も含む西側諸国との共同事業も盛んに行われ、商業航路としての利用も目指されていた。

牧野伸顕（一八六一―一九四九）

一八七一年に岩倉使節団と共に渡米、一八八〇年に外務省入省、渡英。帰国後、制度取調局（法制局）や兵庫県大書記官、総理大臣秘書官、福井県知事、茨城県知事、文部次官等を経て、一八九四年にイタリア公使、九六年にオーストリア公使として渡欧。一九〇六年に文部大臣として入閣、農商務大臣と枢密顧問官を経て、一九一三年から一四年に外務大臣、一九一九年のパリ講和会議には次席全権大使として参加。

ユーゴスラヴィア

南スラヴ人の国を意味するユーゴスラヴィアという国家は、一九一八年の「セルビア人・クロアチア人・スロヴェニア人王国」により成立し、一九二九年に国名を「ユーゴスラヴィア王国」に改称した。第二次世界大戦を経て一九四五年に成立した「ユーゴスラヴィア連邦人民共和国」は、一九六三年に「ユーゴスラヴィア社会主義連邦共和国」に改称し、国名としてのユーゴスラヴィア名称を維持した。社会主義連邦の解体とともに、一九九一年にセルビアとモンテネグロが「ユーゴスラヴィア連邦共和国」を構成したが、二〇〇三年に「セルビア・モンテネグロ」へ改称し、国名としてのユーゴスラヴィア名称は消滅した。二〇〇六年にモンテネグロが連邦からの独立を宣言し、かつてユーゴスラヴィア名称を冠した国家は、それぞれの後継諸国へと最終的に移行した。

田浪 亜央江（たなみ あおえ）＊
中東地域研究、パレスチナ文化研究／中東アラブ研究、エスニシティと宗教
移動／歓待をテーマに、パレスチナやその周辺地域のフィールドワークや、イギリス委任統治期についてフィールドワークを行っている。
【主要著書・論文など】
・『パレスチナを知るための60章』（共著）、明石書店、2016年
・『周縁に目を凝らす　マイノリティの言語・記憶・生の実践』（共著）、彩流社、2021年
・『帝国と民族のあいだ――パレスチナ／イスラエルをめぐるもうひとつの層』（共著）、東京大学出版会、近刊

長 史隆（ちょう ふみたか）
日米関係史、アメリカ政治／国際関係史、現代史
第二次大戦後の日米関係の諸相を、政府間関係のみならず、社会や文化の領域も視野に入れながら研究している。
【主要著書・論文など】
・「日米関係における『価値観の共有』1973－1976年――冷戦変容期における同盟の基盤」『年報政治学』第67巻第２号、2016年12月
・『「地球社会」時代の日米関係――「友好的競争」から「同盟」へ 1970－1980年』（単著）、有志舎、2022年
・「商業捕鯨モラトリアム（一九八二年）をめぐる日本外交――IWC への幻滅から対米交渉へ」『国際政治』第212号、2024年３月

吉江 貴文（よしえ たかふみ）
歴史人類学、文書管理実践論／比較民族学、ラテンアメリカ研究。
近代ヒスパニック世界における文書ネットワークの成立と展開について、文書管理実践論の視座から研究を行っている。
【主要著書・論文など】
・『アンデス世界　交渉と創造の力学』（共著）、世界思想社、2012年
・『近代ヒスパニック世界と文書ネットワーク』（共著）、国立民族学博物館、2019年
・「ラテンアメリカ――非核地帯化構想と批判的報道」（井上泰浩編『世界は広島をどう理解しているか』）、中央公論新社、2021年

金 栄鎬（きむ よんほ）＊
政治学・国際関係、現代韓国朝鮮研究／東北アジア政治論、比較政治学、国際関係史
政治・国際関係における人々と集団の認識やイメージおよび「記憶」に焦点をあて、朝鮮半島をはじめ東アジアの政治変動・安全保障・歴史問題を研究している。
【主要著書・論文など】
・『日韓関係と韓国の対日行動――国家の正統性と社会の「記憶」』（単著）、彩流社、2008年
・『世界の眺めかた――理論と地域からみる国際関係』（共編著）、千倉書房、2014年
・「韓国――『封じ込め』対『共通の安全』における原爆史観」（井上泰浩編『世界は広島をどう理解しているか』）、中央公論新社、2021年

斎藤 祥平（さいとう しょうへい）＊
ロシア近現代史、ロシア思想史／ロシア研究
戦間期の亡命ロシア人の諸潮流を主な研究対象とし、亡命者の広域的ネットワークと思想形成の連関に着目して歴史学的に考察を行っている。
【主要著書・論文など】
・"Crossing Perspectives in Manchukuo: Russian Eurasianism and Japanese Pan-Asianism", *Jahrbücher für Geschichte Osteuropas,* Vol. 65, No. 4, 2017
・「帝国のあいだで、スクリーンの上で：中露国境河川流域におけるロシア・コサック」（共著）、『境界研究』 8号、2018年
・「あるロシア系収容者のミュンヘン難民キャンプ――米ソ対立の始まりと『置き場のない人々』――」（共著）、『境界研究』12号、2022年

田川 玄（たがわ げん）
文化人類学／アフリカ研究、文化人類学
主に南部エチオピアに居住する牧畜社会ボラナの民族誌的研究を行っている。
【主要著書・論文など】
・『アフリカの老人――老いの制度と力をめぐる民族誌』（共編著）、九州大学出版会、2016年
・『牧畜を人文学する』（共著）、名古屋外国語大学出版会、2021年
・『変貌するエチオピアの光と影――民族連邦制・開発主義・革命的民主主義の時代』（共著）、春風社、近刊

著者紹介（＊印は編者）

本書は広島市立大学国際学部で地域研究関連科目を担当する教員の連携・協力のもと編まれました。各教員の専門／おもな担当科目、関心分野や研究手法、最近の業績等は以下の通りです。

飯島 典子（いいじま のりこ）

中国近代史、華僑論／中国文化論

華僑華人の中でも特に客家《はっか》と呼ばれる集団に焦点を当て、彼らのアイデンティティ形成とネットワークについて中国、台湾、東南アジアのフィールド、文献調査を通じて考察している。

【主要著書・論文など】

・『客家——歴史・文化・イメージ』（共著）、現代書館、2019年

・「開發雲南礦山的“客話圈”江西——以江西吉安人為中心——雲南鉱山を開発した“客家語圏” 江西吉安人を中心に」（『国立民族学博物館研究報告』47巻2号）、2023年

・『客家と日本　知られざる日本と中華圏の交流史』（共著）、風響社、2024年

板谷 大世（いたや たいせい）

東南アジア研究、比較政治学／開発政治論、東南アジア研究、政治学

東南アジア諸国の開発政治、とりわけシンガポールの開発政治体制の成立と展開について、シンガポールでのフィールドワークおよびアーカイブ資料を通じて考察している。

【主要著書・論文など】

・『世界の眺めかた——理論と地域からみる国際関係』（共著）、千倉書房、2014年

・『〈際〉からの探求——国際研究の多様性』（共著）、文眞堂、2018年

・『シンガポールを知るための65章［第5版］』（共著）、明石書店、2021年

大庭 千恵子（おおば ちえこ）

国際関係史、東欧地域研究／ヨーロッパ政治論・民族国家論

南東欧国際関係史を国民国家体系により周辺に位置づけられた地域に着目して再考しつつ、現在の欧州国際政治から／への影響力について考察している。

【主要著書・論文など】

・『解体後のユーゴスラヴィア』（共著）、晃洋書房、2017年

・『中欧・東欧文化事典』（共著）、丸善出版、2021年

・『NATO（北大西洋条約機構）を知るための71章』（共著）、明石書店、2023年

広島市立大学国際学部叢書 14

ISBN 978-4-409-24170-7 C3036

地域研究の境界
――キーワードで読み解く現在地

二〇二五年 三 月二〇日 初版第一刷印刷
二〇二五年 三 月三〇日 初版第一刷発行

編　者　田浪亜央江・斎藤祥平
　　　　金栄鎬
発行者　渡辺博史
発行所　人文書院
〒六一二‐八四四七
京都市伏見区竹田西内畑町九
電話 〇七五(六〇三)一三四四
振替 〇一〇〇〇‐八‐一一〇三

装幀　文図案室 中島佳那子
印刷・製本　創栄図書印刷株式会社